道路石油沥青的低温行为与热可逆老化

丁海波　邱延峻　阳恩慧　著

西南交通大学出版社
·成　都·

图书在版编目（CIP）数据

道路石油沥青的低温行为与热可逆老化 / 丁海波，邱延峻，阳恩慧著. —成都：西南交通大学出版社，2022.7

ISBN 978-7-5643-8766-2

Ⅰ. ①道⋯ Ⅱ. ①丁⋯ ②邱⋯ ③阳⋯ Ⅲ. ①石油沥青–沥青路面–低温–力学性能–研究②石油沥青–沥青路面–热降解–研究 Ⅳ. ①U416.217

中国版本图书馆 CIP 数据核字（2022）第 111164 号

Daolu Shiyou Liqing de Diwen Xingwei yu Rekeni Laohua
道路石油沥青的低温行为与热可逆老化
丁海波　邱延峻　阳恩慧　著

责 任 编 辑	姜锡伟
封 面 设 计	GT 工作室
出 版 发 行	西南交通大学出版社 （四川省成都市金牛区二环路北一段 111 号 西南交通大学创新大厦 21 楼）
发行部电话	028-87600564　028-87600533
邮 政 编 码	610031
网　　　址	http://www.xnjdcbs.com
印　　　刷	四川玖艺呈现印刷有限公司
成 品 尺 寸	170 mm × 230 mm
印　　　张	15.25
字　　　数	210 千
版　　　次	2022 年 7 月第 1 版
印　　　次	2022 年 7 月第 1 次
书　　　号	ISBN 978-7-5643-8766-2
定　　　价	75.00 元

图书如有印装质量问题　本社负责退换
版权所有　盗版必究　举报电话：028-87600562

序
PREFACE

沥青路面的低温开裂以及随后产生的坑槽是加拿大安大略省沥青路面的主要病害模式之一。为了控制沥青路面的开裂现象，20世纪90年代，在加拿大安大略省交通厅（MTO）、加拿大自然科学与工程研究基金（NSERC）、帝国石油的资助下，女王大学化学学院Hesp教授课题组对沥青胶结料的断裂力学表征及沥青胶结料随时间与热历史的硬化机理进行了深入系统的研究，并开发了一系列先进的室内试验以模拟沥青胶结料在服役条件下的老化与断裂行为。相关研究成果已纳入美国国家公路与运输协会（AASHTO）标准、欧盟标准以及安大略省室内试验标准。

丁海波博士于2016年8月在国家留学基金管理委员会的资助下在女王大学进行沥青热可逆老化的研究工作，于西南交通大学博士毕业后又在阿尔伯塔创新基金的资助下在女王大学化学学院从事博士后研究工作。本书系统综述了沥青胶结料的低温力学行为，以及矿物填料对沥青胶结料的增韧作用机制；提出了考虑热可逆老化作用的沥青温度应力计算方法；基于差示扫描量热分析探索了沥青热可逆老化形成机理；开发变温红外光谱测试系统，研究了沥青胶结料红外光谱特性随热历史的演化规律；明确了沥青的化学组成对热可逆老化的贡献。

对加拿大北部蒂明斯试验段及安大略省常规合同段的多年现场跟踪观测表明，沥青热可逆老化是导致寒区沥青路面早期开裂的重要因素。该书对研究人员深入了解道路石油沥青低温行为表征参数及沥青热可逆老化现象具有重要的参考价值。

西蒙·赫斯普
2022年于金士顿，加拿大

前 言
FOREWORD

　　石油沥青由于具有良好的防水性与高阻尼的特点，广泛应用于公路沥青路面工程、大坝边坡工程领域。近年来，高速铁路的不断发展，对铁路路基结构的防水、抗冻的能力要求逐渐提高；因此，也有学者将沥青混凝土铺设于高速铁路轨下基础结构中，用来提高铁路路基整体的抗变形与防水性能。然而，现有研究表明，采用相同低温等级石油沥青铺筑的沥青路面试验段，其抗裂耐久性会有巨大的差异。根据笔者团队的长期探索，沥青胶结料现有分级方法不合理以及忽视了沥青胶结料的热可逆老化是造成沥青路面低温抗裂性能差异的主要原因。随着国内外沥青路面技术的发展，沥青胶结料低温行为表征技术有了较大的发展，逐渐从传统的针入度、延度、软化点等经验性指标向基于断裂力学或黏弹性理论的基础力学指标方向发展，尤其是国外现场与室内模型试验验证了热可逆老化对沥青路面开裂的显著影响；而现有沥青路面方向专著并未系统研究沥青胶结料的低温力学行为和热可逆老化特性。基于此，本书通过总结现有国内外文献以及笔者团队近 6 年的研究成果，系统阐述了沥青胶结料低温力学行为表征方法与热可逆老化研究现状，为从事沥青基交通基础设施低温耐久性方面研究的学者和工程技术人员提供借鉴和参考，也可作为高等院校道路工程与铁道工程专业研究生的参考资料。

　　全书共 8 章。第 1 章介绍了国内外寒区沥青路面材料的研究现状，尤其分析了加拿大安大略省沥青胶结料低温规范的发展。第 2 章介绍了道路沥青低温力学行为表征与指标参数。第 3 章介绍了填料对沥青胶浆的抗裂增韧机制。第 4 章介绍了沥青热可逆老化的研究现状。第 5 章介绍了一种新型的考虑热可逆老化现象的温度应力计算方法。第 6 章和第 7 章分别介绍了利用热分析和变温红外光谱技术分析沥青热可逆老化现象的机理。第 8 章分析了沥青的组分与热可逆老化之间的内在联系。

  本书的出版获得西南交通大学研究生教材（专著）经费建设项目专项资助（项目编号：SWJTU-ZZ2022-007）。感谢国家自然科学基金项目（编号：52008352、52178438）、四川省应用基础研究项目(编号：2021YJ0533)、中国博士后科学基金（编号：2021M702714）及中央高校基本科研业务基金（编号：2682021CX017）对笔者沥青热可逆老化研究工作的大力支持。

  限于作者的时间和精力，书中难免存在不妥之处，恳请读者批评指正。

著 者

2022 年 3 月

目 录
CONTENTS

1 绪 论 …………………………………………… 1
  1.1 沥青在铁路工程领域的应用 …………………………… 2
  1.2 交通荷载引起的路面开裂 ……………………………… 8
  1.3 非交通荷载引起的路面开裂 …………………………… 9
  1.4 高寒地区常用的改性沥青 ……………………………… 11
  1.5 加拿大安大略省沥青规范体系 ………………………… 16

2 道路沥青的低温力学行为表征方法与指标参数 ……… 23
  2.1 早期沥青低温行为表征方法 …………………………… 24
  2.2 AASHTO 沥青低温规范方法 …………………………… 25
  2.3 断裂力学用于沥青低温表征 …………………………… 30
  2.4 DSR 表征沥青低温性能方法 …………………………… 38
  2.5 沥青薄膜老化纳米压痕试验 …………………………… 40

3 矿物填料对沥青低温断裂行为的增韧机制研究 ……… 47
  3.1 填料在沥青胶结料中的作用 …………………………… 48
  3.2 填料对沥青流变行为的影响 …………………………… 51
  3.3 填料对沥青断裂行为的影响 …………………………… 57
  3.4 含填料沥青胶浆的增韧机理 …………………………… 61
  3.5 沥青胶浆的热体积特性研究 …………………………… 64

4 沥青路面中的热可逆老化现象及主要影响因素 ········ 73
4.1 各种老化模式对沥青性能的重要性 ················· 74
4.2 现有沥青热可逆老化机理与理论模型 ··············· 77
4.3 热可逆老化对沥青性能表征的影响 ················· 85
4.4 热可逆老化对沥青混合料特性的影响 ··············· 88
4.5 热可逆老化与现场沥青路面开裂关系 ··············· 93

5 考虑热可逆老化的新型沥青温度应力计算方法 ······· 109
5.1 传统温度应力计算方法 ······················· 110
5.2 增量法计算温度应力 ························ 114
5.3 两种计算方法结果对比 ······················· 119
5.4 不同养护时间结果对比 ······················· 121
5.5 主曲线验证时间温度叠加原理 ··················· 123

6 基于差示扫描量热分析的沥青热可逆老化机理 ······· 127
6.1 沥青热分析的原理与方法 ······················ 128
6.2 时间和温度对沥青热行为的影响 ·················· 129
6.3 沥青热信号的动力学过程拟合 ··················· 141
6.4 模型沥青热信号的热历史依赖性 ·················· 144
6.5 氧化对模型沥青热信号的影响 ··················· 152

7 基于变温红外光谱技术的沥青热可逆老化机理 ······· 165
7.1 变温红外光谱测试设备 ·················· 166
7.2 温度对红外光谱特性的影响 ·················· 167
7.3 变温红外光谱蜡含量定量方法 ·················· 179
7.4 热历史对蜡析出与熔解温度的影响 ·················· 194
7.5 氧化对蜡析出温度和蜡含量的影响 ·················· 197

8 沥青的化学组分与热可逆老化现象之间的关系 ······· 201
8.1 沥青的化学组分分类与方法 ·················· 202
8.2 沥青四组分的物理化学特性 ·················· 204
8.3 沥青结构参数与热可逆老化 ·················· 207
8.4 蜡与沥青质对热可逆老化的影响 ·················· 210
8.5 模型沥青热可逆老化的流变分析 ·················· 219

1

绪 论

1.1 沥青在铁路工程领域的应用

石油沥青由于具有良好的胶结性能与防水性，在公路沥青路面中得到了广泛应用，这也是石油沥青最主要的用途之一。随着沥青混凝土优良的防水性、高阻尼比、良好的整体性等工程特性被更多的工程师与学者所熟知，其在水利大坝工程、铁路工程等领域的应用也逐渐受到重视。沥青混凝土心墙坝具有优越的抗渗性能、抗变形能力、抗震性能、环境适应性和安全性等，正在被越来越多的工程技术人员所接受，已逐步成为土石坝筑坝技术应用的主要坝型之一，即在坝体中部设置沥青混凝土墙作为防渗体。图 1-1 给出了沥青混凝土心墙坝的设置位置。由于沥青混凝土有良好的防渗及适应变形的性能，当坝址附近缺乏天然防渗土料时，可以用沥青混凝土作为土石坝的防渗心墙，两侧坝壳可用各种透水、半透水的砂石料或堆石。除用于沥青混凝土心墙坝外，石油沥青也可用作水库的防渗面板（图1-2），以面板的形式将沥青混凝土均匀地铺设在堤坝等建筑物的迎水面上，以使该建筑物具有挡水、蓄水的作用。水库沥青混凝土面板对沥青混凝土的抗水损害性能、抗渗性能以及抗流动变形性能要求较高。水工沥青混凝土材料有如下特点：① 防渗性能好，沥青混凝土的透水性与颗粒级配密切相关。② 变形性能好，可随坝体和地基的变形而变形。③ 能与坝体其他材料很好地黏结，保证了大坝的整体性。④ 抗震能力强，有较大的抗剪强度及抗疲劳损伤性能。⑤ 具有裂缝自愈合能力，在自重和水压力作用下裂缝有愈合能力。⑥ 在天然条件下，抗老化能力较强。现有水工沥青混凝土试验规程除了需要参考公路沥青混凝土的试验规程，满足一般沥青混凝土的力学与热学特性要求外，还需满足抗水力劈裂性能与变形稳定性要求。抗水力劈裂性能指的是由于水压力的升高在沥青混凝土中引起裂缝发生与扩展的一种物理现象。变形稳定性要求是为了防止沥青混凝土在服役过程中发生斜坡流淌。

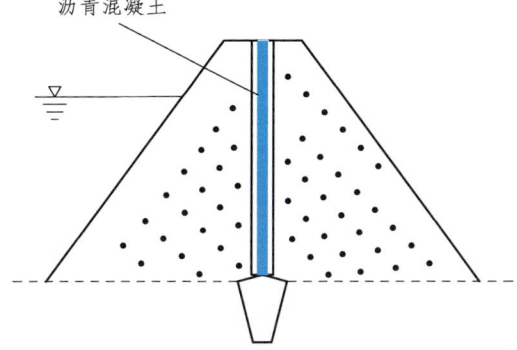

图 1-1 沥青混凝土心墙坝

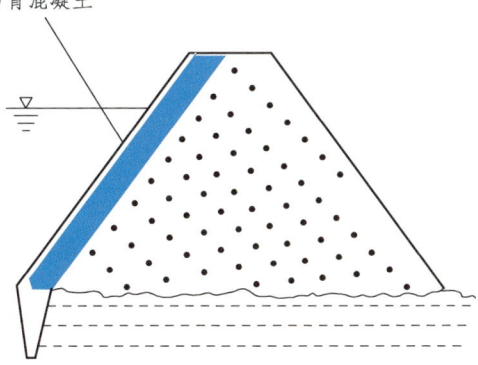

图 1-2　水库沥青混凝土防渗面板

沥青混凝土轨下基础在美国、德国、法国、日本研究有年并已得到应用，荷兰近年来也开展了大量研究，而我国目前仅在站场与线间防水进行了试验性的应用。为适应高速铁路高速运行的需要，沥青混凝土轨下基础结构形式是各国研究的热点问题之一。日本于 1978 年提出了强化基床表层的两种方法：其一，为削弱动应力，在级配碎石层上铺 50~80 mm（后增至 150~200 mm）厚的沥青混凝土结构层；其二，为减少土路基上既有线的维修工作，研制了宽枕沥青填充道床结构层。德国于 1972 年首次在 Rheda 车站试铺了无砟轨道结构（后称 Rheda 型），其后又试铺过约 17 种无砟轨道结构。其中，德国采用的沥青混凝土轨下结构形式主要包括：双块式轨枕沥青混凝土道床无砟轨道（ATD-Hannover-Berlin，1998）、凹槽式整体轨枕沥青混凝土道床无砟轨道（图 1-3，GETRAC-A3，Brandleite Tunnel，2005）和钢杆式整体轨枕沥青混凝土道床无砟轨道（如 SATO、FFYS、Walter）。

1 绪 论

图 1-3 德国 GETRAC 沥青混凝土支撑层

在法国，沥青混凝土垫（Underlayment）经常用于道砟与路基之间的调整层。该层起多重作用，如保护路基免受道砟压坏和雨水侵蚀，保护路基不受冻害影响，能使下部路基土受力均匀并控制在允许承载能力范围内等。特别是在遇到软土地基时，沥青混凝土垫层能起到很好的缓冲作用。美国在 20 世纪 60 年代后期即开始将 HMA（Hot Mixture Asphalt）用于轨道结构中。其结构形式主要有两种：HMA 作为下垫层（Underlayment）和 HMA 作为上垫层（Overlayment），如图 1-4 所示。美国肯塔基大学（University of Kentucky）的 Jerry G. Rose 教授和美国铁路联合会（AAR）下属的 TTCI（Transportation Technology Center, Inc.）对 HMA 下垫层做过大量的研究，并指出 HMA 下垫层道床的使用性能较普通水泥混凝土轨下基础具有明显优势。Hai Huang 等[1]建立了沥青道床连续支撑计算模型，该模型在移动荷载作用下能够比较精确地评价动应力影响下的沥青道床疲劳寿命。韩国 Seong-Hyeok Lee 等[2]开发了适用于沥青混凝土直接固定于轨道（Asphalt Concrete Directly Fastened to the Track，ADFC）结构体系的沥青混凝土材料。研究结果表明，采用沥青混凝土板式轨道结构有利于高速铁路的提速。近年来，一些研究者也探讨了使用废弃材料组成沥青混凝土用于轨下基础工程的可能。Kucera 和 Lidmila[3]使用温拌技术添加回收旧沥青混合料（Reclaimed Asphalt Pavement, RAP）于沥青混凝土中，并将其用于轨道底砟。X.G. Zhong 等[4]采用室内模拟试验评估了使用废橡胶粉改性沥青制备的沥青混凝土用于轨下基础的性能。Gaetano Di Mino 等[5]分析了橡胶沥青混凝土底砟的疲劳性能和减振降噪效果。

图 1-4 美国 HMA 下垫层（左）和 HMA 上垫层（右）

荷兰于 1999 年在靠近 Best 处修建了长约 3 km 的水泥混凝土保护层试验段，但近年来开始将轨道结构置于沥青混凝土结构层上，被称作 ERIA（Embedded Rail In Asphalt）。研究指出：这种轨下基础形式特别适合于城市轨道等轻型轨道交通。我国早在 20 世纪 60 年代就开始了沥青道床的应用和研究。我国铺设的沥青道床，按其结构形式分为沥青灌注式、沥青混凝土面层式和整体式 3 类。但是由于缺乏对沥青道床的认识以及对施工质量重视不够，我国在沥青道床的研究和应用中还存在一些问题，如整体结构研究不够，对于基础的强度和排水要求很高，维修不符合要求以及适用范围不明确等。其中对于排水问题，《京沪高速铁路设计暂行规定》（铁建设〔2004〕157 号）第 4.1.7 条规定："路基排水工程应全面系统地规划，具有足够的防、排水能力，并及时实施。"即应该构建综合防排水体系，这是高速列车安全运营的重要保障之一。目前，沥青混凝土作为防水封闭层已应用于路基面两侧基床表层，如图 1-5 所示，并通过研究形成了有关技术标准。但两侧防水层存在施工干扰大、质量保证困难等问题，如采用全断面铺筑可自然形成连续的防排水层。

（a）京津城际铁路　　　　（b）武广试验段现场

图 1-5　SAMI 防水层现场概况

通过对现有文献的回顾可知，沥青混凝土道床的优点主要包括以下六个方面：① 减轻上部荷载对路基的应力作用，并传递到下部结构。② 作为不透水层，保持路基含水量的稳定。③ 对道砟起到支承和限制的作用，减轻道砟飞溅的现象。④ 有助于路基中的应力得到缓冲，缓解列车振动，降低噪声。⑤ 由于后期维护减少，可减小轨道结构的全寿命周期成本。⑥ 与水泥混凝土相比，施工更加便利。由于铁路沥青混凝土特殊的服役条件以及功能属性，一般铁路沥青混凝土需要满足如下几点要求：① 抗渗性（防排水），防止出现路基冻胀。② 抗永久变形，保证高速列车作用下的沉降满足要求。③ 高抗裂性能，防止由于开裂造成渗水问题。④ 动力稳定性，列车高频荷载远高于路面沥青混合料，因此需要在高频荷载作用下保持稳定。⑤ 高阻尼特性，高阻尼特性可以降低轨道振动。笔者所在团队曾系统研究了全断面铁路沥青混凝土强化基床的破坏模式，发现当沥青混凝土在铁路路基中设置层位较低时，列车荷载作用较小，而温缩开裂是影响铁路沥青混凝土耐久性最重要的因素，这也激发笔者后续深入探讨了热历史对沥青耐久性的影响机理。

1.2 交通荷载引起的路面开裂

我国的半刚性基层沥青路面的裂缝大多为基层开裂后由于车辆荷载反复作用导致的反射裂缝，其形式上为一种自下而上的开裂形式。在北美及欧洲，沥青路面开裂研究的主要课题为自上而下的开裂形式（也称为Top-down 开裂）。通过文献回顾可知，研究者通常将 Top-down 开裂的机理归因于表面硬化、路基弱化以及气温的骤降引起路面内部较高的劲度、货车轮胎边缘处以及轮胎之间产生的较高拉伸应力、较低的路面材料断裂性能和施工过程导致的离析[6]。需要指出的是，很难采用单一的特性或者试验来预测沥青路面是否会产生 Top-down 开裂以及开裂的程度，因为沥青路面在不同温度及荷载加载速率下破坏的机理可能存在较大差别。图 1-6 为代表性 Top-down 轮迹开裂情形。这些裂缝显示在轮迹一带，可能在沥青路面服役首个冬天后产生。图 1-7 给出了这种开裂机理的示意图。假设沥青路面表层中线接缝良好，纵向温度收缩应力的峰值将出现在道路中线部位。车辆轮胎荷载会施加一个额外的拉伸应力，从而将会在距接缝 1 m 左右由摊铺机导致的薄弱位置处形成一个临界应力，这个距离可以与摊铺机的尺寸很好地对应。

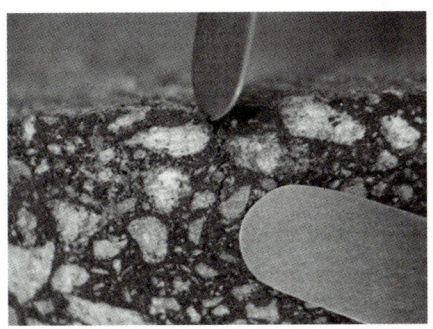

图 1-6 代表性 Top-dwon 轮迹开裂[7]

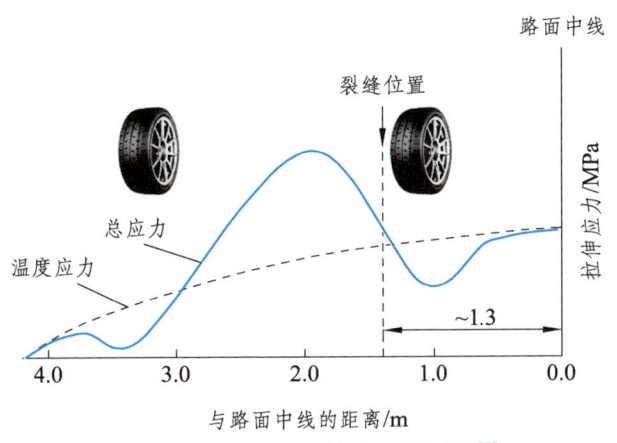

图 1-7 Top-down 轮迹开裂机理[8]

1.3 非交通荷载引起的路面开裂

非交通荷载引起的路面开裂是我国北方及西南高寒地区道路的主要病害模式之一。若路面产生开裂，雨水将通过裂缝下渗到基层，使得基层材料受到水分冲刷而松散；或冬季撒布于路面的除冰盐随融雪下渗到基层顶面，当气温骤降到冰点时，含盐水的基层无机结合料体积膨胀，使得路面拱起且裂纹扩大，在车辆荷载的反复作用下最终会导致坑洞的产生（图1-8）。坑洞不仅会严重影响路面的行车舒适性，也会显著提高路面的维修成本。因此，提高沥青路表的抗裂性可有效降低坑洞产生的概率。此外，由于沥青混凝土具有良好的防水、减震功能，其在高速铁路轨下基础中的应用也逐渐受到关注，从而对沥青混凝土的抗裂性及耐久性提出了更高的要求。

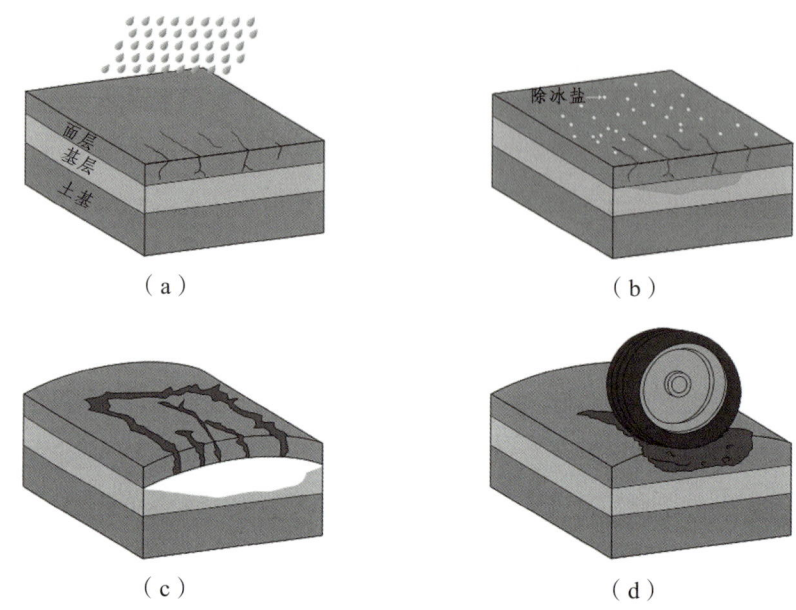

图 1-8　路面从开裂到形成坑洞的演化过程

沥青随时间硬化或脆化是导致路表沥青混合料抗裂性能降低的重要原因。根据硬化形式的不同，沥青老化主要可分为紫外老化、氧化老化及热可逆老化。考虑到紫外老化初期的光化学反应仅影响路表 1~2μm 沥青薄膜，此后以热效应为主，因此紫外老化并未被纳入规范体系。氧化老化主要由沥青组分与环境中的氧分子发生化学反应引起，而热可逆老化是由分子结构化产生的一种可逆的热力学现象。当沥青被加热到足够高的温度时，分子结构化的过程可逆转，其间不发生任何化学反应即可使胶结料完全恢复到原有状态。在聚合物材料科学领域，类似的过程也称为物理老化。根据热可逆老化出现的温度范围不同，又可将其分为低温物理硬化及中温空间硬化。由于回收溶剂或加热均会导致沥青中的可逆分子结构化受到破坏，因此，直接对回收沥青进行测试仅考虑了沥青服役过程中的氧化老化，而忽视了热可逆老化对沥青路面性能的影响。Superpave 胶结料规范采用压力老化（PAV）模拟沥青服役期间的长期氧化老化过程，并对老化残留物恒温 1 h 后进行弯曲梁流变（BBR）试验，来确定沥青低温性能等级及控制路面开裂。尽管研究发现，1 h 恒温后的沥青仍处于非平衡状态，但随着时间的延长，测得的沥青劲度（S）会增加，蠕变速率（m 值）则降低。由于该规范主要用于不同沥青在特定低温条件下的相对性能排序，且为了易于实施，因此并未考虑物理硬化的影响。然而，加拿大现场试验段研究表明，采用相同低温等级不同改性沥青铺筑的路面抗裂性能存在显著差异，且经过物理硬化后性能损失越高的沥青，开裂更严重。

近年来，随着各种沥青技术的发展，沥青胶结料成分发生了明显的变化。首先，为了节约能源及降低拌合温度，蜡类温拌剂的使用越来越频繁；其次，为了提高废弃物资源化利用率，回收沥青路面材料（RAP）、废机油底渣及煤液化残渣等废弃物在沥青中的添加比例逐渐提高；再次，为了降低沥青成本，多聚磷酸（PPA）等低成本酸类添加剂得到更多商家青睐；最后，全球对石油副产品需求的增加，导致石油炼制厂改进精炼工艺，从原油中蒸馏出更多的轻组分。前期研究结果表明，这些因素均可能增加沥青热可逆老化的程度，从而提高沥青路面开裂的风险。因此，系统开展沥青热可逆老化现象的研究，可用于指导沥青生产工艺的改进、控制各种废弃物的添加比例和选择优质的改性技术，对准确表征沥青胶结料的力学行为以及提高沥青混凝土结构的耐久性均具有重要的意义。

1.4 高寒地区常用的改性沥青

伴随着 Superpave 规范的实施，各种改性剂、添加剂或废弃物材料在沥青中的应用也越来越普遍。由于采用原油直接蒸馏的方式得到符合各种气候分区等级的沥青胶结料常常受到原油质量的限制而无法进行，或者由于精炼工艺工序复杂、成本较高而难以推广应用；因此，在沥青胶结料中添加高分子聚合物，可使沥青胶结料形成空间聚合物网络，从而可以改善沥青的高温抗永久变形性能、低温抗裂性能以及抗疲劳性能。也有报道表明，各种油类添加剂可作为沥青胶结料的再生剂或软化剂提高沥青低温性能。通过已有文献的分析与调研可知，现有路面工程领域高寒地区的沥青改性剂主要可分为三类。第一类是弹性体聚合物，如苯乙烯-丁二烯-苯乙烯嵌段共聚物（SBS）、聚苯乙烯丁二烯共聚物（SBR）和反应性弹性体三元共聚物（RET）。第二类是塑性体共聚物，如聚乙烯（PE）和乙烯-醋酸乙烯酯共聚物（EVA）。第三类是油类添加剂，如废蔬菜油、废润滑油和地沟油。然而，尽管室内试验性能表明，这些添加剂可显著改善沥青胶结料低温服役温度范围内的力学行为特性，然而现场性能观测却并非尽如人意，其中很大的原因是目前的室内试验未充分考虑沥青的耐久性。SBS改性沥青技术最主要的问题是聚合物的降解。对服役8年的沥青路面进行胶结料的抽提，通过红外光谱试验并未观察到回收沥青中SBS的特征官能团，而服役8年后的老化路面正是最需要聚合物添加剂发挥作用的时候。对加拿大安大略省蒂明斯市现场铺筑试验段的观察发现，与SBS改性沥青相比，采用RET改性沥青铺筑的沥青路面具有较少的开裂。图1-9显示了SBS与RET两种代表性弹性体聚合物的化学式，通过比较两种弹性体聚合物的化学式可以发现，SBS较高的氧化老化敏感性可归因于存在的双键。需要指出的是，RET改性沥青试验段采用的是优质的劳埃德明斯特基质沥青。随着人们环保意识的增强，废塑料（主要成分为聚乙烯）在沥青中的应用也逐渐增多。早期Hesp等在聚乙烯改性沥青断裂力学性能试验中发现，聚乙烯可以显著提高基质沥青的抗裂纹扩展能力。然而，现场聚乙烯改性沥青性能的观测结果表明，聚乙烯塑料并没有缓解，甚至加剧了沥青路面的破坏。这主要可归因于聚乙烯改性沥青的硬化导致相应沥青路面产生较高的温度应力。对高掺量的SBS改性沥青也是如此，较高的聚合物掺量会导致改性沥青形成凝胶结构，而凝胶结构的沥青在较低的温度下无法及时地松弛以释放累积的温度应力，因此会在弹性体发挥作用前导致路面开裂。因此，过量的SBS改性剂未必可提高沥青路面的耐久性[9]。

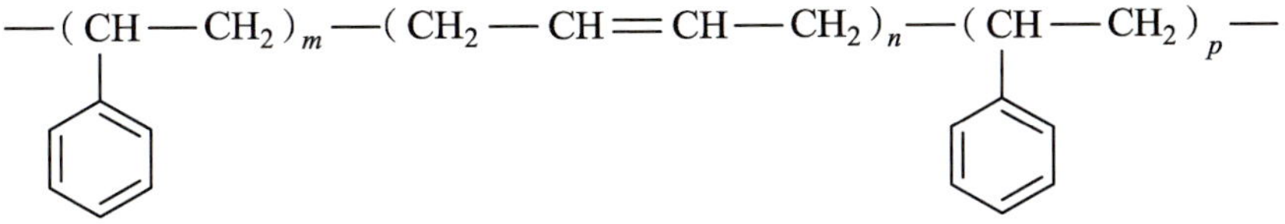

(a) SBS

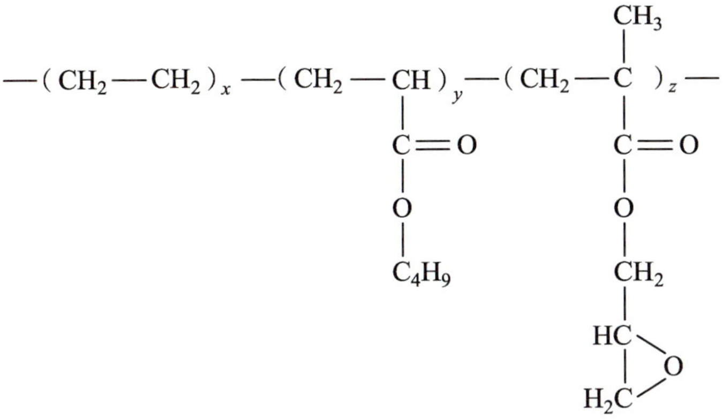

(b) RET

图 1-9　两种代表性弹性体聚合物的化学式

采用油类添加剂是软化沥青，降低沥青低温分级的重要途径之一。油类添加剂通常主要由低分子量的饱和分组成，而这些低分子量物质在高温及长期服役条件下的挥发是使用油类添加剂最主要的担忧。另外，油类添加剂与沥青质的相容性也是影响沥青路面长期性能的重要因素。随着原油价格的不断上涨，使用廉价沥青改性剂或填充剂的趋势增加。废机油底渣（REOB）为典型的廉价改性剂，因为其为再炼废油的主要产物，且进一步精炼并无太大价值。由于废机油底渣的价格远低于直馏沥青，且为一种废弃物再利用的模式，因此这种废油类改性技术得到了沥青生产厂商的青睐。安大略省以及其他北美寒冷地区的公路沥青使用废机油底渣较为普遍。D'Angelo 等[10]的调查表明，每年美国大约收集 35 亿升的废机油，且 17% 进行了精炼处理，生产了 70 000 多吨的废机油底渣。假设这些废机油底渣在沥青中的平均用量为 5%，其将生产大约 150 万吨改性沥青。而在加拿大安大略省发现的沥青中，废机油底渣含量高达 10%~20%，这可能是废油的再炼厂在残渣中留放了更多的饱和油导致。机油通常由饱和分、具有较少支链的高分子量烷烃组成。因此其具有低的挥发性、良好的高温氧化稳定性及在寒冷冬季温度下具有较低的黏度。再炼工艺过程中形成的废机油底渣主要是饱和分，且实际上没有芳香分含量。一些研究错误地将废机油底渣描述为具有大致相等量的饱和分和极性芳香分含量得出的，且沥青质含量较少的材料。这个错误结论是根据 ASTM D4124 的色谱法分析饱和分/芳香分/胶质/沥青质含量得出的。这明显错误地使用了该方法，因为其开发目的是用来分析直馏沥青而不是废机油底渣。利用核磁共振（NMR）光谱可以定量测量确定芳香族和脂肪族氢（^{1}H）原子的相对量。图 1-10 给出了直馏废机油底渣的 ^{1}H 核磁共振光谱。从光谱结果可以看出，废机油底渣完全饱和，因此这种材料应该更好地描述为由等量的饱和烃和极性（氧化）饱和烃，而不是芳香烃组成。D'Angelo 将废机油底渣中的饱和烃描述为分散沥青质的溶剂，从而可以预防沥青质的聚集，而沥青质的聚集是引起沥青脆化的重要原因。这样的描述与沥青质的定义（正庚烷饱和烃的不溶物）是完全不一致的。废机油底渣的油相和沥青氧化过程中形成的额外沥青质之间的不相容性加速了改性沥青在高温下的化学及氧化硬化。同样，现有沥青质（或胶质）和油相之间的不相容也会加速低温下的逐渐物理硬化。Rubab 等[11]研究了添加废机油底渣前后沥青的氧化老化程度。由羰基指数（CI）与时间关系曲线的斜率确定的冲刺及稳定速率阶段结果表明，废机油底渣改性沥青的氧化老化程度更高。这可能是由废机油底渣中残留金属对沥青的催化氧化引起的，也可能是由于改性沥青的凝胶结构抑制了抗氧化剂的分子运动，因此降低了废机油底渣中抗氧化剂的有效性。

采用纤维也是北美寒区道路沥青路面常用的提高耐久性的技术措施之一。通常纤维用在沥青玛琋脂碎石（SMA）和开级配沥青混合料中以控制高温下沥青的析漏。在普通沥青混合料中添加纤维一般可以改善相应沥青路面的高温抗车辙和低温抗裂性能。与改性沥青相比，在沥青混合料中添加纤维不仅可以解决改性沥青的存储稳定性问题，而且实施成本较低，具有较高的技术成本优势。尽管在沥青混合料中添加纤维鲜有报道对路面的不利影响，但是若无法提升路用性能，使用纤维或许并不是一种经济节约的方式。表 1-1 总结了在加拿大地区常用的几种纤维。

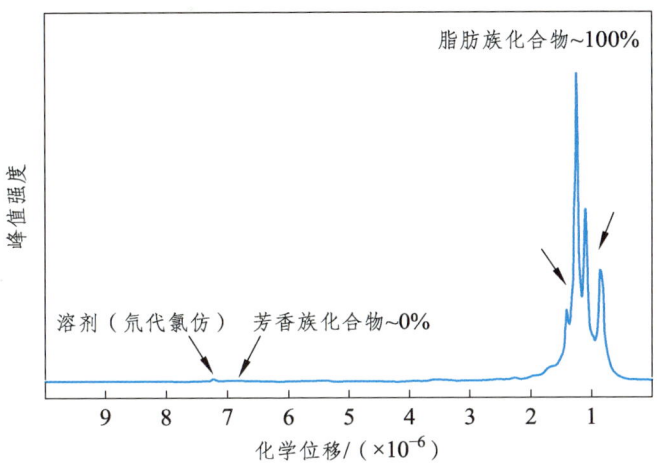

图 1-10 废机油底渣溶解于氘苯中的 ^{1}H 核磁共振光谱[12]

表 1-1 加拿大寒区沥青路面常用的纤维类型

纤维名称	用量	形态或参数	特点
矿物纤维	0.4%	松散状或颗粒状	天然形成或由矿物熔化生产而成；具有吸附性，但是不如纤维素纤维；用于预防析漏；安大略省交通厅（MTO）目前允许在 SMA 中使用
纤维素纤维	0.3%	松散状或颗粒状	植物基纤维；用于吸附沥青，预防析漏；拉伸强度较低；MTO 目前允许在 SMA 中使用
聚酯纤维	0.36%	长度为 6 mm，拉伸强度为 500 MPa，熔点为 250 °C	高拉伸强度的合成聚合物纤维；用于增加混合料强度和稳定性；需要增加额外的沥青用量

续表

纤维名称	用量	形态或参数	特点
聚丙烯纤维	不详	不详	石油基合成聚合物纤维；易分散于沥青中；抗酸和盐；与沥青黏附较强；有较低的熔点，需要控制生产温度；需要增加额外的沥青用量
聚对苯二甲酸乙二酯（PET）纤维	0.3%	长度范围9.5～12.5 mm，熔点为200 ℃	回收饮料瓶制备的合称聚合物纤维；用于增加混合物的强度；需要增加额外的沥青用量
芳纶纤维	0.006 5%～0.013%	单丝状，熔点400～450 ℃，拉伸强度高达3000 MPa，长度为19 mm	合成聚合物纤维；用于增加混合料的拉伸强度

在沥青混合料中使用纤维的一大挑战是纤维的团聚问题，即纤维无法均匀地分散在沥青混合料中。因此，为了确保纤维的分散性，纤维应当非常缓慢地添加入沥青混合料中。对于芳纶纤维，加拿大 Surface Tech 公司提出了以 Sasobit 裹覆芳纶纤维来提高纤维在沥青混合料中的分散性的方法。纤维增强沥青混合料的长期抗裂性能需要持续观测。为了进一步验证纤维在沥青混合料中的效果，需要对添加纤维前后的现场沥青混合料进行更多的性能试验。此外，为了控制纤维沥青混合料的施工质量，需要建立快速检测纤维用量及分布的方法。

1.5 加拿大安大略省沥青规范体系

安大略省是加拿大的十个省份之一，加拿大最大的城市多伦多市以及加拿大首都渥太华市均位于该省。安大略省年均冰雪天气长达 9 个月，2003 年在离省府多伦多市以北 680 km 的蒂明斯市最低气温甚至低至 -50 ℃。安大略省的主要沥青路面病害为低温开裂，以及其后发展而成的坑洞。由于生成的坑洞极大程度地影响民众的出行安全，因此至 20 世纪 90 年代，在美国 SHRP（战略公路研究计划，Strategic Highway Research Program）实施期间，作为 SHRP 的一部分，C-SHRP（Canadian Strategic Highway Research Program）在加拿大境内进行，旨在解决沥青路面早期开裂问题。SHRP 的重要成果之一是提出了 Superpave 胶结料规范体系。尽管 Superpave 规范的实施很大程度上改善了沥青路面的使用状态，但是沥青路面开裂问题并没有得到缓解。安大略省交通厅（Ministry of Transportation of Ontario，MTO）作为安大略省沥青路面规范制定单位一直寻求通过规范制定以期控制沥青路面的开裂。MTO 通过与省内女王大学及滑铁卢大学学者的合作，制定了相关试验方法及验收准则。加拿大安大略省与沥青胶结料相关的控制沥青路面开裂的主要室内试验标准汇总如表 1-2 所示。

表 1-2　加拿大安大略省控制路面开裂相关的主要室内试验标准

标准代号	标准名称	实施状态
LS-228	使用改进的压力老化箱试验方法加速沥青老化	现行
LS-298	使用紧凑拉伸试验确定沥青低温断裂的试验方法	取消
LS-299	使用双边缺口拉伸试验确定沥青抗延性破坏试验方法	现行
LS-308	使用扩展弯曲梁流变试验方法确定物理老化后沥青性能分级	现行
LS-319	确定沥青胶结料的交叉温度（$T_{\delta=45°}$）	现行
LS-320	确定沥青胶结料的低温临界差幅（ΔT_c）	现行

关于 LS-298、LS-299、LS-308、LS-319 和 LS-320 试验内容与目标的详细介绍见后续章节。需要说明的是，虽然现阶段安大略省交通厅以 45° 的临界相位角作为沥青低温性能的替代性指标；但是根据笔者对大量回收沥青不同相位角临界温度与扩展弯曲梁流变试验（ExBBR）72 h 临界开裂温度的比较认为，30° 的临界相位角温度是更合适的指标，详细讨论见 4.5 节。为了改进常规 PAV 压力老化的不足，LS-228 采用降低薄膜厚度、延长压力老化时间以及采用水汽的方式加速沥青的老化程度，进而更加准确地模拟现场沥青路面服役 5～8 年的老化情形。图 1-11 为极限

m 值温度 T_m 和极限劲度值温度 T_S 之间的关系图。相同的颜色符号表示对特定的沥青胶结料以 4 种不同老化方式进行室内老化。从图 1-11 可以看出，许多凝胶类沥青经过老化 m 值迅速降低，而劲度值相对恒定。蓝色的溶胶类胶结料沿对角线移动得更加自然，大大减少了整体 Superpave 分级的损失。

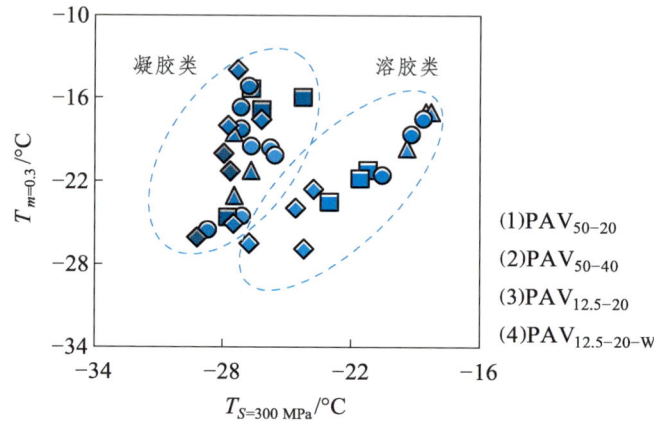

图 1-11　根据 LS-228 改进的 PAV 进行沥青分级的结果[13]

为了使读者更加深入了解加拿大安大略省交通厅沥青胶结料质量验收体系，表 1-3～表 1-5 列出了安大略省性能分级沥青胶结料的材料规范（Ontario Provincial Standard Specification, OPSS.PROV 1101）。

表 1-3　PGAC 的性能分级要求和验收分类

验收分类	性能分级测试结果要求
可接受	≥XX，且≤－YY
次要边界	低于 XX≤0.5 ℃，且高于－YY≤0.5 ℃
主要边界	低于 XX≤1.0 ℃，且高于－YY≤1.0 ℃
不可接受	低于 XX>1.0 ℃，或高于－YY>1.0 ℃

注：XX 为沥青的高温性能分级，－YY 为沥青的低温性能分级。

表 1-4 PGAC 的额外试验要求及验收分类

PGAC 分级[①]	特性	测试方法	结果保留位数[②]	验收分类			
				可接受	次要边界	主要边界	不可接受
除 PG58-28 外的所有 PGAC 分级	灰分含量/%	ASTM D8078	0.01	≤0.60	不适用	>0.60 且 ≤0.80	>0.80
PG58-28				≤0.40	不适用	>0.40 且 ≤0.60	>0.60
除 PG58-28 和 PG52-34 外的所有 PGAC 分级	不可恢复蠕变柔量 @3.2 kPa, $J_{\text{nr-3.2}}$/kPa^{-1}	AASHTO T350[③]	0.01	<4.50	不适用	不适用	≥4.50
	平均恢复率 @3.2 kPa, $R_{3.2}$/%		0.1	>55.0 或 $29.371 J_{\text{nr-3.2}}^{-0.2633}$ 的较小值	≤55.0 或 $29.371 J_{\text{nr-3.2}}^{-0.2633}$ 的较小值,且 >45.0 或 $29.371 J_{\text{nr-3.2}}^{-0.2633}$ -10 的较小值	不适用	≤45.0 或 $29.371 J_{\text{nr-3.2}}^{-0.2633}$ -10 的较小值
	0.1~3.2 kPa 不可恢复蠕变柔量差异比例,J_{nrdiff}/%		0.1	仅提供信息,不作为质量验收条件			
PG70-28、PG64-28	CTOD, δ_t/mm	LS-299[④]	0.1	≥10.0	<10.0 且 ≥6.0	<6.0 且 ≥4.0	<4.0
	LTLG/°C	LS-308[④]	0.1	≤-28.0	>-28.0 且 ≤-25.0	>-25.0 且 ≤-22.0	>-22.0
	分级损失/°C	LS-308[④]	0.1	≤6.0	不适用	>6.0 且 ≤8.0	>8.0
PG58-28	CTOD, δ_t/mm	LS-299[④]	0.1	≥6.0	<6.0 且 ≥4.0	不适用	<4.0
	LTLG/°C	LS-308[④]	0.1	≤-24.0	不适用	>-24.0 且 ≤-22.0	>-22.0
	分级损失/°C	LS-308[④]	0.1	≤6.0	不适用	不适用	>6.0

续表

PGAC 分级[1]	特性	测试方法	结果保留位数[2]	验收分类			
				可接受	次要边界	主要边界	不可接受
PG70-34, PG64-34, PG58-34, PG52-34	CTOD, δ_t/mm	LS-299[4]	0.1	≥14.0	<14.0 且 ≥10.0	<10.0 且 ≥8.0	<8.0
	LTLG/°C	LS-308[4]	0.1	≤-34.0	>-34.0 且 ≤-31.0	>-31.0 且 ≤-28.0	>-28.0
	分级损失/°C	LS-308[4]	0.1	≤6.0	不适用	>6.0 且 ≤8.0	>8.0
PG58-40 PG52-40	CTOD, δ_t/mm	LS-299[4]	0.1	≥18.0	<18.0 且 ≥14.0	<14.0 且 ≥12.0	<12.0
	LTLG/°C	LS-308[4]	0.1	≤-37.0	不适用	>-37.0 且 ≤-34.0	>-34.0
	分级损失/°C	LS-308[4]	0.1	≤6.0	不适用	>-6.0 且 ≤8.0	>8.0
所有 PGAC 分级	CTOD, δ_t/mm	LS-299[5]	0.1	仅提供信息,不作为质量验收条件			
	$T_{\delta=45°}$/°C	LS-319[5]	0.1	仅提供信息,不作为质量验收条件			
	$T_{\delta=45°}$/°C	LS-319[5]	0.1	仅提供信息,不作为质量验收条件			
	ΔT_c/°C	LS-320[5]	0.1	仅提供信息,不作为质量验收条件			
	ΔT_c/°C	LS-320[5]	0.1	仅提供信息,不作为质量验收条件			

注：① PGAC 分级为合同文件中所指定的分级。
② 根据 LS-100 进行四舍五入。
③ 对于位于法国河、尼皮辛湖和马塔瓦河边界以北的合同段，不包括马尼图林岛（也称为 PGAC 1 区），在 52 °C 下进行测试；对于安大略省 PGAC1 区以南的地点，包括马尼图林岛（也称为 PGAC 2 区和 3 区），在 58 °C 下进行测试。
④ 对 PAV 残留物（LS-228 方法 A）进行试验。
⑤ 对 PAV 残留物（LS-228 方法 C）进行试验。

表 1-5　PGAC 取样要求

试样	频率	最少的样本数量	标签
业主试样(包括 QA 和裁判)	每批次	6 L*	标签应当包括分级和供应商

*注：6 L 应装在 6 个合适的 1 L 容器中或 3 个每个至少可容纳 2 L 的容器中。

参考文献

[1] HUANG H, SHEN S, TUTUMLUER E. Sandwich model to evaluate railroad asphalt trackbed performance under moving loads[J]. Transp Res Record, 2009, 2117(1): 57-65.

[2] LEE S-H, PARK D-W, VO H V, et al. Asphalt mixture for the first asphalt concrete directly fastened track in korea[J]. Advances in Materials Science and Engineering, 2015, 2015: 701940.

[3] KUCERA P, LIDMILA M. Effects of water and frost on 100% recycled half-warm asphalt mixtures for railway subballast[C]//SGEM2014 Conference Proceedings, 2014: 113-120.

[4] ZHONG X G, ZENG X, ROSE J G. Shear Modulus and Damping Ratio of Rubber-modified Asphalt Mixes and Unsaturated Subgrade Soils[J]. J Mater Civ Eng, 2002, 14(6): 496-502.

[5] MINO G D, LIBERTO C M D. Experimental survey on dry asphalt rubber concrete for sub-ballast layers[J]. Journal of Civil Engineering and Architecture, 2012, 6(12): 1615-1626.

[6] LING M, LUO X, CHEN Y, et al. A calibrated mechanics-based model for top-down cracking of asphalt pavements[J]. Constr Build Mater, 2019, 208: 102-112.

[7] YEE P, AIDA B, HESP S, et al. Analysis of premature low-temperature cracking in three Ontario, Canada, pavements[J]. Journal of the Transportation Research Board, 2006, 1962: 44-51.

[8] BODLEY T, ANDRIESCU A, HESP S, et al. Comparison between binder and hot mix asphalt properties and early top-down wheel path cracking in a northern Ontario pavement trial[J]. Journal of Association of Asphalt Paving Technologists, 2007, 76: 345-389.

[9] DING H, FONG S, Hesp S. Aging and Field Performance of Polymer-Modified Bituminous Binders[C]//7th Eurasphalt & Eurobitume Congress, 2020.

[10] D'ANGELO J, GRZYBOWSKI K, LEWIS S. Asphalt binder modification with re-refined heavy vacuum distillation oil[C]//Proceedings of 47th Canadian Technical Asphalt Association, 2012: 257-275.

[11] RUBAB S, BURKE K, WRIGHT L, et al. Effects of engine oil residues on asphalt cement quality[C]//CTAA annual conference proceedings-Canadian Technical Asphalt Association, 2011: 1.

[12] JOHNSON K, HESP S. Effect of waste engine oil residue on quality and durability of SHRP materials reference library binders[J]. Journal of the Transportation Research Board, 2014, 2444: 102-109.

[13] HESP S, ERSKINE J E, F K. Another look at accelerated aging of asphalt cements in the pressure aging vessel[C]//Proceedings of Eurobitume and Eurasphalt Congress, 2012: 20-28.

2

道路沥青的低温力学行为表征方法与指标参数

2.1 早期沥青低温行为表征方法

由于沥青路面的低温开裂通常表现为寒冷季节混合料集料之间的沥青薄膜拉伸破坏，然后再导致集料的破裂；因此，沥青路面的低温抗裂性能主要取决于沥青胶结料的特性，其贡献率近似达到90%，低温下的沥青混合料非常坚硬，混合料的矿料级配对抵抗收缩变形导致的开裂无能为力，其贡献率充其量仅有10%，这也是学者们将沥青路面开裂研究的焦点放在胶结料上的原因之一[1]。20世纪70、80年代，加拿大学者Norman W. McLeod发表了大量关于沥青感温性指标（针入度指数、针入度黏度指数）与路面开裂之间的关系。McLeod的研究发现[2]，针入度指数可以反映沥青的胶体结构，与凝胶型沥青相比，采用溶胶型或溶-凝胶型沥青铺筑的沥青路面较少会产生低温开裂。基于有限试验路的观察与所采用胶结料的物理力学特性分析，1990年的加拿大沥青标准体系将沥青的感温性作为评价沥青质量的核心指标。A. Fraass于1937年开发了弗拉斯脆点试验方法，该方法在等速降温条件下用弯曲受力方式测定沥青薄膜开始产生裂纹的温度，将该温度作为脆点指标。脆点试验方法在一定程度上可以较好地区分沥青胶结料在低温下的抗变形断裂能力，然而最初的脆点试验采用手工摇动的方式控制加载的速率，且采用液氮进行降温，无法很好地控制试验的参数；因此，脆点往往给人的感觉是重复性很低。随着现代自动化仪器技术的发展，奥地利安东帕（Anton-Paar）公司开发了新型自动化弗拉斯脆点试验仪，试验的重复性及再现性得到了较大的提升。图2-1为自动弗拉斯脆点设备。玻璃态转变温度（T_g）一般是指聚合物由玻璃态转变为高弹态所对应的温度。玻璃态转变温度（T_g）是分子链段能运动的最低温度，其高低与分子链的柔性有直接关系：分子链柔性大，玻璃化温度就低；分子链刚性大，玻璃化温度就高。由于玻璃态转变温度可以直接反映材料基本的物理化学特性，因此早期学者也探索了采用玻璃态转变温度作为沥青低温性能的指标。然而，需要指出的是沥青胶结料为由复杂化学组分组成的混合物，因此沥青常常无法显示出一个明确的玻璃态转变温度（通常表现为一个温度范围）。

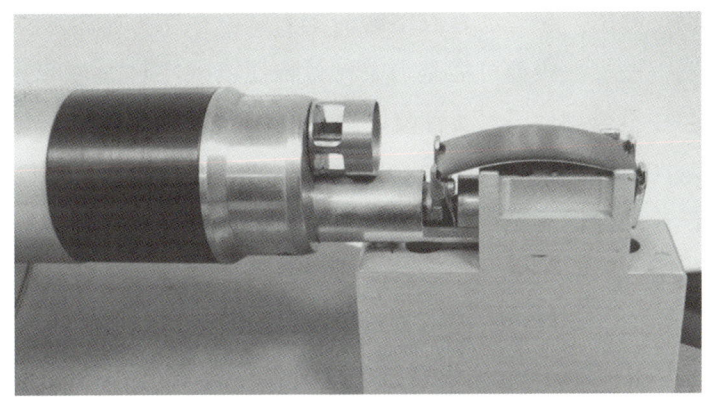

图 2-1　自动弗拉斯脆点试验

2.2　AASHTO 沥青低温规范方法

战略公路研究计划（SHRP）沥青胶结料低温开裂准则的发展是基于 2 h 沥青混合料劲度与现场低温开裂的严重程度具有良好相关性的设想。该设想延伸到低温蠕变试验所获得的沥青胶结料蠕变劲度（蠕变柔量的倒数）。为了加速试验的进程，研究人员采用了时间-温度叠加原理，即假设沥青胶结料在温度 T 下加载 60 s 的劲度与在 $T-10\ ℃$ 温度下加载 2 h 的劲度相同。尽管实施 SHRP 期间研究发现物理硬化对胶结料的物理特性具有显著的作用，然而为了合理简化试验规范，研究人员并没有考虑物理硬化的影响。采用双对数坐标下劲度与时间关系曲线在 60s 的斜率（m 值）控制沥青胶结料的流变类型及排除使用疲劳性能较差的重度吹制沥青。若 m 值较低，则低温下沥青胶结料中累积的温度应力松弛较为缓慢，从而对胶结料的性能产生不利的影响。在原始 SHRP 胶结料规范中也规定了需要进行直接拉伸（DT）的简单断裂试验。对哑铃状试件以恒定的应变速率进行拉伸，从而获得拉伸断裂应力及应变。采用破坏应变为 1%时对应的温度为第二临界温度。对该温度也采用 10 °C 的平移。由于 DT 试验结果的重复性较差，因此在最新版本的规范中将 DT 试验列为了选择性试验。然而，从相关试验数据中也可看出，某些沥青胶结料的 DT 试验存在明显的试验可重复性问题。这表明重复性较差可能是由于材料特性或试件制备的问题，而不是试验本身存在不合理性[3]。沥青胶结料低温规范近期改进的一个方面是添加了 AASHTO MP1a/AASHTO R49 标准，其使用的是沥青胶结料的蠕变柔量，且基于热黏弹性模型来计算温度应力。MP1a 规范与最初的 AASHTO M320 规范之间的主要差异为：MP1a 法包含基于力学的准则来定义沥青胶结料的低温性能，而 M320 使用与性能相关的经验参数。MP1a 法采用断裂强度及温度应力随温度变化曲线确定临界开裂温度的典型试验结果如图 2-2 所示。

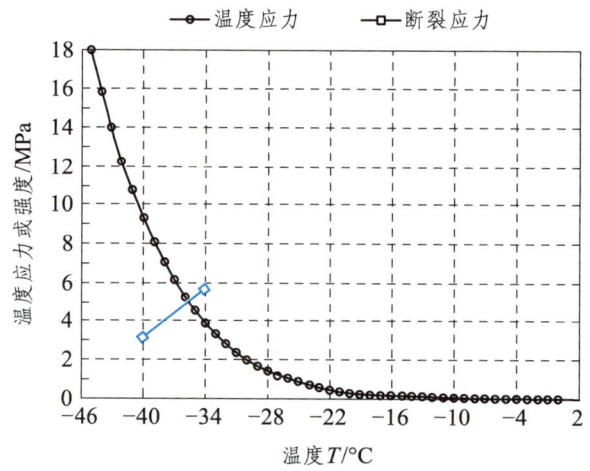

图 2-2　断裂强度及温度应力随温度变化曲线确定临界开裂温度

首先，使用 Hopkins 及 Hamming 算法将试验蠕变柔量数据转换为松弛模量，然后采用数值方法求解卷积积分：

$$\int_0^t E(t')D(t-t')\mathrm{d}t' = t \qquad (2\text{-}1)$$

其中：$E(t)$ 为拉伸松弛模量；$D(t)$ 为拉伸蠕变柔量。对松弛模量采用 CAM 模型拟合转换数据：

$$E(t) = E_{\text{glassy}} \left[1 + (t/t_c)^v\right]^{-w/v} \quad (2\text{-}2)$$

其中：$E(t)$ 为在时刻 t 的松弛模量；E_{glassy} 为玻璃态模量（3GPa）；t_c 为交叉时间；w、v 为模型的形状参数。然后通过求解如下的遗传积分计算温度应力：

$$\sigma(\xi) = \int_0^\xi \frac{\mathrm{d}(\alpha \Delta T)}{\mathrm{d}\xi'} E(\xi - \xi') \mathrm{d}\xi' \quad (2\text{-}3)$$

其中：$\alpha \Delta T$ 表示温度应力；ξ 表示考虑温度变化而造成时间尺度变化的换算时间（reduced time）。为简化计算，水平平移因子采用 $\alpha_T = 10^{C_1 - C_2 T}$，假设恒定降温速率为 2 °C/h。采用路面常数（数值为 18）将胶结料的温度应力转化为混合料的温度应力。应力曲线与直接拉伸试验获得的胶结料强度曲线相交以获得临界开裂温度（T_{CR}），在其温度以下路面易发生横向开裂。根据室内试验和现场测试数据对基质沥青（未改性沥青）提出了低温失效破坏准则。大量的学者研究了基质沥青与改性沥青之间的差异，且提出了相关的试验以更好地评估沥青胶结料的低温抗裂性能。

ΔT_c 为沥青胶结料弯曲梁流变试验衍生得到的一个材料特性参数，近年来受到广泛关注。研究人员和道路建设业主单位均在寻求改善沥青路面性能的物理参数。人们普遍认为 ΔT_c 参数可以反映沥青胶结料的开裂行为，该行为受沥青混合料中胶结料老化相关耐久性的影响。更具体地来说，ΔT_c 可以提供与导致沥青路面中与交通荷载无关的开裂或其他与老化有关的脆化损伤有关的胶结料松弛特性的新见解。ΔT_c 是使用室内老化沥青试样或从现场沥青路面回收的样品进行弯曲梁流变试验结果（蠕变劲度临界失效温度和蠕变速率临界失效温度）计算得出的值。蠕变劲度 S 和蠕变速率 m 的临界失效温度计算公式分别如下：

蠕变劲度临界失效温度：

$$T_S = T_1 + \frac{\log 300 - \log S_1}{\log S_1 - \log S_2} \cdot (T_1 - T_2) - 10 \qquad (2\text{-}4)$$

蠕变速率临界失效温度：

$$T_m = T_1 + \frac{0.3 - m_1}{m_1 - m_2} \cdot (T_1 - T_2) - 10 \qquad (2\text{-}5)$$

其中：T_1 和 T_2 分别为较高测试温度及较低测试温度；S_1 和 S_2 分别为较高温度下和较低温度下测得的蠕变劲度；m_1 和 m_2 分别为较高温度下和较低温度下测得的蠕变速率。考虑最不利情况，以蠕变劲度临界失效温度和蠕变速率临界失效温度的较大值作为沥青胶结料临界分级温度。ΔT_c 通过两个临界失效温度之差获得，其计算公式如下：

$$\Delta T_c = T_m - T_S \qquad (2\text{-}6)$$

其中：T_S 与 T_m 与式（2-3）和式（2-4）中的含义相同。根据美国联邦公路局（FHWA）进行的研究表明，当 ΔT_c 的绝对值高于 5 时表明路面的抗裂性能显著降低。ΔT_c 在一定程度上反映了沥青胶结料中各组分的平衡关系。美国沥青协会（AI）对 ΔT_c 参数来源，其对室内老化、添加剂种类与掺量（再生料和废机油底渣等）的敏感性进行了详细介绍，并给出了 ΔT_c 指标与各种沥青路面病害类别之间的相关性（表2-1）。同时，笔者也总结了美国各州采用 ΔT_c 作为规范参数的实施情况（表2-2）。读者也可参考 AI 的技术报告 *Use of the Delta T_c Parameter to Characterize Asphalt Binder Behavior*（IS-240）了解更多详细的技术信息。

表 2-1　ΔT_c 与沥青路面各种病害之间的关系

病害类别	ΔT_c 的影响
块状开裂	直接影响
疲劳开裂	间接影响
边缘开裂	间接影响

续表

病害类别	ΔT_c 的影响
纵向开裂	间接影响
反射裂缝	间接影响
横向开裂	间接影响
坑槽	间接影响
松散	间接影响
车辙	无影响
推移	无影响
泛油	无影响
集料磨光	无影响
唧浆	无影响

表 2-2 北美采用 ΔT_c 作为沥青验收准则的状况

机构	ΔT_c 要求/°C	PAV 老化时间/h
美国佛罗里达州交通厅	≥ -5.0	20
美国犹他州交通厅	≥ -2.0	20
美国纽约与新泽西港务局	≥ -5.0	40
美国佛蒙特州交通厅	≥ -5.0	40
美国马里兰州交通厅	≥ -5.0	40
美国堪萨斯州交通厅	≥ -5.0	40
加拿大安大略省交通厅	≥ -5.0	20
美国得克萨斯州交通厅	≥ -6.0	20
美国俄克拉何马州交通厅	≥ -6.0	20
美国特拉华州交通厅	≥ -5.0	40

2.3 断裂力学用于沥青低温表征

越来越多的学者意识到基于强度概念来预测断裂特性的局限性，且逐渐开始研究采用断裂力学方法研究沥青材料的行为特性，将对钢、岩石、混凝土及聚合物其他工程材料断裂特性的研究扩展到沥青胶结料。其中具有代表性的沥青胶结料断裂特性测试方法为单边缺口弯曲（SENB）梁试验[4]。SENB 试样的几何形状如图 2-3 所示。在沥青梁底侧跨中位置预制缺口，采用两个圆柱形钢棒对称支撑梁试件，且在梁的顶侧施加荷载。裂缝的存在导致裂纹尖端附近产生明显的应力集中。采用应力强度因子（K）基于线弹性断裂力学（LEFM）分析用于表征裂纹尖端附近的应力场；采用不同的下标来说明推导 K 所用的断裂模式。例如，K_I 表示 I 型断裂模式下的应力强度因子。该测试方法对试样的几何形状具有严格的要求。当使用如图 2-3 所示的标准试件时，不同实验室测得的断裂韧度值（K_{Ic}）的再现性应控制在 15%以内。

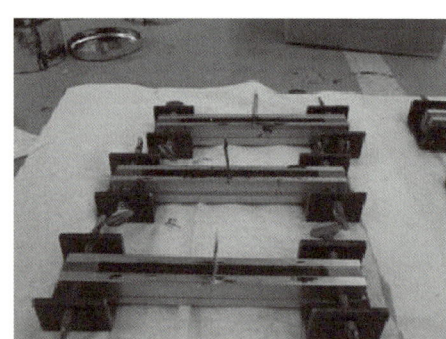 

图 2-3　单边缺口弯曲（SENB）梁试验[4]

采用 K_{Ic} 描述断裂行为的精度取决于其多大程度上能够表征裂纹尖端周围应力及应变场。使用线弹性断裂力学理论（LEFM）方法计算 K_I 时，如果金属等材料裂纹塑性区在裂纹尖端之前，则可能无法满足 LEFM 的假设；如果与试件尺寸相比塑性区的大小较小，那么其对 K_I 的影响可以忽略。Lee 和 Hesp[5]使用 SENB 方法计算沥青胶结料的断裂韧度（K_{Ic}）。试验控制加载速度为 0.01 mm/s。基于基质沥青与改性沥青的试验结果，他们发现添加改性剂在相似的蠕变劲度值下增加了沥青胶结料的断裂韧度。为了评估断裂能，他们测试了不同初始缺口长度的多个梁试件，采用 Dongre 提出的图解法[6]来计算断裂能。基于断裂能的分析他们得出，改性剂可以明显提高沥青胶结料的抗断裂性能。同时结果也表明，沥青胶结料的断裂特性可以更加有效地区分不同沥青胶结料的低温性能，特别是对改性沥青而言。

Hoare 和 Hesp[7]测试了不同尺寸的 SENB 沥青胶结料试样。他们使 a/w（缺口深度/试样宽度）比固定为 0.2，同时变化试件的尺寸，对 3 组尺寸的试件进行了测试。试验结果分析表明不同大小试件之间的断裂韧度并没有发现显著的差异。由此得出的结论是沥青胶结料的断裂试验也满足 ASTM E399 所需的平面应变条件。Anderson 等人[8]使用相同的方法获得了 14 种沥青胶结料的断裂韧度，其中 1 种为基质沥青，13 种为改性沥青，他们检查了不同分级方法表征胶结料低温抗裂的有效性。首先，将试样储存于 $-20\ ℃$ 的液体浴中，然后从硅模中移除，且在相同温度下恒定 18 h；其次，测试前立即使用刀片使初始缺口变得锋利，且使用光学显微镜测量裂纹长度。该试验使用相同的 0.01 mm/s 的加载速度，同时使用破坏荷载确定 K_{Ic}。结果发现，断裂韧度与 Superpave 准则相比可以更好地区分沥青胶结料的低温抗裂性能。该结论与 Hesp 研究所得出的结论一致。

Olard 等[9]研究了温度及加载速率对沥青胶结料 SENB 试件所测得的断裂韧度及断裂能的影响。他们测试了包括基质沥青与改性沥青车内的 5 种沥青胶结料，加载速度控制为 0.01 mm/s、0.05 mm/s、0.25 mm/s 和 1 mm/s，且试验温度范围为 $-23\ ℃$ 到 $-4\ ℃$，使用相同尺寸（25 mm × 12.5 mm × 175 mm）的梁试件，初始缺口长度设置为 5 mm。然后使用不同的方法来计算断裂参数。同时根据 ASTM 规范，在计算断裂韧度之前检查荷载-位移曲线的非线性。结果表明，在测试的温度范围内仅少量的试件表现出非线性特征。同时他们也开发出了一个方程式以使断裂能计算更加方便。根据试验结果可以发现，与断裂能相比，断裂韧度对温度及加载速率的依赖性较小。此外研究结果数据也表明，沥青胶结料的断裂能似乎存在一个下限值，在沥青胶结料的玻璃态及脆性状态下达到这个下限值。

为了最大限度地减小附加弯矩的作用，便于采用常规的拉伸设备进行沥青胶结料的低温断裂试验，Edwards 和 Hesp[10]通过夹具和模具设计开发了基于直接拉伸试验设备的紧凑拉伸断裂试验，并研究了沥青胶结料的测试几何形状及大小参数对最终测试结果的影响，如图 2-4 所示。他们的结果表明，通过设计的试件几何形状可以方便地获取沥青胶结料在低温脆性条件下的平面应变断裂韧度（K_{Ic}）、断裂能（G_f）和裂纹尖端张开位移（δ_t）。从制备的不同缺口深度及不同尺寸的沥青试件发现，对基质和改性沥青，无论缺口深度或试件的宽度为多少，K_{Ic} 几乎为常数，而 G_f 随着缺口深度增大而降低。同时研究发现这种断裂试验具有较好的再现性，K_{Ic} 的合并标准差为 5%~10%，G_f 为 15%~20%。

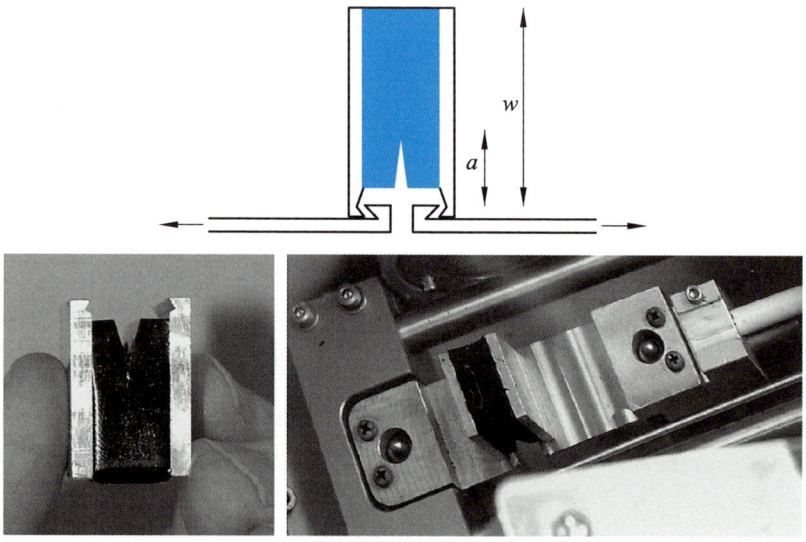

图 2-4　沥青紧凑拉伸试验的原理图与实物图[10]

近年来得到大量关注的另一个测试胶结料断裂性能的方法为双边缺口拉伸（DENT）试验[11]。沥青 DENT 试验的构造如图 2-5 所示。其试件与

SENB 几何形状相似，可采用多项式表达式计算这种试件构造 I 型加载的临界应力强度因子 K_{Ic}。Champion 等[12]首次采用标准直接拉伸试验仪使用 DENT 几何形状的测试试样进行试验。基于 LEFM 分析，他得出该几何形状可以成功用于测量沥青胶结料的 K_{Ic} 和 J_{Ic}。然而，基于计算得到的 K_{Ic} 值取决于初始裂纹深度，作者建议使用 J_{Ic} 概念及弹塑性断裂力学分析来表征沥青胶结料的断裂行为。

图 2-5　沥青双边缺口拉伸（DENT）试验[11]

Gauthier 和 Anderson[13]对沥青胶结料在低温下的断裂特性进行了较为详细的研究。他们使用 SENB 及 DENT 试件评估在较低服役温度下，对沥青胶结料采用线弹性、弹塑性和黏弹性断裂理论的适用性。基于对 11 种沥青胶结料测得的结果，他们发现线弹性断裂力学分析仅在试样温度低于玻璃态转变温度之下才是适用的。在玻璃态转变温度之上，沥青胶结料均不适合采用弹性或弹塑性断裂力学。因为，在此温度范围内沥青胶结料具有时间依赖性的黏弹性材料行为，因此必须使用具有时间依赖性的断裂力学模型。研究结果也表明，采用缺口试件获得的断裂参数进行的沥青低温性能排序与采用 PG 规范参数进行沥青低温性能排序结果并不一致。由此得出的结论是，此时在规范中直接使用断裂力学参数是不现实的。Gauthier 和 Anderson 也使用了他们提出的 DENT 方法对 Zofka 和 Marasteanu 等[14]提出的试件制备方法进行了少量的修改。在他们的研究中，作者研究结果表明：缺口试件获得的断裂应变及应力值几乎为直接拉伸试件获得的断裂应力及应变的三分之一；同时，使用缺口试件强度值可避免使用确定临界开裂温度的温度应力计算过程中所需使用的经验性"路面常数"。

为了评估各种沥青胶结料的相对开裂性能，以避免沥青路面出现荷载引起的疲劳开裂问题，美国佛罗里达州大学 Yu Yan 等[15]开发了一种新型的胶结料断裂能（Binder Fracture Energy, BFE）试验方法。BEF 方法可用于确定沥青胶结料的容许断裂能力。图 2-6 为沥青胶结料断裂能（BEF）试验的试验配置。根据 Yu Yan 等的研究，BFE 试验可以通过获得的真实应力-真实应变曲线关系成功地区分未改性和改性沥青抗裂性能的差异，通过沥青混合料的断裂性能试验也验证了该方法具有较为理想的沥青性能区分能力。AASHTO 沥青规范也将该方法纳入了临时标准体系，临时标准代号为 AASHTO TP 127。该沥青断裂性能评价方法的优点可以归纳为以下几个方面。首先，试验过程中中部凹槽受力状态简单，为纯拉伸状态。其次，考虑了拉伸过程中截面积变化导致的应力分布状态变化。最后，应力与应变的关系是材料的基本特性参数，并不会随着试样几何形状的改变而发生变化。然而，也需要指出的是，这种测试方法对仪器的精度要求较高，不利于推广使用，同时竖直方向的拉伸加载会受到胶结料自重的影响。

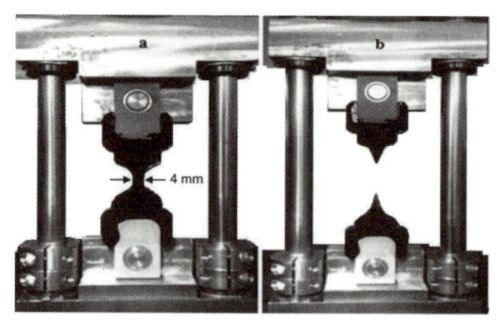

2 道路沥青的低温力学行为表征方法与指标参数

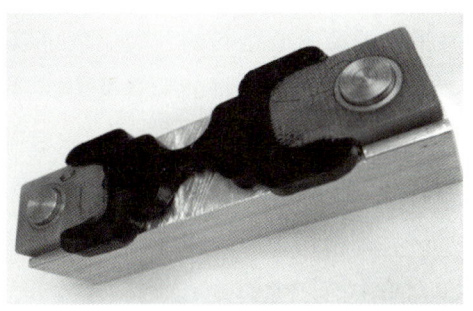

图 2-6　沥青胶结料断裂能（BEF）试验的试验配置[15]

Sang-Soo Kim[16]近期提出了一种直接测量沥青胶结料开裂温度的新方法，其利用沥青胶结料与普通金属之间热膨胀系数的显著差异开发出了沥青胶结料开裂设备（ABCD），从而可在室内模拟沥青路面低温开裂。ABCD 设备如图 2-7 所示，由金属环、固定于金属环内侧的应变片、环境箱及数据采集系统组成。通过监测应变片的读数可以计算冷却过程中沥青胶结料内温度应力的发展变化，同时可以直接确定开裂温度。与目前的规范方法相比，ABCD 试验最显著的优势为试样制备及试验操作都较为简单，且能够同一时间对多个试样进行测试。然而尚需进行更多的试验以比较 ABCD 方法与目前试验方法所获得的温度应力发展及临界温度之间的差异，从而验证该新方法的有效性。

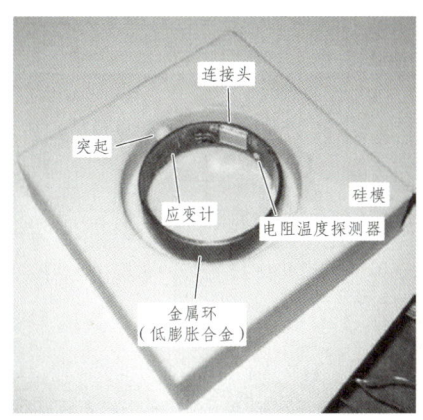 

图 2-7　沥青胶结料开裂设备（ABCD）[16]

对给定路面，其采用的沥青胶结料的开裂温度可以作为预测沥青路面低温开裂行为的有效指标。因此，大量的学者努力探寻能够预测沥青胶结料开裂温度的快速、准确和实用的测试方法。Buttlar 等[17]的研究结果表明，基于声发射（AE）的测试方法为评估沥青胶结料脆化温度较为快速与实用的方法。声发射是指材料或结构在应力或温度等外界条件作用下，其缺陷或物体异常部位因应力集中而产生的变形或断裂，同时伴随能量快速释放而产生的瞬态弹性波现象。该测试方法采用安装于表面的灵敏压电声发射传感器来采集应力波，并对采集到的信号进行处理及分析以评价缺陷的发生、发展规律。图 2-8 给出了一般材料裂纹形核（材料或结构损伤演化的初级阶段）与扩展及相应的声发射波传递及检测的示意图。

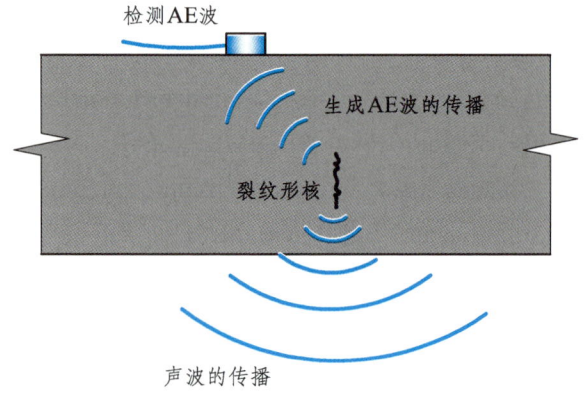

图 2-8　AE 波传递及检测示意图[17]

为了评估沥青胶结料的低温开裂性能，将沥青胶结料薄膜黏附于花岗岩基板上，且对材料进行降温处理，变化范围从 20 ℃ 到 -50 ℃。由于花岗岩基板与沥青胶结料之间热收缩的差异，从而在胶结料内逐渐形成较高的温度应力，最终导致裂纹的形成，在该过程中同时伴随着以瞬态波形式的弹性能量释放。通过处理及分析使用 AE 技术试验过程中所捕获的发射弹性波可预测沥青胶结料的临界开裂温度。图 2-9 给出了沥青胶结料 AE 试验的示意图。研究表明，AE 试验结果对胶结料的类型及老化水平较为敏感，且试验重复性优于 AASHTO M320 弯曲梁流变仪（BBR）试验结果；

此外发现 BBR 试验获得的临界开裂温度的预测值与 AE 预测值几乎一致，同时具有很高的相关性[18]。表 2-3 给出了沥青胶结料低温性能主要表征方法的总结与比较。

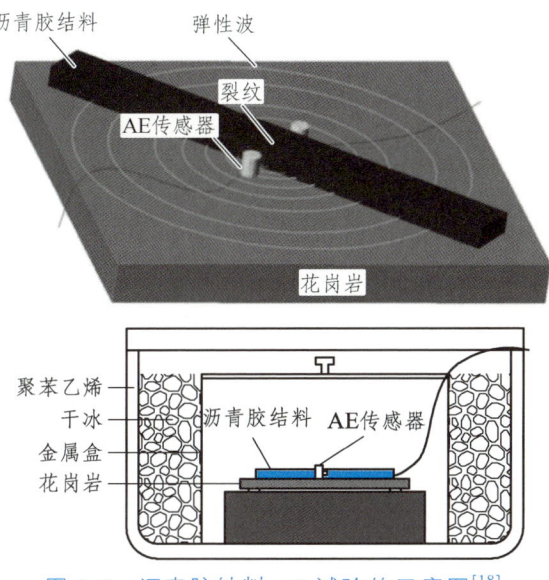

图 2-9　沥青胶结料 AE 试验的示意图[18]

表 2-3　沥青胶结料低温性能主要表征方法的总结与比较

试验名称	设备	指标
弗拉斯脆点试验	脆点仪	脆点
Superpave MP1a/AASHTO R49	BBR + DTT	临界开裂温度（T_{cr}）
声发射（AE）法	特制	脆化温度（T_{EMB}）
4 mm DSR 低温流变	DSR	Glover-Rowe（G-R）参数
循环剪切降温（CSC）破坏性试验	DSR	—
单边缺口弯曲（BBR-SENB）试验	BBR + 自制模具	断裂韧度
预制缺口三点弯曲试验	万能材料试验机	断裂韧度
沥青胶结料开裂设备（ABCD）	特制	开裂温度/降温速率/应变跳跃
沥青胶结料断裂能（BFE）试验	万能试验机	断裂能
沥青薄膜老化纳米压痕试验	纳米压痕 + 特制模具	动态模量、相位角

2.4 DSR 表征沥青低温性能方法

由于目前动态剪切流变仪（DSR）在沥青行业中的使用较为普遍，因此不少学者也尝试了采用 DSR 来表征沥青胶结料的低温性能。其中有代表性的测试方法为 4 mm DSR 低温流变[19]、胶结料 Black Space[20]、循环剪切降温（CSC）破坏性试验[21]。美国西部研究所（WRI）开发了 4 mm DSR 试验用于测量沥青胶结料的低温流变特性，其采用 4 mm 平行金属板，且仅需少量的试样即可对短期及长期老化后的沥青低温性能进行评估，特别适用于对回收沥青路面材料（RAP）抽提后沥青的低温特性进行评估，其试验如图 2-10 所示。根据 Farrar 等[22]的研究，4 mm DSR 试验得到的结果与 BBR 得到的结果具有较好的相关性。

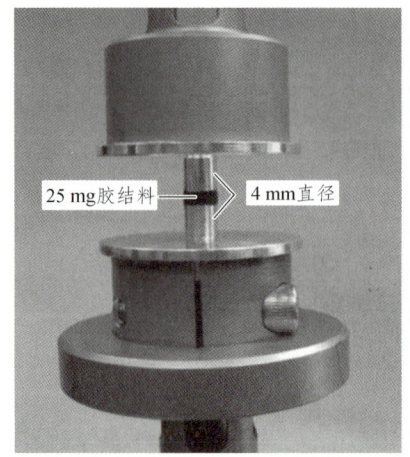

图 2-10　沥青的 4 mm DSR 试验[22]

近年来也有学者尝试采用 Black Space 图来比较不同沥青胶结料劲度及松弛特性的差异，认为其与非荷载型裂缝具有很高的相关性[23]。基于 Black Space 法检测开裂敏感性的参数为 Glover-Rowe（G-R）参数，该参数的计算需要在特定温度-频率组合下测得沥青胶结料的复数模量及相位角。也有学者采用该参数拟合低温 Superpave 胶结料准则，因为 4 mm 动态剪切流变仪构造对沥青胶结料试验更加实用。可采用 G-R 低温参数确定沥青胶结料的临界开裂温度，其与 Superpave 胶结料规范得到的结果一致[24]。

采用 DSR 进行沥青低温性能的表征，仪器柔量是影响测试结果准确性的重要因素之一。因为沥青胶结料在低温下的硬度较大，与上方加载杆之间的模量差异减小，因此金属杆在加载中会影响测试结果（结果可能部分反映的是金属杆的特性）。降低金属杆对沥青低温测试结果的影响，其中常见的做法为减少待测试样的直径，4 mm DSR 试验方法正是如此。另一种方法为提高待测试样的径长比，如沥青的扭力杆试验。图 2-11 给出了本书所采用的扭力杆试件及动态剪切流变仪扭力杆试验装置。测试时为了减少由于两端夹持力不同而对测试结果产生的影响以及防止扭力过大造成仪器部件的损坏，因此采用扭力限制器拧紧两端的螺母。扭力杆试验与 4 mm DSR 试验相比一个显著的优势是可以测试沥青胶结料在约束状态以及自由状态下的变形情况，从而可以得出沥青的热变形特性和约束状态下的温度应力。然而，长方体扭力杆低温试验也存在一定的不足，如将浇筑的沥青试样转运至两端夹具时会产生一定的变形，因此会对结果造成一定程度的影响。同时，试样的长径比及端部的约束状态对沥青低温动态流变特性的影响仍不明确，值得进一步研究和探索。

图 2-11　扭力杆试件（左）及动态剪切流变仪扭力杆试验装置（右）[25]

在我国公路沥青胶结料规范体系中，通常采用 10～25 ℃ 延度试验来进行沥青胶结料的抗裂性能相对排序。虽然延度试验并未真正在低温下进行测试；但是 Kandhal 早期对美国宾州试验路的调查后得出结论，延度小的沥青路面使用效果明显变坏，而且低延度对荷载引起的纵向裂缝也有很大的影响。因此，考虑到易于实施与预防使用劣质沥青的效果，大部分国家采用延度作为沥青低温延展性的评价指标。美国威斯康星大学改性沥青研究中心 Tabatabaee 等[26]采用有限元方法模拟了延度试验中胶结料拉伸过程中的应力与应变状态，指出延度试验中胶结料的真实应变速率随着试样拉伸而减小，而并非处于恒定状态。换句话说，采用延度试验相当于在不同温度下比较沥青的延度值。随后，Bahia 等提出了基于动态剪切流变仪的沥青屈服能（BYET）和弹性恢复试验方法，以替代通过常规延度试验得到的参数。代表性的沥青胶结料屈服能试验结果如图 2-12 所示。AASHTO 沥青材料规范也将其纳入临时规范体系，试验编号为 TP 123，具体的试验步骤及参数计算方法可见 AASHTO TP 123。

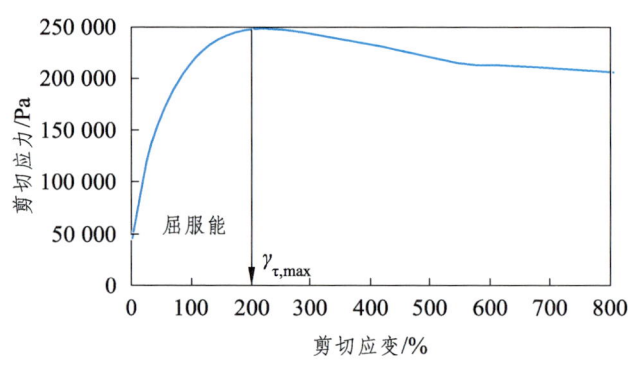

图 2-12　沥青胶结料屈服能参数的直观表示

2.5　沥青薄膜老化纳米压痕试验

北美沥青胶结料老化方法包括：旋转薄膜烘箱（RTFO），其模拟热拌生产过程中的加速老化；接着为压力老化箱（PAV）老化，其模拟现场沥青路面服役 8~10 年的老化程度。RTFO 老化对旋转玻璃瓶内约为 1.2 mm 厚的薄膜在 163 ℃下采用旋转薄膜烘箱老化 85 min。PAV 老化则在 100 ℃

温度及 2.1 MPa 的气压下对约 3.2 mm 原的旋转薄膜烘箱老化残留物进行氧化老化 20 h。现有北美 Superpave 规范采用 PAV 老化残留物确定沥青的中温和低温性能分级，以控制沥青路面的开裂现象。RTFO 中 163 °C 和 1.2 mm 厚的旋转薄膜可以认为在某种程度上代表沥青路面施工过程中使用的参数，PAV 中的 100 °C 和 3.2 mm 值就模拟服役条件而言可能过高。沥青在 100 °C 下与在典型路面温度下具有不同的相结构，因此预期的老化会有所不同。PAV 中使用的厚薄膜和高压可能会抑制沥青中大部分挥发性组分和添加剂的挥发。基于此，来自加拿大的研究学者认为需要开发基于超薄沥青薄膜的低温规范分级试验。这种超薄沥青薄膜应采用一种更好反映在较低温度和压力服役条件下化学老化的方式，以及控制测试时间在合理的范围内。因此，预期在低温下对超薄沥青薄膜进行流变试验获得的规范特性可改善预估沥青路面开裂的能力。

对沥青胶结料的压痕试验具有悠久的历史，最早可以追溯到 19 世纪后期。针入度试验可以认为是一个极端的压痕试验（达到 800 dm 的深度）。贯入黏弹性固体的表面，采用小体积的其他材料替代固定尺寸的针，这种试验应该能够提供稠度的测量。在道路材料规范发展历史中，针入度试验无疑提供了沥青最成功的规范准则范例。这很大程度上是由于其提供简单、快速且可重复的结果，也不需要昂贵的设备。然而，针入度试验测量沥青的基本流变特性也存在多个问题：① 针具有末端效应；② 其表面对材料具有各种程度的黏附性，随着深度和贯入深度（分级）的不同该影响发生变化；③ 贯入深度很大程度上取决于材料的黏性，因此当材料存在弹性时，测量材料的稠度就存在很大的不确定性[27]。Traxler 对这些问题的回顾得出的结论是"针入度仪不是对具有复杂流动和弹性材料（如沥青）进行流变研究令人满意的仪器"。随着现代压痕技术的发展，Marachildon 等[28]成功设计出了沥青薄膜纳米压痕低温测试体系（图 2-13）。他们将经过超薄薄膜老化的沥青试验均匀涂抹于设计好的凹槽中，通过帕尔贴技术实现低温的控制，采用平端头进行薄膜纳米压痕的试验来获得沥青胶结料的蠕变及动黏弹性数据。

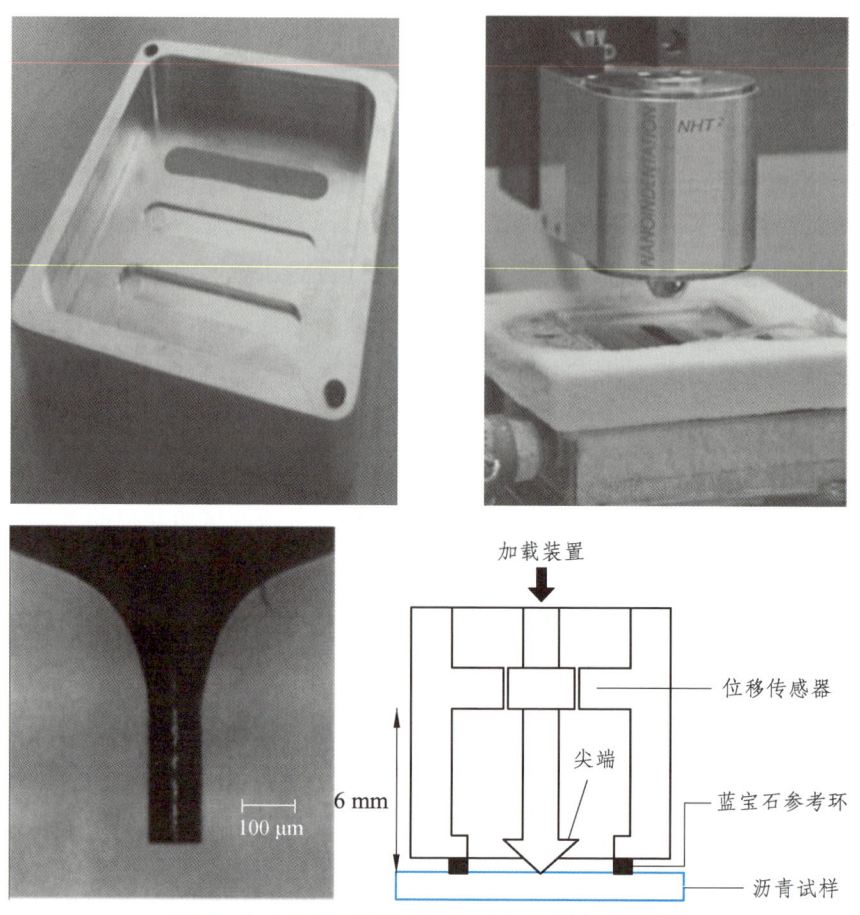

图 2-13　沥青薄膜纳米压痕低温测试体系[28]

参考文献

[1] 沈金安. 沥青及沥青混合料路用性能[M]. 北京：人民交通出版社，2001.

[2] MCLEOD N W. Test data from three Ontario test roads after 15 years of service[J]. Canadian Technical Asphalt Association, Proceeding, 1978, 23(Reprint): 72.

[3] ROQUE R, HILTUNEN D R, STOFFELS S M. Field validation of SHRP asphalt binder and mixture specification tests to control thermal cracking through performance modeling[J]. Journal of the Association of Asphalt Paving Technologists, 1993, 62.

[4] VELASQUEZ R, TABATABAEE H, BAHIA H. Low temperature cracking characterization of asphalt binders by means of the single-edge notch bending (SENB) test[J]. Asphalt Paving Technology: Association of Asphalt Paving Technologists-Proceedings of the Technical Sessions, 2011, 80(4): 583-614.

[5] LEE N, HESP S. Low-temperature fracture toughness of polyethylene-modified asphalt binders[J]. Transp Res Record, 1994(1436): 54-59.

[6] DONGRE R, SHARMA M G, ANDERSON D A. Development of fracture criterion for asphalt mixes at low temperatures[J]. Journal of the Transportation Research Board, 1989, 1228: 94-105.

[7] HOARE T, HESP S. Low-temperature fracture testing of asphalt binders: regular and modified systems[J]. Journal of the Transportation Research Board, 2000, 1728: 36-42.

[8] ANDERSON D A, LAPALU L, MARASTEANU M O, et al. Low-temperature thermal cracking of asphalt binders as ranked by strength and fracture properties[J]. Journal of the Transportation Research Board, 2001, 1766: 1-6.

[9] OLARD F B H. Fracture toughness and fracture energy of bituminous binders at low temperature[C]//Proceedings of the 5th International RILEM Conference on Reflective Cracking in Pavements. 2004: 359-366.

[10] EDWARDS M, HESP S. Compact tension testing of asphalt binders at low temperatures[J]. Journal of the Transportation Research Board, 2006,

1962: 36-43.

[11] ZOFKA A, MARASTEANU M. Development of Double Edge Notched Tension (DENT) Test for Asphalt Binders[J]. J Test Eval, 2007, 35(3): 259-265.

[12] CHAMPION L, GERARD J F, Planche J P, et al. Low temperature fracture properties of polymer-modified asphalts relationships with the morphology[J]. Journal of Materials Science, 2001, 36(2): 451-460.

[13] GAUTHIER G, ANDERSON D. Fracture mechanics and asphalt binders[J]. Road Mater Pavement Des, 2006, 7(sup1): 9-35.

[14] ZOFKA A, MARASTEANU M, LI X, et al. Simple method to obtain asphalt binders low temperature properties from asphalt mixtures properties[J]. Asphalt Paving Technology: Association of Asphalt Paving Technologists-Proceedings of the Technical Sessions, 2005, 74(74): 255-282.

[15] YAN Y, HERNANDO D, ROQUE R. Fracture Tolerance of Asphalt Binder at Intermediate Temperatures[J]. J Mater Civ Eng, 2017, 29(9): 04017108.

[16] KIM S S, WYSONG Z, KOVACH J. Low-Temperature thermal cracking of asphalt binder by asphalt binder cracking device[J]. Journal of the Transportation Research Board, 2006, 1962: 28-35.

[17] APEAGYEI A K, BUTTLAR W G, REIS H. Assessment of low-temperature embrittlement of asphalt binders using an acoustic emission approach[J]. Or Insight, 1996, 51(3): 129-136.

[18] SUN Z, BEHNIA B, BUTTLAR W G, et al. Assessment of low-temperature cracking in asphalt materials using an acoustic emission approach[J]. Journal of Testing & Evaluation, 2017, 45(6): 20160579.

[19] SUI C, FARRAR M, TUMINELLO W, et al. New technique for measuring low-temperature properties of asphalt binders with small amounts of material[J]. Journal of the Transportation Research Board, 2010, 2179: 23-28.

[20] MENSCHING D J, ROWE G M, DANIEL J S, et al. Exploring low-temperature performance in black space[J]. Road Materials & Pavement Design, 2015, 16(sup2): 230-253.

[21] BUENO M, HUGENER M, PARTL M N. Low temperature characterization of bituminous binders with a new cyclic shear cooling (CSC) failure test[J]. Construction & Building Materials, 2014, 58(10): 16-24.

[22] SUI C, FARRAR M, HARNSBERGER M, et al. New low-temperature performance-grading method[J]. Journal of the Transportation Research Board, 2011, 2207: 43-48.

[23] KING G, ANDERSON M, HANSON D, et al. Using black space diagrams to predict age-induced cracking[C]//SCARPAS A, KRINGOS N, AL-QADI I, et al. 7th RILEM International Conference on Cracking in Pavements. Dordrecht, Netherlands: Springer, 2012: 453-463.

[24] ROWE G M, KING G, ANDERSON M. The influence of binder rheology on the cracking of asphalt mixes in airport and highway projects[J]. Journal of Testing & Evaluation, 2014, 42(5): 20130245.

[25] QIU Y, DING H, RAHMAN A, et al. Using combined Avrami-Ozawa method to evaluate low-temperature reversible aging in asphalt binders[J]. Road Mater Pavement Des, 2020, 21(1): 78-93.

[26] TABATABAEE H, CLOPOTEL C, ARSHADI A, et al. Critical problems with using the asphalt ductility test as a performance index for modified

binders[J]. Journal of the Transportation Research Board, 2013, 2370: 84-91.

[27] PENDLETON W W. The penetrometer method for determining the flow properties of high viscosity fluids[J]. J Appl Phys, 1943, 14: 170-180.

[28] MARCHILDON R, HESP S. Development of microindentation tests for the specification grading of asphalt cements[J]. International Journal of Pavement Research & Technology, 2011, 4(4): 222-230.

3

矿物填料对沥青低温断裂
行为的增韧机制研究

3.1 填料在沥青胶结料中的作用

填料是比复合材料尺寸小得多的离散颗粒。早期人们便认识到，在复合材料中添加填料，不仅可以降低成本，通过使用不同类型的填料，还可以有效地改善聚合物的一种或多种物理、力学和热性能。无论填料性质如何，都会使沥青变硬。1915 年，Richardson[1]提出了完美板沥青表面理论，并假设填料与沥青之间的吸引机制是吸附。他指出，沥青吸附膜的厚度取决于"表面的性质和沥青的性质"。因此，那些能够形成较厚薄膜的材料具有更大的固结能力。1932 年，Miller 和 Traxler[2]发表的一项关于矿物填料基本物理性质的研究表明，影响沥青材料填料价值的性质是尺寸和尺寸分布、形状和纹理，而这些几何特性定义了另外两个重要的特征：表面积和填料的空隙含量。对填料性质影响因素的分析有利于后期人们更为准确地认识填料对其他材料（如沥青胶结料）的硬化机理。1961 年，Winniford[3]展示了填料的表面极性可能如何影响填料沥青的性能。他观察到，与含有未处理填料的体系相比，添加较薄的非极性层会导致沥青质的吸附减少，填充体系的黏度增加 2~100 倍。Winniford 的另一个重要观察是沥青成分对填充系统性能的影响。他提供的数据显示，随着沥青中沥青质百分比的增加，使用酸性填料会导致较低的黏度，而使用碱性填料会导致更高的黏度。1967 年，Turncliff[4]分析了三轴压缩荷载试验下填料对沥青混凝土混合料的影响。他的结论是，沥青和填料形成一种黏结剂，将粗骨料固定在一起，随着填料含量的增加，黏结剂的"黏结力"增加。Anderson 和 Goetz[5]将他们的研究结果与填充弹性体的研究结果进行了比较，得出结论：不同的填充体会有不同的增强效果，这取决于填料的性质和沥青的类型。作者指出，唯一可以提供的解释是"某种物理化学相互作用的存在"导致强化。Cristian Clopotel 通过试验研究发现，物理化学相互作用效应是沥青质和胶质（即沥青中的极性基团）在填料颗粒表面吸附的结果。这种吸附部分地导致了沥青胶浆的力学性能（如刚度和黏度）的变化。研究还发现，极性基团的吸附数量取决于填料的 Braunauer Emmett Teller（BET）表面积，而与填料或沥青的化学成分无关。BET 表面积越高，极性基团的吸附量越大[6]。

矿物填料对沥青化学特性的重要影响之一体现在氧化老化方面。20世纪 70 年代初期，消石灰表现出降低沥青老化的事实在美国犹他州首次得到重视。从含消石灰沥青混合料现场试件回收抽提的沥青与参考试样抽提得到的沥青相比，可以观察到前者具有显著较低的黏度。现在，许多研究确认了该发现，当消石灰含量仅为沥青胶结料质量的 10%时，消石灰可以减缓沥青的老化[7]。据文献整理，低于 10%以下的浓度并没有进行过测试，因此 10%并不能确定为使得含消石灰沥青胶浆具备抗老化特性所需的最小消石灰含量[8]。消石灰改性沥青与非消石灰改性沥青相比，沥青质含量的增加以及沥青极性分子和石灰表面之间的酸碱反应是沥青胶浆抗老化特性得以改善的原因[9]。同时，$Mg(OH)_2$ 与 $Ca(OH)_2$（消石灰）相比具有较弱的碱性，并没有看出 $Mg(OH)_2$ 可降低沥青老化，而 $Ca(OH)_2$（消石灰）具有较强的碱性来引发消石灰与沥青胶结料的酸碱中和反应[10]。

然而，单纯的沥青胶结料与消石灰之间的酸-碱中和反应无法全面解释沥青胶结料与消石灰之间的相互作用机理。美国西部沥青研究所研究人员提出，消石灰同时起到沥青天然存在的氧化催化抑制剂作用[11]。Johansson 等[12]的研究结果表明，钒化合物对沥青老化的催化效果在消石灰存在下得到了降低，尽管任何特定的矾-消石灰相互作用的催化效果可能并不突出。因此，强碱如消石灰影响沥青老化的主要原因被认为与其表面的沥青极性分子浓度相关，这可以防止进一步反应。因为表面沥青极性分子浓度大时更容易受到老化。此外，研究人员使用旋转圆柱沥青测试仪（RCAT）得到与预期不同的结果[13]。该试验是在 163 °C 下旋转 235 min（旋转速度为 5 r/min，且气体气流为 4.0 L/min）或在 90 °C 下旋转 140 h（旋转速度为 1 r/min 且气流为 4.5 L/h）。胶浆采用四种沥青，且对老化前后体积百分比为 30%的石灰石或混合填料（含质量比为 25%消石灰的石灰石）进行了研究。研究结果认为消石灰的影响依赖于沥青等级，基于流变指标表明，较硬等级与较软等级的相比较少受到影响。然而博立叶变换红外光谱（FTIR）总是得出较低的羰基率，这与预期的不同，即添加石灰的沥青胶浆观察到较低的羰基率，然而并没有减少老化硬化，而文中并没有给出合理的解释。

关于消石灰对沥青胶结料的影响国内外研究较为充分，然而其他矿物填料对沥青老化的影响却饱含争议。Petersen 及其同事[14]基于矿物表面材料薄膜老化的研究表明，尽管矿物质如石英岩和石灰岩可能催化沥青较轻组分的氧化（即饱和分和芳香分），而对较重质蒸馏组分（胶质和沥青质）或整个沥青老化，该影响可以忽略不计。因此提出，当沥青与矿物集料接触时，沥青的极性组分裹覆了集料表面具有催化作用效果的部位，从而抑制了它们的影响。后来，相同的研究小组使用不同的方法来老化材料：沥青与填料拌合来形成胶浆，然后将它们在 98.9 ℃ 和 113 ℃ 特定试验中老化 2～3 d。该试验结果表明，质量分数为 20%的石灰石填料对沥青的老化并没有影响[15]。

SHRP 研究人员研究了采用 25%～32%体积分数的石灰石、砾石、砂岩和杂砂岩填料制备胶浆，并对制备的胶浆进行 PAV 老化。这些矿物对沥青老化的影响并没有观察到任何可测量的差异[5]。2007 年，Huang 和 Zeng[16]研究了采用 20%沥青胶结料质量分数的石灰岩或花岗岩制备的胶浆在 60 ℃ 下 PAV 老化 100～2000 h 的性能。他们得出的结论是两种矿物均表现出降低沥青老化的趋势。与此同时，Diab 和 Enieb[17]测试了采用 40%沥青体积分数的石灰岩、粗砂岩或波特兰水泥的矿物填料制备沥青胶结料的 RTFO 化后的性能。试验结果表明，采用这些 RTFO 填料制备的沥青胶浆老化指数（1.5～1.9）与未添加任何填料的基质沥青老化指数（2.3）相比明显较低，且石灰岩制备的沥青胶浆具有最低的老化指数（1.5）。粗砂岩和波特兰水泥得到了相同的结果。作者通过结合矿物的催化作用以及沥青一些较轻组分被矿物空隙吸收来解释产生结果的原因，如从沥青胶浆回收后的沥青胶结料后填料表面极性组分增加。他们提出极性组分仍然残留在石灰岩表面，但对胶结料特性具有有限的影响，较高极性组分含量并没有表现出较高老化硬化。Muniandy 及其合作者[18]研究了旋转薄膜烘箱老化对采用 15%、30%和 45%体积分数的玄武岩填料制备胶浆的影响。集中于基于黏性的老化指数（即 64 °C 或更高的温度测得的结果），当基质沥青中添加体积分数为 30%和 40%的填料时，老化指数开始明显发生变化。Abutalib 等[19]研究了关于增加硅灰的量（2%、4%和 8%质量分数）对沥青 RTFO 老化的影响。观察到所有的硅灰对测试胶浆的老化指数具有显著的影响，表明纳米量级的无定形氧化硅可以降低沥青老化。

3.2 填料对沥青流变行为的影响

复合材料（composite material）是由两种或两种以上的材料结合形成的两相或多相材料，当单一材料的特性不足以产生更良好的性能时，就必须添加适当的添加剂以增强原有单一材料的性能，使其综合性质兼具其组成成分材料特质上的优点，而避免原各组成材料的缺点。复合材料一般包括两个主要部分，即基底材料及加劲材料，以基底材料作为连续相，加劲材料作为分散相[20]。基底材料的功能包括：

（1）固定结构外形并维持加劲材料所需的走向与形状。

（2）分散、传递荷重至加劲材料，提高复合材料强度。

（3）提供加劲材料侧向支撑，使其具有抗挫曲能力，进而提高抗压强度。

（4）避免加劲材料与外在机械性入侵直接接触。

（5）阻绝外界环境，保护加劲材料不受化学物质或水的侵蚀。

加劲材料的功用主要在使成品具有高刚性及高强度，一般使用较基底材料具有高强度及高弹性模量的材料，以颗粒填充、纤维填充以及网络复合材料的形式散布在基底材料中。应用复合材料可以增加材料的劲度、强度、稳定性、韧性和耐冲击力等等。但并非在材料复合后都能够得到以上全部优异的效果，这还牵涉到了基底材料与加劲材料复杂的流变行为与合成技术。复合材料的特性包括了微粒分散相的形状尺寸、体积比例，以及分散相与连续相之间的连接情况等等[21]。

3.2.1 黏度复合模型

在填充系统中，了解微粒物质悬浮于胶态溶液中的流动行为是很重要的，主要是因为复合材料合成时必须是在基底材料与填充材料均可流动的状态下，以及大部分复合材料的力学模量理论均是由材料在流动状态下的黏度所推得。微粒球状物质填充于悬浮液中的复合材料系统黏度模型，最早是从如式（3-1）所示的爱因斯坦方程式（Einstein's equation）开始的[22]：

$$\eta_c = \eta_1(1 + K_E \varphi_2) \quad (3\text{-}1)$$

式中：η_c——复合材料的黏度（Pa·s）；

　　　η_1——连续相物质的黏度（Pa·s）；

　　　η_2——分散相物质的黏度（Pa·s）；

　　　K_E——爱因斯坦常数；

　　　φ_2——微粒球状填充料的体积百分比（%）。

但此方程式仅能适用于填充料低含量的情况。在经过多位学者的研究与发展下，修正后的复合材料黏度方程式也能适用于填充料含量高时，其中最具代表性的是 Mooney 方程[23]，见式（3-2）：

$$\ln\left(\frac{\eta_c}{\eta_1}\right) = \frac{K_E \varphi_2}{1 - \varphi_2 / \varphi_m} \quad (3\text{-}2)$$

式中：K_E——爱因斯坦常数（2.5）；

　　　φ_2——分散相的体积成分（%）；

　　　φ_m——最大体积堆积百分比（%）。

有些填充料在与连续相合成时会有体积膨胀的现象，使得填充料所占有的体积大于原来本身的体积，必须考察膨胀前后的体积变化。黏度也会随着填充料含量增加而迅速增加。后来的学者根据 Mooney 黏度方程式，发展出微粒物质在任何尺寸或形状下的方程式[24]，见式（3-3）：

$$\frac{\eta_c}{\eta_1} = \left(1 - \frac{\varphi_2}{\varphi_m}\right)^{-K_E} \quad （3-3）$$

考虑条件包括基底材料的黏度与填充料膨胀前后的体积百分比。由于此模型是适用于两相混合的弹性系统，考虑沥青胶浆的黏弹性行为，故将此模型修改为如式（3-4）所示：

$$\frac{\eta_c}{\eta_1} - 1 = \frac{(4-5\nu_1)}{3(1-\nu_1)} \cdot \left(\frac{G_c}{G_1} - 1\right) \quad （3-4）$$

式中：η_c —— 沥青胶浆的黏度（Pa·s）；

η_1 —— 基质沥青的黏度（Pa·s）；

ν_1 —— 基质沥青的泊松比；

G_c —— 沥青胶浆的剪切模量（Pa）；

G_1 —— 基质沥青的剪切模量（Pa）。

当泊松比为 0.5 时，胶浆与基质沥青黏度的比值与剪切模量的比值相同，因此假设当有填充料添加入基质沥青形成沥青胶浆时，以下的各力学关系都会成立，如式（3-5）：

$$\frac{\eta}{\eta_1} = \frac{G}{G_1} = \frac{G'}{G''} = \frac{G^*}{G_1^*} \quad （3-5）$$

3.2.2 Generalized Self-Consistent Schemes（GSCS）模型

Kerner[25]发表的球状微粒填充复合材料系统方程式，假设填充料分散于连续相中，而连续相的悬浮液则以壳状将填充料包裹于其中，两者结合形成一弹性系统的复合材料。填充料在基底材料中的分布情形如图 3-1 所示，图中 a 为填充料半径与其吸附层的总厚度，b 为填充料的半径，a 与 b 的比值为固定常数，其假设条件为两相间为直接接触、两相间没有滑动的现象、忽略微粒填充料之间的互动行为、填充料随机分布于连续相中。

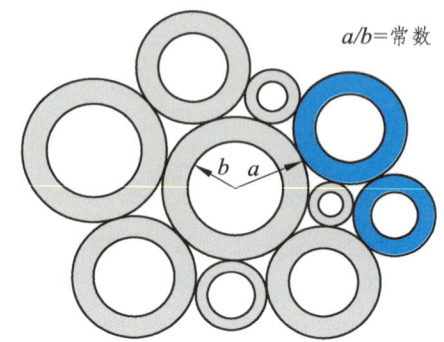

图 3-1　Kerner 模型中复合材料的组成方式

Christensen 及 Lo[26]在 Kerner 球状微粒填充复合材料系统中加入一层等效均质介质层（equivalent homogeneous media layer）来模拟外层材料对此填充料作用的影响，以此三相模型来描述球体颗粒被壳状基底材料包围的动态力学行为，称为 GSCS 模型，如图 3-2 所示。

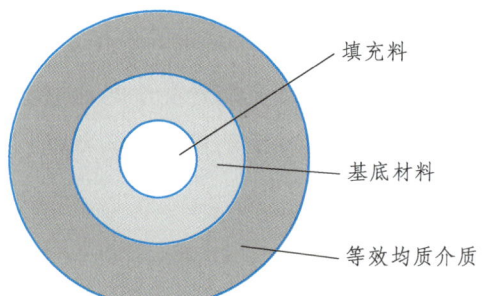

图 3-2　GSCS 模型中复合材料的细部组成方式

此模型如公式（3-6）所示：

$$A\left(\frac{G_c}{G_1}\right)^2 + B\left(\frac{G_c}{G_1}\right) + C = 0 \qquad (3-6)$$

式中：G_c——沥青胶浆的剪切模量（Pa）；

G_1——基质沥青的剪切模量（Pa）；

A、B、C——计算常数。

应用 Kerner 模型时会发现模型的预测值均低于试验值，其原因为填充料在连续相中所占体积改变。因此，Dickie[27]针对均质、等向的简单填充料，将原来填充料的体积部分以有效体积替代。

3.2.3　Nielsen 改进的 Kerner 方程

Nielsen 等人[28]根据 Kerner 微粒填充复合材料系统模型，发表了适用性广泛的复合材料模型分析模式，用以描述复合材料系统的行为。此模型已经多次成功地被用来预测黏弹性复合材料的模量变化。胶浆与基质沥青的模量比值可以用式（3-7）表示：

$$\frac{M_c}{M_1} = \frac{1+AB\varphi_2}{1-B\psi\varphi_2} \quad (3\text{-}7)$$

式中：下标 1 与 2 分别代表沥青（连续相）及填充料（分散相）；M 代表胶浆的性质，可以是剪切模量、杨氏模量或容积模量；φ_2 为填充料的体积含量百分比；参数 A 为与填充料的几何形状、平均粒径分布、堆积团块、界面作用力及基质沥青泊松比有关的参数，以爱因斯坦常数（K_E）表示如式（3-8）：

$$A = K_E - 1 \quad (3\text{-}8)$$

参数 B 取决于填充料（M_2）与基质沥青（M_1）的模量比值，可采用式（3-8）表示。为解释上述理论，通常采用沥青-填充料系统的约束沥青理论，如图 3-3 所示。

沥青添加填充料后可分为三个部分：填充料体积 V_{filler}、自由沥青的体积 V_{free} 和约束沥青的体积 V_{fix}。约束沥青为填充料在沥青中所吸附的沥青体积，包围在填充料外部不能自由移动。将填充料加入沥青中，填充料与约束沥青的体积为 V_{FB}。

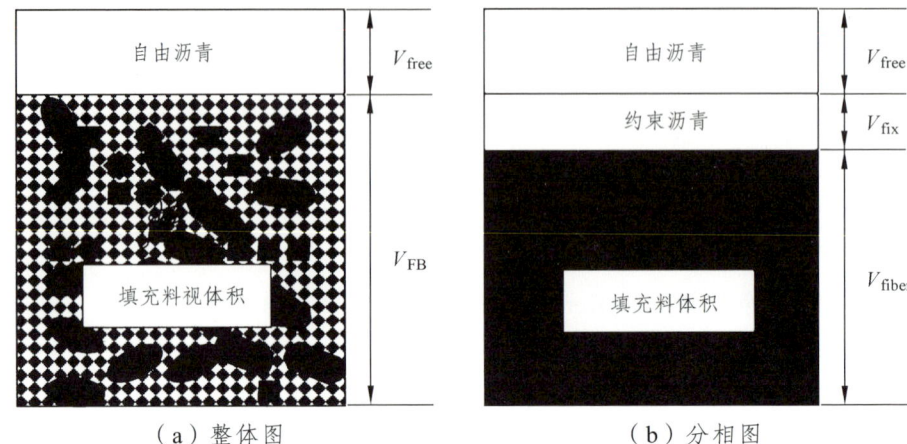

（a）整体图　　　　　　　　　　（b）分相图

图 3-3　沥青-填充料系统

3.2.4　Hirsch 模型

在复合材料的预测模型中，Hirsch 模型为普遍被引用的模型之一，其利用混合法则，假设复合材料的力学反应是由不同相间以简单的并联或串联的方式组合而成的[29]，其并联的流变特性如式（3-9）所示：

$$E_c = V_1 E_1 + V_2 E_2 \quad (3\text{-}9)$$

式中：E 代表材料的劲度模量；V 代表复合材料中每一相的体积百分比；下标 c 代表复合材料，1 及 2 代表复合材料组成的两相。

事实上，单纯以并联或串联的形式并不能完美地描述复合材料的力学行为，其行为可以部分并联及串联的排列与组合形式来描述，如式（3-10）：

$$\frac{1}{E_c} = (1-x)\left(\frac{V_1}{E_1} + \frac{V_2}{E_2}\right) + x\left(\frac{1}{V_1 E_1 + V_2 E_2}\right) \quad (3\text{-}10)$$

式中：参数 x 为并联形式在整个复合材料中所占的体积百分比，定义其为排列参数，其各相排列情形如图 3-4 所示。当 x 的值由 0 至 1 变化时，复合材料中各相的排列会由完全串联形式转变为完全并联形式，再将这两种形式依不同比例排列或组合，则可以用来描述沥青混凝土中沥青、粒料等材料在不同温度下各项力学行为复杂的变化情形。

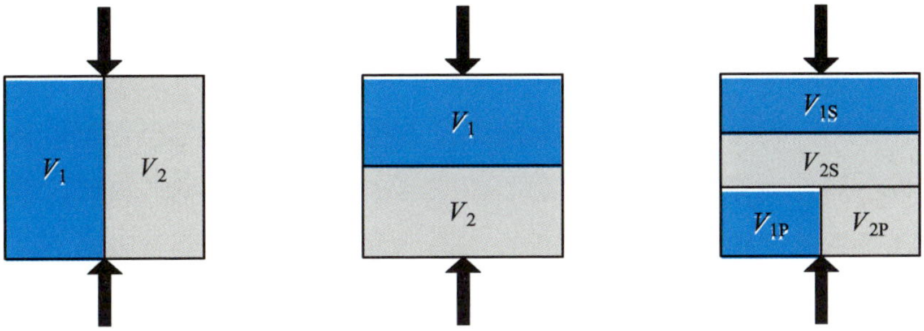

（a）并联模型　　　　（b）串联模型　　　　（c）Hirsch 模型

图 3-4　Hirsch 模型元件及组合模型

3.3　填料对沥青断裂行为的影响

Min-Chih Liao[30]使用动态剪切流变仪（DSR）进行了振荡和蠕变试验，以量化在相同重量水平的填料含量下的水泥和石灰石填料-沥青胶浆的力学性能。试验结果表明，在线性黏弹性范围内，水泥填料-沥青胶浆的复数模量和硬化效应高于石灰石填料-沥青胶浆。在蠕变行为方面，在基质沥青中添加水泥填料增加了稳定状态下的黏度。水泥填料-沥青胶浆的疲劳寿命延长，表明添加活性填料可以提供更好的路面耐久性。Didier Lesueur 等[31]通过流变模型表明熟石灰与某些沥青相互作用以在熟石灰颗粒周围形成吸附（相互作用）层。该层的体积可能很大，导致熟石灰对沥青的影响比惰性填料大得多。熟石灰和沥青之间的相互作用水平取决于沥青。这种相互作用使得熟石灰的低温硬化效果不太突出，并且通过添加熟石灰会发生显著水平的断裂增韧（在低温下）。笔者团队选择十二烷基苯磺酸和 SBS 聚合物两种改性沥青黏结剂，并将其添加钢渣粉与普通石灰石粉后的行为进行了比较，采用扩展弯曲梁流变仪试验和双边缺口拉伸试验，分别对沥青黏结剂和沥青胶浆的低应变流变和高应变韧性断裂性能进行了表征。结果表明，十二烷基苯磺酸可能导致沥青质的聚集从而会加剧基质沥青中的热可逆老化程度，酸改性引起沥青质聚集的示意图如图 3-5。随着恒温时间的延长，沥青质仍不断聚集，因此会导致沥青低温抗裂性能的降低。此外，添加各种不同的填料会改变沥青胶结料的结构及形态。由于填料可吸收沥青质，在第二相（填料）存在下沥青胶结料的平均特性与沥青胶结料的初始特性不同。沥青质吸附的示意图如图 3-6。与石灰岩填料相比，较大颗粒粒径的钢渣微粉填料具有较高的 CaO 含量。因此，其能够吸附更多沥青的极性组分（沥青质）。此外，较大粒径的钢渣微粉具有更高的比表面积，也会导致填料吸附更多的沥青质。

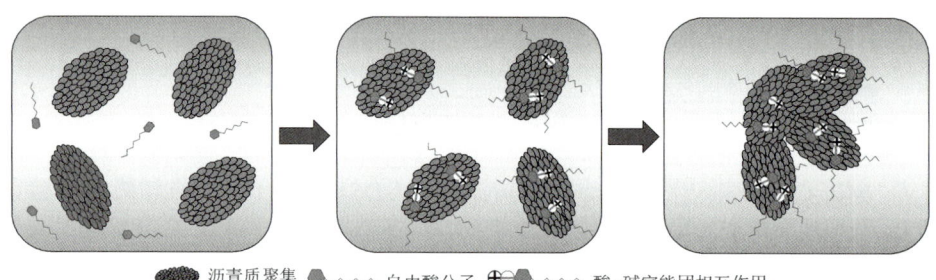

图 3-5　酸改性引起沥青质聚集的示意图[32]

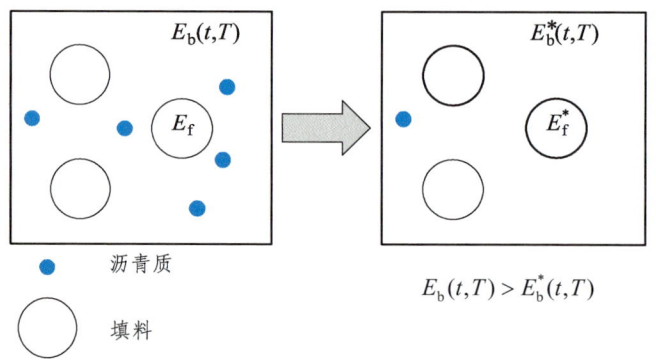

图 3-6　填料吸附沥青质的示意图[32]

为了获得含不同填料沥青胶浆的延性断裂行为，分别将 30%的石灰岩填料（LS）、较大粒径钢渣微粉（SSL）和较小粒径钢渣微粉（SSS）缓慢加入成品 SBS 改性沥青中。三个填充沥青胶浆体系分别在 0 ℃、5 ℃、

15 ℃、25 ℃、35 ℃ 和 45 ℃ 温度，及加载速率范围从 2.5 mm/min 到 50 mm/min 的情况下，采用 WLF 方程以生成主曲线，其具体方法与未添加填料的沥青体系 DENT 主曲线的生成方法相同。含不同填料的 SBS 改性沥青胶浆的临界裂纹尖端张开位移（参考温度为 0 ℃）如图 3-7 所示。

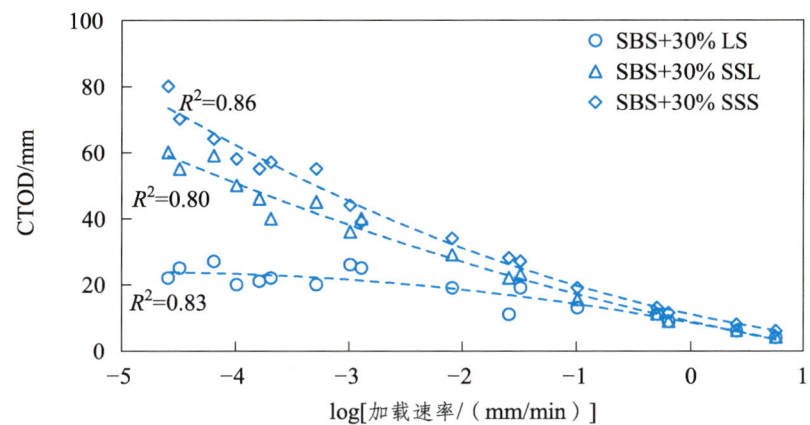

图 3-7　含不同填料的 SBS 改性沥青胶浆的临界裂纹尖端张开位移
（LS 为石灰岩填料，SSL 为较大粒径钢渣微粉，SSS 为较小粒径钢渣微粉）

从图 3-7 中的临界裂纹尖端张开位移（CTOD）主曲线可以明显看出，在较快加载速率和较低温度下，三种填料的沥青胶浆体系的 CTOD 相互之间非常接近。然而，当在较高的温度及较缓慢的加载速率下进行测试时，两种钢渣微粉沥青胶浆体系的 CTOD 明显高于石灰岩填料胶浆体系。出现该现象可以通过下述机理来解释：当采用较低的加载速率时，水具有更长的时间进入填料与沥青薄膜之间的界面中去，且随后与填料发生反应，这一过程加速了胶浆失效的过程。此外，在较高的温度下分子间的运动加速，从而加快了水与填料之间的反应过程。由于钢渣微粉具有较高的 CaO 含量和比表面积，因此与常规石灰岩填料相比，钢渣微粉与沥青胶结料具有更好的黏附性。在较高的温度下及采用较缓慢的加载速率对沥青胶浆进行测试也可以认为是一种有效的对不同优劣路用性能的填料进行排序的方式。另外，比基本断裂功及比塑性断裂功主曲线（图 3-8 和图 3-9）与 CTOD 主曲线相比表现出了不同的变化趋势。这意味着，在较低的温度和较高的加载速率下，破坏沥青胶浆试样需要更多的能量。然而，不同的沥青胶浆体系在本研究中并没有表现出任何显著的差异。此外，使用较小颗粒粒径的钢渣微粉（SSS）与采用较大颗粒粒径的钢渣微粉（SSL）相比可以更好地增加沥青胶浆的抗延性断裂性能。这可以通过在填料颗粒之间应力集中区的形成来解释，与较小颗粒的填料相比，较大颗粒的填料具有较高的可能性引起不同应力集中区的叠加效应，如图 3-10 所示。

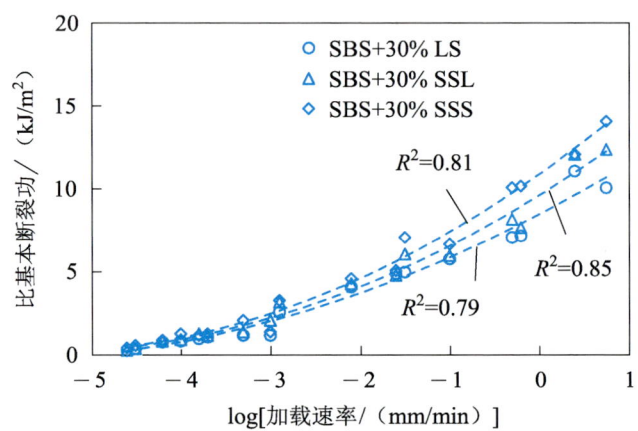

图 3-8　含不同填料的 SBS 改性沥青胶浆的比基本断裂功（参考温度为 0 ℃）

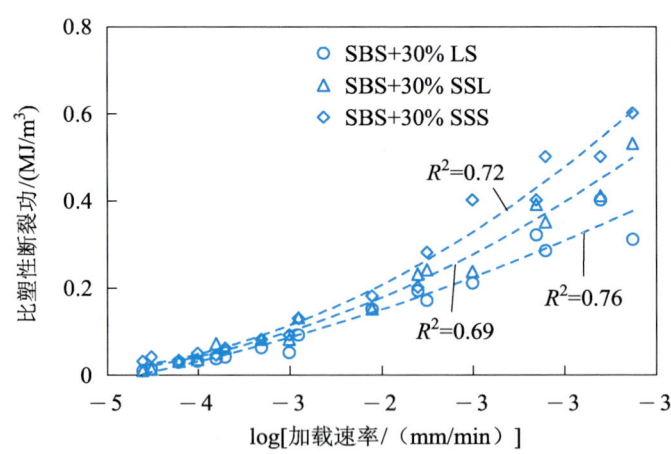

图 3-9　含不同填料的 SBS 改性沥青胶浆的比塑性断裂功（参考温度为 0 ℃）

3 矿物填料对沥青低温断裂行为的增韧机制研究

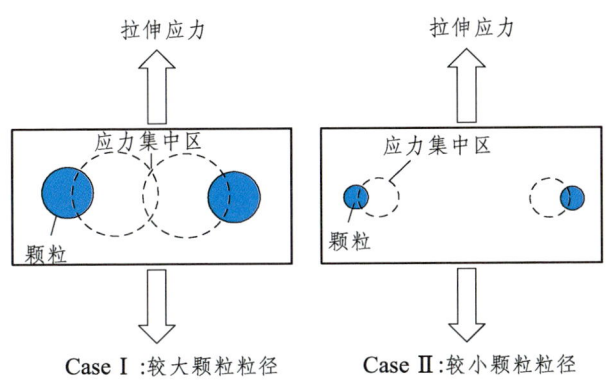

图 3-10　不同填料颗粒粒径引起的应力集中

3.4　含填料沥青胶浆的增韧机理

关于沥青路面开裂机理，早期的观点也认为疲劳是引起沥青路面开裂的原因之一。然而，关于沥青路面裂纹到底是由低温开裂还是疲劳开裂引起一直是判断的难点。此外，关于沥青材料疲劳性能的表征通常有两种加载模式：一种为重复加载模式（如 DSR 的时间扫描试验），另一种为单调加载模式（如 DENT 和 BYET 试验）。疲劳为裂纹萌生过程后紧接着裂纹扩展导致，其最终引起路面整体灾难性地破坏。然而，疲劳过程是复杂的，至今人们仍无法全面掌握疲劳产生的机理。此外，尚不存在全面的微观力学模型来解释沥青胶结料中的细颗粒填料对疲劳性能的影响。Simith 等最早提出了填料对沥青基体的裂纹钉扎增韧机理[33]。裂纹钉扎是指多相复合材料中的夹杂物在裂纹扩展尖端通过钉扎作用来阻止裂纹进一步扩展的增韧机制。

如 Park[34]所讨论的，通常有两种方法来研究材料损伤的行为，分别为连续损伤的方法和微观力学的方法。在连续损伤的方法中，需要将研究对象假设为均匀体材料，即表现为均质体材料的力学行为。Kim 及其同事[35]成功地使用了连续损伤力学模型模拟了循环加载过程中沥青胶结料的损伤累积以及间歇阶段过程中的微观损伤愈合。使用黏弹性对应原理和功潜理论，Kim 等准确地预测了多种沥青混合料的疲劳寿命。在微观力学理论中，通过更小尺度下的建模来模拟损伤演化。1972 年，Evans[36]较早研究了裂纹钉扎模型，考虑了填充物粒子间的距离、颗粒大小、微裂纹形状大小和密度等微观变量对复合材料断裂韧度和断裂能等宏观参量的影响。总体而言，微观力学模型与连续损伤理论相比更加复杂，但是这种复杂的模型一般可以更好地预测颗粒增强复合材料的破坏过程。1986 年，Schapery[37]开发了微观力学模型预测有效黏弹性应力-应变行为，以及颗粒增强橡胶中的微裂纹增长。Schapery 使用广义自洽模型来预测复合材料中微观结构损伤的增长。该数学模型使用一个损伤参数来表征复合材料内微观裂纹大小随时间的依赖性。1996 年，Garcés Rodríguez 等[38]的研究表明，Evans 对裂纹钉扎的理论可以预测沥青胶结料在低温下的平面应变断裂韧度。沥青胶结料在低温或受到快速荷载作用时表现出脆性及热塑性材料行为，该行为可能引起材料在施加的荷载或温度应力作用下断裂相对容易，这是因为仅裂纹尖端有限局部范围存在能量吸收。在脆性基体中添加第二颗粒相引起能量吸收机制在更大的材料体积内发生，而不是仅在当前裂纹尖端附近。因此，产生断裂所需的能量增加。

裂纹钉扎为填料颗粒增加脆性基体韧度的主要机制。Lange[39]在 1970 年首次提出裂纹钉扎理论，同时报道了通过添加刚性颗粒填料可使环氧的断裂能显著增加的现象。1972 年，Evans[36]延续并发展了 Lange 的工作，对裂纹钉扎机制的不同方面进行了集中且详细的研究。根据 Evans 的研究，移动裂纹前端和第二相分散物之间的相互作用引起脆性基体的断裂能增加。随着裂纹前端通过多相材料扩展，填充物阻碍或钉扎在裂纹前端，引起其从障碍物之间退出（形成二级半椭圆形缺陷），直到从钉扎位置脱离。在裂纹扩展的初始阶段，裂缝受到填料颗粒的钉扎效应会导致裂纹形状的改变，进而形成新的断裂面和增加裂纹前端的长度。通过类比错位理论，形成新断裂面的能量也会导致裂纹前端长度的增加。此处假设前端具有所谓的线能量。Evans[36]开发了复合材料总断裂能 $\varGamma_{\mathrm{Ic}}$ 的表达式，其包含能量相以及考虑脆性基体中颗粒周围额外能量吸收机制的项：

$$\varGamma_{\mathrm{Ic}} = \gamma_0 + T_{\mathrm{L}}/2C + \gamma_{\mathrm{a}} \qquad (3\text{-}11)$$

其中：γ_0 为未改性基体的断裂能（J/m²）；

T_{L} 为所谓的裂纹的线张力（N）；

$2C$ 为障碍间距（m）；

γ_{a} 为颗粒周围能量吸收塑性变形的相（J/m²）。

Evans 的理论可以预测到断裂能的增加取决于填料的体积分数，且与颗粒粒径无关。通过对各种复合材料使用扫描电子显微镜和其他的形貌技术研究材料断裂表面可以给出该机理的直接证据。断裂面的图像清楚地表明，由于开裂前端与第二相分散物之间的相互作用而产生了填料颗粒背后的"尾巴"。近期，Garcés Rodríguez 等[38]说明了对颗粒填充沥青胶结料观察到了断裂韧度和能量的相对增加，可以通过 Evans 的裂纹钉扎理论来预测。此外，发现断裂韧度与断裂能的增加仅取决于填料的体积分数，因为填料的粒径在 4～114 μm 范围内并没有观察到显著差异。该发现提供了模型可准确描述填充沥青体系中裂纹增长的间接证据。

疲劳通常定义为"材料在重复或波动应力（最大应力值小于材料的拉伸强度）下断裂的现象"。一般而言，沥青混合料中的疲劳包含以下三个阶段的过程：① 裂纹萌生，微裂纹的发展；② 裂纹扩展，稳态裂纹增长；③ 由于不稳定裂纹增长导致的材料瓦解、崩溃和最终破坏[40]。大多数疲劳过程第二阶段的定量模型是基于断裂力学理论，这是因为第二阶段为材料疲劳的主要阶段。通过 Paris 公式可以描述裂纹扩展阶段，其与裂纹增长速率和试验条件相关[41]：

$$\mathrm{d}c/\mathrm{d}N = A\Delta Kn \qquad (3\text{-}12)$$

其中：c 为裂纹长度（m）；

N 为重复荷载的次数；

ΔK 为动态荷载下最大与最小应力强度因子 K 之差（$N/m^{3/2}$）；

A、n 为沥青混凝土的 Paris 断裂参数。

Schapery[42]为第一个说明 A、n、断裂能以及其他材料的基本特性之间存在关系的学者。相关研究表明，A 很大程度上为材料断裂能的倒数：

$$A = \left[\frac{D_1 \lambda(m) \pi^{1+2m}}{4} \right]^{1/m} \int_0^{\Delta t} \frac{w^n(t)}{\Gamma^{1/m} \sigma_t^2 I^2} dt \qquad (3-13)$$

其中：Γ 为材料的断裂能（J/m^2）；m 为柔量对数与时间对数关系的斜率；对其他变量和该方程的进一步解释，读者可参考 Lytton 等[43]的研究报告。

因为材料的断裂能很大程度上受到裂纹钉扎的影响，其遵循疲劳裂纹扩展阶段裂纹增长速率也受到该机理影响的原则。通过在沥青胶结料中添加第二相填料颗粒，可以使沥青混合料的疲劳性能将得到改善。图 3-11 给出了裂纹钉扎机制的示意图。填料颗粒阻碍了裂纹前峰的传播扩展，因此对裂纹具有钉扎效应，从而提高了沥青胶浆整体的韧度。

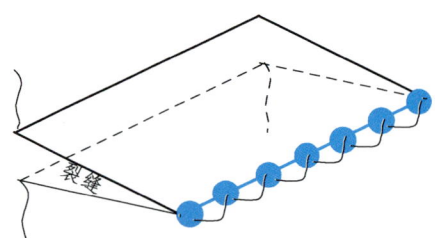

图 3-11 裂纹钉扎机制的示意图

3.5 沥青胶浆的热体积特性研究

长期以来，工程师们一直面临着将胶结料和混合料的物理性能与沥青路面上的现场应力和温度开裂联系起来的挑战。温缩开裂是由沥青混合料体积变化引起的，使其处于应力拉伸状态，直到胶结料失效。沥青胶结料不仅是失效机制中最薄弱的环节，而且被认为是沥青混合物体积变化行为的关键成分。沥青胶结料/沥青胶浆的热体积特性研究是为了确定热膨胀系数和玻璃化转变温度。沥青胶结料和混合料的玻璃化转变温度是预测路面温度开裂的重要影响因素。玻璃化转变温度是指沥青胶结料（以及大多数非晶态材料）的物理性质从流体态到玻璃态发生显著变化的温度，反之亦然。这种转变发生在一个温度范围内。转变的中点或拐点（取决于所使用的技术）称为玻璃态转变温度（T_g）。玻璃态转变通常被认为是一种弛豫/蠕变过程迅速发生的动力学现象。

热体积的变化虽可通过膨胀计来测量，但测量沥青铺装材料的热体积特性并不简单，也缺乏标准的测试方法。Anderson[44]采用类似于 Schmidt 和 Santucci[45]的早期设计的膨胀计测量了一些沥青材料的玻璃化转变温度 T_g。在该设计中，沥青样品的厚度为 3.2 mm，直径为 19 mm，并以 0.13 °C/min 的温度变化速率进行加热或冷却。Bahia[46]使用同样的方法测量了 T_g，沥青样品的厚度为 8.9 mm，直径为 42.2 mm，并以 1 °C/min 的温度变化速率进行冷却。Schweyer[47]用一种简单的膨胀法研究了较大压力范围内（1 到大约 200 个大气压力）28 种不同沥青胶结料的玻璃化转变现象。他的结论是，玻璃化转变温度和所施加的压力之间存在线性关系。Schmidt 和 Santucci[48]还描述了一种膨胀法和测定沥青胶结料 T_g 的设备。他们的半自动化方法可以在 8 h 内至少进行 12 次单独的测量。他们指出：对于高分子材料，当温度变化速率小于 1 °C/min，T_g 仅变化 3 °C；而温度变化速率变化（上升 10 倍或下降 1/10），在试验方法的重复性范围内，无论温度变化速率为 1 °C/min 还是 2 °C/min，沥青胶结料的 T_g 值均无显著差异。在上述研究中，沥青胶结料的热膨胀系数从玻璃化范围内的（3.1~3.95）× 10^{-4} °C^{-1} 到流体范围内的（6.5~6.95）× 10^{-4} °C^{-1} 不等。Anderson、Marasteanu 和 Liu[49]完成了一项关于使用膨胀计技术来确定不同沥青胶结料玻璃态转变温度的研究。在这项研究中，他们得出结论，沥青胶结料并没有呈现出一个明确的玻璃化转变温度 T_g。相反，热体积变化测量显示一些沥青胶结料存在三个不同的线性区域。对于这些沥青黏合剂，每个线性范围都有自己的热膨胀系数，有两个玻璃化转变温度（T_{g1} 和 T_{g2}）。其中，T_g 被定义为来自高温范围数据和低温范围数据的交集温度。Struik[50]解释了玻璃化转变温度 T_{g1} 和第一个二次转变温度 T_{g2} 存在的原因。当温度高于 T_{g1} 时，体积变化主要是由自由体积变化引起，体积变化速率与温度变化速率平行。当温度低于 T_{g1} 但高于 T_{g2} 时，即物理硬化发生的范围，自由体积减小到一个分段运动强烈受阻的值。分段运动的持久性，虽然受到阻碍，但意味着自由体积仍然足够大，以允许小规模的二次运动。当温度低于 T_{g2} 时，材料处于冻结状态，甚至部分链段都不可能有运动。显然，Struik 的解释只集中在自由体积变化，而未考虑蜡的影响。Ojo 等[51]采用膨胀系统研究了 10 种黏合剂的玻璃化转变，采用长度变化测量系统测量了沥青混合物的玻璃态转变。结果表明，玻璃化转变行为随胶结料等级和改性剂的变化而变化。试验结果表明，胶结料对混合物的热体积行为有影响，在评价沥青路面的现场响应时应予以考虑。

上述研究对沥青黏结剂的关注较多，而对沥青胶浆的热体积特性研究却鲜有报道。Cristian Clopotel 等[52]通过试验研究发现，填料与沥青胶浆之间的物理化学相互作用是沥青质和胶质（即沥青中的极性基团）在填料颗粒表面吸附的结果。这种吸附部分地导致了沥青胶浆的热体积性能（如热收缩系数和玻璃化转变温度 T_g）的变化。研究还发现，极性基团的吸附数量取决于填料的 Braunauer Emmett Teller（BET）表面积，而与填料或沥青的化学成分无关。BET 表面积越高，玻璃化转变温度越低。玻璃化转变温度的显著降低表明这种吸附现象导致了沥青胶浆中沥青的软化。Yang Liu[53]介绍了矿物填料与沥青胶结料混合时热膨胀系数的变化。研究结果表明，考虑低温开裂时，矿物填料的存在并不能增强沥青胶结料的抗裂性。相反，它却削弱了这种能力。普通沥青胶结料的临界温度比相应的沥青矿物填料的临界温度约低 6 ℃。对沥青胶浆的热体积变化特性及温度开裂机理相关文献亦未进行深入的探究，未来值得进一步探索。

参考文献

[1] RICHARDSON C. The theory of the perfect sheet asphalt surface[J]. Journal of Industrial Engineering and Chemistry, 1915: 463-165.

[2] MILLER J S, TRAXLER R N. Some of the fundamental physical characteristics of mineral filler intended for asphalt paving mixtures[C]//Proceedings of the Association of Asphalt Paving Technologists. 1932.

[3] WINNIFORD R S. The rheology of asphalt-filler systems as shown by the microviscometer[R]. STP309: American Society for Testing and Materials, 1961: 109-120.

[4] TUNNICLIFF D G. Binding effect of mineral filler[C]//Proceedings of the Association of Asphalt Paving Technologists. 1967: 114-154.

[5] ANDERSON D A, GOETZ W H. Mechanical behavior and reinforcement of mineral filler-asphalt mixtures[J]. Journal of Association of Asphalt Paving Technologists, 1973, 42: 37-66.

[6] CLOPOTEL C, BAHIA H. The effect of bitumen polar groups adsorption on mastics properties at low temperatures[J]. Road Materials and Pavement Design, 2013, 14(sup1): 38-51.

[7] HUANG S C, PETERSEN J C, ROBERTSON R, et al. Effect of hydrated lime on long-term oxidative aging characteristics of asphalt[J]. Transportation Research Record: Journal of the Transportation Research Board, 2002, 1810(1): 17-24.

[8] RASOULI A, KAVUSSI A, QAZIZADEH M J, et al. Evaluating the effect of laboratory aging on fatigue behavior of asphalt mixtures containing hydrated lime[J]. Constr Build Mater, 2018, 164: 655-662.

[9] LESUEUR D, PETIT J, RITTER H J. The mechanisms of hydrated lime modification of asphalt mixtures: a state-of-the-art review[J]. Road Mater

Pavement Des, 2013, 14(1): 1-16.

[10] LITTLE D N, PETERSEN J C. Unique effects of hydrated lime filler on the performance-related properties of asphalt cements: physical and chemical interactions revisited[J]. J Mater Civ Eng, 2005, 17(2): 207-218.

[11] DIAB A, MOHASSAB-AHMED M Y, PRISBREY K, et al. Do regular- and nano-sized hydrated lime have different mechanisms in asphalt?[J]. International Journal of Pavement Research and Technology, 2015, 8(5): 363-369.

[12] JOHANSSON L, BRANTHAVER J, ROBERTSON R. The influence of metal-containing compounds on enhancement and inhibition of asphalt oxidation[J]. Liquid Fuels Technology, 1996, 14(8): 1143-1159.

[13] BARRA B, MOMM L, GUERRERO Y, et al. Characterization of granite and limestone powders for use as fillers in bituminous mastics dosage[J]. Anais Da Academia Brasileira De Ciências, 2014, 86(2): 995-1002.

[14] PETERSEN J C, HARNSBERGER P M. Asphalt aging: dual oxidation mechanism and its interrelationships with asphalt composition and oxidative age hardening[J]. Journal of the Transportation Research Board, 1998, 1638: 47-55.

[15] SIDDIQUI M N, ALI M F. Investigation of chemical transformations by NMR and GPC during the laboratory aging of Arabian asphalt[J]. Fuel, 1999, 78(12): 1407-1416.

[16] HUANG S C, ZENG M. Characterization of aging effect on rheological properties of asphalt-filler systems[J]. Int J Pavement Eng, 2007, 8(3): 213-223.

[17] DIAB A, ENIEB M. Investigating influence of mineral filler at asphalt mixture and mastic scales[J]. International Journal of Pavement Research and Technology, 2018, 11(3): 213-224.

[18] MUNIANDY R, ABURKABA E, MAHDI L M J. Effect of mineral filler type and particle size on asphalt-filler mastic and stone mastic asphalt laboratory measured properties[J]. Australian Journal of Basic and

Applied Sciences, 2013, 7(133): 475-487.

[19] ABUTALIB N, KARNATI S R, OLDHAM D, et al. Surface modification of silica fume with amine groups to reduce agglomeration and improve asphalt resistance to oxidation[J]. Research & Reviews: Journal of Material Sciences, 2016, 4(4): 1-11.

[20] YEN S C, WILLIAMSON F L. Accelerated characterization of creep response of an off-axis composite material[J]. Composites Science & Technology, 1990, 38(2): 103-118.

[21] ZHOU K, LI X. Topology optimization of structures under multiple load cases using a fiber-reinforced composite material model[J]. Computational Mechanics, 2006, 38(2): 163-170.

[22] CURRAN D R, SEAMAN L, AUSTIN M. The Use of Artificial Viscosity to Compute One-Dimensional Wave Propagation in Composite Materials[J]. J Compos Mater, 1974, 8(2): 142-159.

[23] EHABÉ E, BONFILS F, AYMARD C, et al. Modelling of Mooney viscosity relaxation in natural rubber[J]. Polym Test, 2005, 24(5): 620-627.

[24] BRIEDIS I P, TETERIS G G. Predicting the non-newtonian viscosity of a melt of a polymer composite with a hybrid filler[J]. Mech Compos Mater, 1990, 26(2): 171-176.

[25] KERNER E H. The Electrical Conductivity of Composite Media[J]. Journal of Association of Asphalt Paving Technologists, 1956, 69(8): 802-807.

[26] CHRISTENSEN R M, LO K H. Solutions for effective shear properties in three phase sphere and cylinder models[J]. Journal of the Mechanics & Physics of Solids, 1979, 27(4): 315-330.

[27] DICKIE R A. On the modulus of particulate-filled composite: application of Van Der Poel's equation[J]. J Polym Sci, Part A: Polym Chem, 1976, 14(11).

[28] NIELSEN L E. Mechanical Properties of Polymer and Composite[M]. New York: Marcel Deker, Inc, 1994.

[29] HIRSCH T J. Modulus of elasticity of concrete affected by elastic moduli of cement paste matrix and aggregates[J]. Journal of the American Concrete Institute, 1962, 59(12): 427-451.

[30] LIAO MIN-CHIH G A, CHEN JIAN-SHIUH. Mechanical Properties of Filler-Asphalt Mastics[J]. International Journal of Pavement Research and Technology, 2013, 6(5): 576-581.

[31] LESUEUR D, LITTLE D N. Effect of Hydrated Lime on Rheology, Fracture, and Aging of Bitumen[J]. Transportation Research Record: Journal of the Transportation Research Board, 1999, 1661(1): 93-105.

[32] LI Q, QIU Y, RAHMAN A, et al. Application of steel slag powder to enhance the low-temperature fracture properties of asphalt mastic and its corresponding mechanism[J]. Journal of Cleaner Production, 2018, 184: 21-31.

[33] SMITH B, HESP S. Crack Pinning in Asphalt Mastic and Concrete: Regular Fatigue Studies[J]. Transportation Research Record: Journal of the Transportation Research Board, 2000, 1728: 75-81.

[34] PARK S. Development of a Nonlinear Thermo-Viscoelastic Constitutive Equation for Particulate Composites with Growing Damage[D]. Austin, Texas, USA: University of Texas at Austin, 1994.

[35] KIM R Y, LEE H, LITTLE. D. Fatigue characterization of asphalt concrete using viscoelasticity and continuum damage theory[J]. Journal of the Association of Asphalt Paving Technologists, 1997, 66: 520-569.

[36] EVANS A G. The Strength of Brittle Materials with a Second-Phase Dispersion[J]. Philosophical Magazine, 1972, 26: 1327-1344.

[37] SCHAPERY R A. A micromechanical model for non-linear viscoelastic behavior of particle-reinforced rubber with distributed damage[J]. Engineering Fracture Mechanics, 1986, 25(5): 845-867.

[38] RODRÍGUEZ M G, MORRISON G R, VANLOON J R, et al. Low Temperature Failure in Particulate-Filled Asphalt Binders and Asphalt Concrete Mixes[J]. Journal of the Association of Asphalt Paving

Technologists, 1996, 65: 159-192.

[39] LANGE F F. The interaction of a crack front with a second-phase dispersion[J]. Philosophical Magazine, 1970, 22: 983-992.

[40] JACOBS M M J. Crack Growth in Asphaltic Mixes[D]. Delft, Netherlands: Delft University of Technology, 1995.

[41] PARIS P C, ERDOGAN F. A critical analysis of crack propagation laws[J]. Journal of Basic Engineering, 1963, 85(3): 528-534.

[42] SCHAPERY R A. A Theory of Crack Initiation and Growth in Visco-Elastic Media I: Theoretical Development[J]. International Journal of Fracture, 1975, 11(1): 141-159.

[43] LYTTON R L, UZAN J, FERNANDO E G, et al. Development and validation of performance prediction models and specifications for asphalt binders and paving mixes[R]. Washington, D C: National Research Council, 1993.

[44] ANDERSON D A. Mechanical behavior of asphalt-mineral powder composites and asphalt-mineral interaction[D]. West Lafayett, Indiana, USA: Purdue University, 1971.

[45] SCHMIDT R J, BOYNTON R F, SANTUCCI L E. Dilatometric determination of the glass transition temperature of asphalt and amorphous polymers[J]. American Chemical Society, Petroleum Division Preprints, 1965, 10(3): 17-18.

[46] BAHIA H. Low-temperature isothermal physical hardening of asphalt cements[D]. State College, PA, USA: Pennsylvania State University, 1991.

[47] SCHWEYER H E. Glass transition of asphalt under pressure[J]. Journal of Testing and Evaluation, 1974, 2(1): 50-56.

[48] SCHMIDT R J, SANTUCCI L E. A practical method for determining the glass transition temperature of asphalt and calculation of their low temperature viscosity[J]. Proceedings of the Association of Asphalt Paving Technologists, 1966, 35: 61-90.

[49] ANDERSON D A, MARASTEANU M O, LIU Y. Dilatometric measurements of glass transition temperatures[C]//Eurobitume Workshop on Performance Related Properties for Bituminous Binders, 1999: No.128.

[50] STRUIK L C E. Physical aging in amorphous polymers and other materials[M]. Amsterdam, Netherlands: Elsevier. 1978.

[51] OJO J O, FRATTA D, BAHIA H U, et al. Pavement Cracking: Mechanisms, Modeling, Detection, Testing and Case Histories[M]. London: CRC Press, 2008: 469-479.

[52] CLOPOTEL C, VELASQUEZ R, BAHIA H. Measuring physico-chemical interaction in mastics using glass transition[J]. Road Mater Pavement Des, 2012, 13(sup1): 304-320.

[53] LIU Y. Low temperature thermal behavior of asphalt binder and asphalt-mineral filler mastic[D]. State College, PA, USA: Pennsylvania State University, 2000.

4

沥青路面中的热可逆老化现象及主要影响因素

4.1 各种老化模式对沥青性能的重要性

沥青基材料由于其防水、减振和易于维护的特性，在交通基础设施建设中发挥着越来越重要的作用。与水泥基材料不同，沥青基材料会随着使用寿命的延长而不断硬化或脆化。硬化会显著降低面层沥青材料的抗裂性和水稳定性，使沥青路面容易发生早期损坏。沥青在大气环境影响下硬化的趋势已为人所知并已研究多年。通常，工程中经常使用"老化"这一术语来描述沥青胶结料在储存、搅拌、摊铺和服役过程中的硬化。导致沥青老化的因素有很多，但最重要的因素可分为挥发、氧化、渗出和可逆结构化四大类。挥发和氧化是研究人员最熟悉的两种老化模式。挥发是一种易于理解的沥青胶结料硬化机制。沥青有机质中的轻油成分会随着时间的推移不断蒸发，尤其是在夏季。这种老化沥青的再生通常是通过在胶结料中添加挥发过程损失的油分来实现的。氧化老化是研究人员最熟悉的一种沥青胶结料硬化模式。氧化是由沥青胶结料中的不稳定分子与空气中的氧气或水分发生化学反应所引起的。这种化学反应通常是一个不可逆的过程，且很难用添加剂完全逆转沥青的氧化老化过程。目前的 Superpave 胶结料规范通常使用旋转薄膜烘箱（RTFO）和压力老化箱（PAV）老化在实验室内分别模拟挥发和氧化这两种老化。文献中也报道了沥青中其他的一些硬化模式，如紫外老化、微生物降解老化、渗出老化以及热可逆老化等。接下来本章将对这些老化模式进行简要的回顾。虽然紫外线辐射的影响会使铺面沥青脆化；但是，早期的研究表明，紫外线老化对沥青耐久性的影响有限，只影响路面表层非常薄的一层胶结料。这也是为何尽管在战略公路研究计划（SHRP）实施期间对沥青胶结料紫外老化已进行了一定程度的研究，然而国内外沥青规范却并未将紫外老化纳入沥青胶结料标准规范体系中的原因。Traxler 等[1]首先认识到并讨论了沥青胶结料中的微生物降解。对于当今生产的大多数直馏沥青胶结料，研究人员几乎并没有观察到沥青胶结料中的微生物降解。随着植物油作为再生剂在沥青中的应用越来越多，微生物降解可能比普通沥青更严重，这一点值得更多关注和验证。根据Vallerga 等[2]的说法，渗出是发生在沥青中的脱水收缩反应，含有分散或溶解的中间体和较重结构体的稀薄油状液体渗出到表面，从而在沥青胶结料内部导致结构的形成，进而使得沥青胶结料硬化的过程。沥青中的渗出在一些出版物中也称为浸出，其主要在屋面沥青中研究较多。不同配方沥青的抗渗出性能可能完全不同，值得对铺面沥青胶结料进行更多的深入研究。Van Gooswilligen 等[3]认为渗出老化是由沥青胶结料油性成分渗出并转移到矿物集料中产生的。这种现象是能量驱动所引起，因为凝胶沥青油分的渗出会使沥青在低温下缓慢收缩。Van Gooswilligen 等所在的壳牌实验室开发了渗析试验，以量化沥青胶结料的渗出老化趋势，并提出了沥青胶结料的 Qualagon 质量框架体系（图 4-1）。然而，由于缺乏直接证据表明渗出性老化对沥青路面耐久性的重要性，渗出性老化并没有得到太多关注。

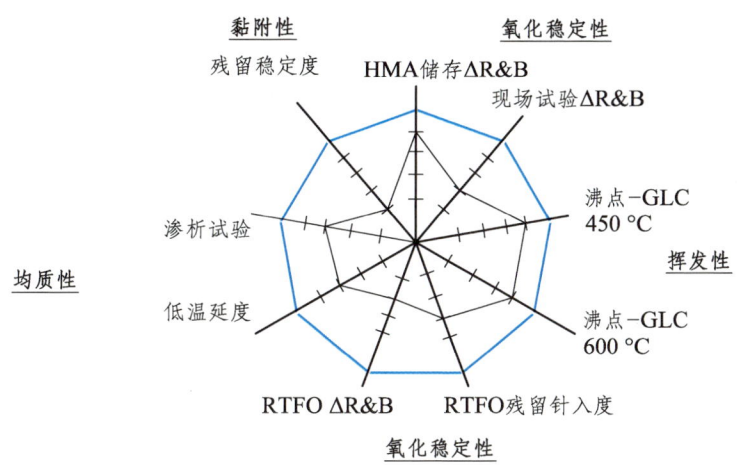

图 4-1　道路沥青针入度分级 Qualagon 图[3]

可逆结构化是另一种被大多数研究人员忽视的重要老化模式。这种老化通常是指沥青胶结料在室温或低温下储存时，沥青胶结料的劲度随储存时间的延长呈指数增长的恒温硬化现象。在这个过程中，没有化学反应发

道路石油沥青的低温行为与热可逆老化

生，通过加热可以使沥青胶结料劲度恢复到原来的状态。在文献中，许多术语已用于描述沥青胶结料中的这一过程，例如老化硬化、平衡结构的形成、凝固、触变硬化、空间硬化、物理老化、物理硬化、可逆老化以及最近的热可逆老化。本书中使用术语"热可逆老化"是因为它可以更好地反映这种现象的热历史依赖性。室内和现场试验段研究结果表明，热可逆老化和氧化老化对沥青胶结料的耐久性同样重要，尤其是在寒冷地区。

Traxler[4]是较早系统研究了各种沥青老化机理的学者，在沥青老化研究领域做了大量开创性工作。他总结了影响沥青老化（包括热可逆老化）的多达 15 种不同因素（表 4-1），并指出任何原因导致的沥青过度硬化都是不可取的，因为这可能会降低其在服役中的黏附性和耐久性。

表 4-1　沥青老化机理[4]

老化类别	影响因素					出现位置	
	时间	热	氧	光	β和γ射线	在表面	混合料里
氧化（黑暗中）	√	√	√			√	
光氧化（光直射）	√	√	√	√		√	
挥发	√	√				√	√
光氧化（反射光）	√	√	√	√		√	
光化学（光直射）	√	√		√		√	
光化学（反射光）	√	√		√		√	√
聚合	√	√				√	√
空间或物理老化	√						
油分浸出	√	√				√	
核辐射	√	√			√	√	√
水作用	√	√		√		√	
集料吸收作用	√	√				√	√
组分在集料表面吸附	√	√				√	
化学反应							
微生物降解	√	√	√			√	√

需要指出的是，对各种老化类别重要性进行严格的排序是不切实际或者错误的，因为不同沥青组分的变异性不同。不同原油提炼的沥青胶结料可能对不同的老化模式敏感性存在较大差异。1961 年，Traxler[5]根据自己的研究经验，将引起沥青胶结料硬化的老化类别按照如下的重要性进行近似排序：最重要的为沥青氧化老化，其次为沥青轻组分的挥发，再次为热可逆老化（内部结构随时间的发展），再次为光化光引起的聚合（自由基反应），最后为热引起的缩聚。

4.2　现有沥青热可逆老化机理与理论模型

沥青胶结料的许多分析理论都是基于普遍理论，沥青胶结料的热可逆老化也不例外。因此，有必要回顾相关的理论基石，从而有助于更好地理解沥青热可逆老化的机理。如果把物质作为广义的系统，我们通常所说的系统往往处于平衡状态，即稳态或亚稳态。它们的性质不随时间变化，即自由能的一阶导数为零，如图 4-2 所示。自由能函数可以描述从状态 A 到状态 B 的转变。状态 A 是一个亚稳态平衡状态，它是自由能的局部最小值。在小的扰动下，系统是稳定的，最终会演化成更稳定的状态，但这需要很长时间。状态 B 是稳态，这是自由能的全局最小值。在从状态 A 到状态 B 的过渡过程中，自由能增加到一个局部最大值，即不稳定状态，系统的不稳定波动最终导致该状态下的寿命短。对于亚稳态和稳态，自由能的二阶导数必须大于零。对于不稳定状态，至少一阶导数小于零。相变过程也在不同的平衡状态之间发生变化。系统会经历一系列非平衡或不稳定状态，系统的性质会不断变化。

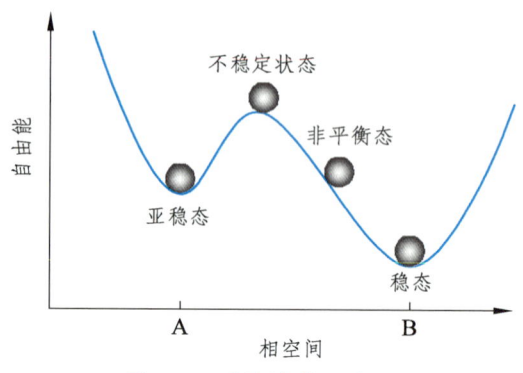

图 4-2　系统演化示意图

尽管学术界对沥青氧化老化的机理及动力学过程理论模型进行了大量的研究，但在沥青热可逆老化形成机理与数学模型方面缺乏深入探索。用于解释无定形聚合物物理老化的理论，常直接用于解释沥青热可逆老化现象。Bahia等[6]认为，高温下的沥青分子链能量较高，处于不断运动的状态，因此无法形成堆砌结构，沥青处于热动力平衡状态。理论上，若没有出现玻璃态转变，沥青比体积将随温度降低呈线性减小趋势；另外，温度降低到一定程度时，分子链"冻结"，沥青分子体积随温度变化极小。因此，体系在低温下存在另一条热动力平衡线，两条热动力平衡线的交点对应的温度即为玻璃态转变温度（T_g）。在玻璃态转变区，体系处于非平衡亚稳状态。随着恒温时间延长，分子链段调整构象会将多余的空间排出去，导致自由体积收缩（图4-3左）。由于在玻璃态温度以上，沥青为黏性流体，因此无法采用常见的基于长度变化的膨胀仪。为了验证自由体积收缩的假设，Nam等[7]开发了沥青体积膨胀仪（图4-3右），发现恒温体积收缩与硬化平移因子间具有很高的相关性，不足的是他们仅对少量沥青进行了测试。基于自由体积收缩理论，Tabatabaee等[8]进一步提出了沥青物理硬化率随储存温度和恒温时间变化的数学理论模型，如图4-4所示。可以看出：当储存温度固定时，物理硬化率与恒温时间的函数呈指数分布；当恒温时间固定时，物理硬化率与储存温度的函数呈正态分布，且在T_g时达到最大值。

4 沥青路面中的热可逆老化现象及主要影响因素

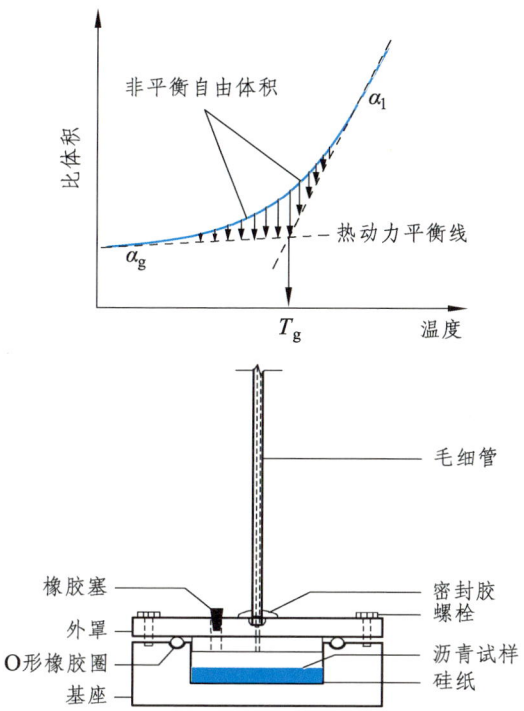

图 4-3 沥青自由体积收缩机理（左）及膨胀仪示意图（右）

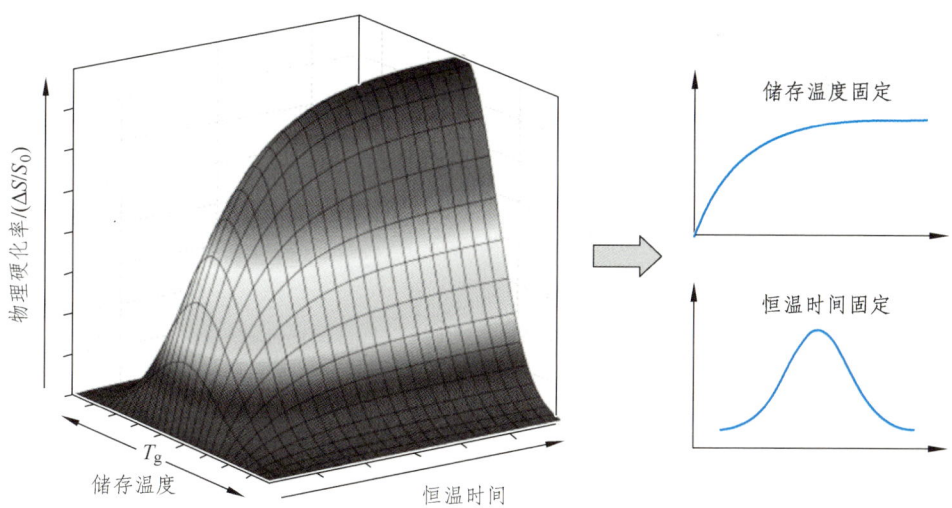

图 4-4 基于自由体积收缩理论的物理硬化数学模型

Claudy 等[9]、Anderson 等[10]发现，与无定形聚合物的物理老化一般发生在 T_g 以下不同，沥青胶结料中的物理硬化现象既可能发生在 T_g 温度以下，也可能发生在 T_g 温度以上，且蜡含量高的沥青往往物理硬化程度也越高，而这些现象却无法用自由体积收缩理论进行解释。Freeston 等[11]及聂忆华等[12]采用 Avrami 等温结晶动力学理论拟合不同恒温时间后的弯曲梁流变试验结果，且提出采用 Avrami 指数来体现沥青低温物理硬化过程中的成核与蜡结晶生长过程。从图 4-5 可以看出，采用 Avrami 等温结晶动力学理论可以较为准确地模拟蠕变劲度和 m 值随恒温时间的变化，相关系数 R^2 在 0.9 以上。根据文献中对等温结晶动力学过程的描述，沥青的低温恒温结晶过程大致可分为分子成核、晶体生长和结晶饱和三个阶段（图 4-6）。尽管 Avrami 指数反映了物理硬化过程中沥青材料内部微观结构的变化；然而，为获得相对结晶度必须实测长期恒温后平衡状态的参数值，从而限制了其作为规范验收准则。Rigg 等[13]基于 Ozawa 非等温结晶动力学理论框架，在三个冷却速率下对沥青胶结料进行差示扫描量热法（DSC）分析，通过外推计算得到平衡状态下的参数，从而大大缩短了测试时间。Qiu 等[14]分析了 Avrami 与 Ozawa 方法的内在联系，提出了一种表征结晶快慢的参数用于评价物理硬化，该参数综合了等温与非等温结晶动力学的优点，且物理意义明确，具有较好的应用价值。

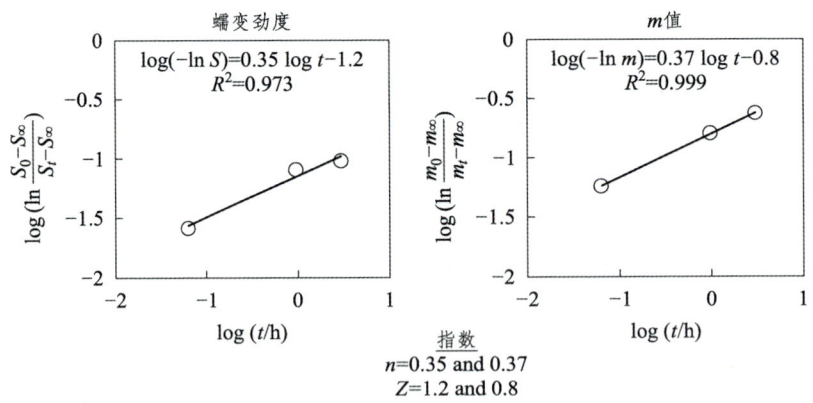

图 4-5　基于 Avrami 理论分析 BBR 蠕变数据

4 沥青路面中的热可逆老化现象及主要影响因素

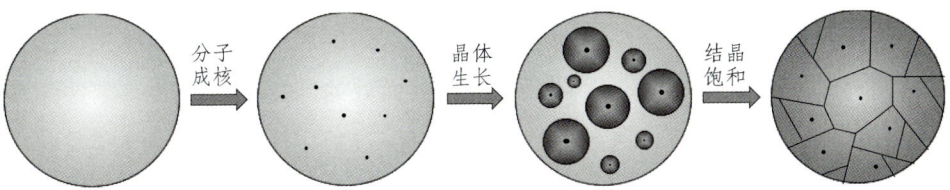

图 4-6 沥青等温结晶动力学过程示意图

虽然 72 h 低温储存后的实测结果可以真实地反映沥青胶结料的低温性能分级，然而在具体实施时却因时间过长而无法达到质量控制的目的。因此，安大略省交通厅在新规范推广阶段，除了进行 1 h 及 72 h 后的低温分级测试外，也进行了 24 h 后的测试。通过将不同恒温养护时间后的劲度及 m 值进行回归拟合，找出了较好的预测方程。图 4-7 为基于安大略省交通厅大量基础数据（超过 300 个 ExBBR 试验结果）得到的线性拟合结果，蠕变劲度和 m 值的拟合精度分别高达 94%和 99%，开发的预测回归公式如下：

$$m@72\ h(T_{HT}) = 0.03239 \times (m@1\ h) + 0.88952 \times (m@24\ h) + 0.01129 \quad (4\text{-}1)$$

$$m@72\ h(T_{LT}) = 0.17770 \times (m@1\ h) + 0.795125 \times (m@24\ h) - 0.00869 \quad (4\text{-}2)$$

$$S@72\ h(T_{HT}) = 0.13495 \times (S@1\ h) + 0.94721 \times (S@24\ h) + 3.34123 \quad (4\text{-}3)$$

$$S@72\ h(T_{LT}) = 0.16874 \times (S@1\ h) + 0.93364 \times (S@24\ h) + 0.14202 \quad (4\text{-}4)$$

其中：T_{HT} 为较高的测试温度；T_{LT} 为较低的测试温度。

Kriz 等[15]考虑到一般蜡结晶所需的时间较短，不太可能引起沥青持续数天，甚至数月的低温物理硬化；且认为含蜡沥青在较高温度下产生的物理硬化与恒温过程中的刚性无定形相形成有关，并提出了三相模型理论（图 4-8）。该理论将快速冷却的热力学非平衡态沥青分为结晶相和受结晶相约束的无定形相。体系在恒温过程中向自由能最小的平衡态松弛，从而促进了受限无定形相的分子链运动。约束无定形相向近似有序的刚性无定形相和可移动无定形相转变，以降低结晶相界面处的应变能。因此，刚性无定形相的形成可部分合理地解释沥青低温恒温过程中微观结构的改变及硬化机理。

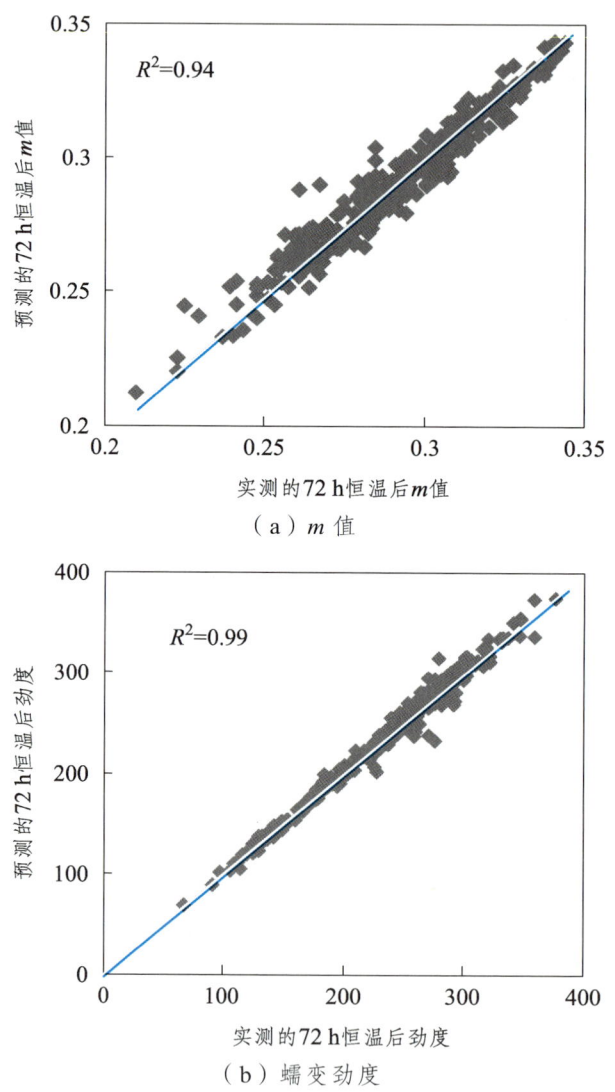

（a）m 值

（b）蠕变劲度

图 4-7　预测的 72 h 恒温后 BBR 结果与实测值之间的相关性

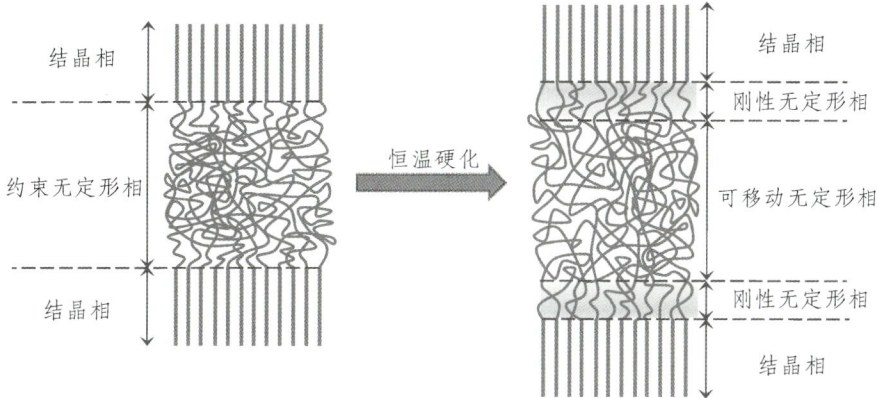

图 4-8 沥青恒温硬化中刚性无定形相形成示意图

不可逆的氧化老化与可逆的热可逆老化过程二者均会使得沥青胶结料脆化和质量劣化。Wright 等[16]率先研究了不同热可逆老化程度沥青胶结料的低温储存分级损失与经过额外压力老化（PAV 老化时间由常规 20 h 延长至 40 h）导致的低温分级损失之间的关系。图 4-9 给出了 7 种沥青胶结料由于热可逆老化（ExBBR）分级损失与氧化老化（ExPAV）导致低温分级损失之间的线性拟合关系。从这张图可以推断出，热可逆老化与氧化老化可能是由相似的组分引起的，胶质组分可能在逐渐的物理硬化和长期化学硬化过程中均发挥了一定程度的作用。

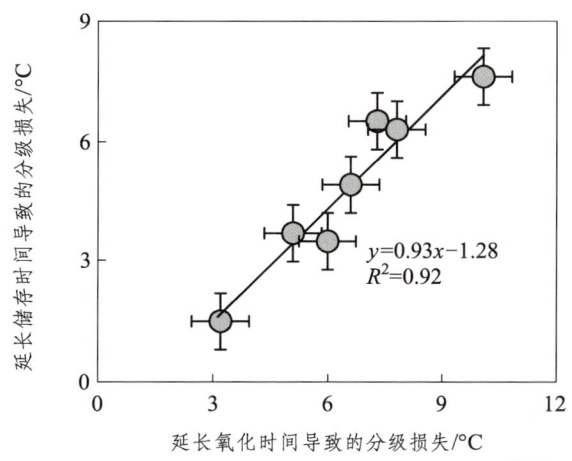

图 4-9 氧化老化与热可逆老化之间的关系[16]

就中温范围的空间硬化而言，Brown 等[17]认为沥青空间硬化是由于分子间次价键交联形成松散三维网络，且随着时间延长，极性沥青质分子不断缔合而产生的一种恒温溶-凝胶转变现象。McKay 等[18]采用集料制备的滑板流变仪评估了集料对沥青空间硬化的影响。结果表明，与玻璃板相比，沥青在石灰岩板之间长期储存后出现了明显的空间硬化现象。他们认为，这是由于沥青中的极性分子（如沥青质）吸附到石灰岩板表面，使得沥青剩余组分在两板之间的黏度降低，而与高黏度或较硬的沥青相比，黏度较低或较软的沥青随着时间表现出更高程度的空间硬化。这是因为在黏度较低的体系中，分子流动性的增加使分子随时间产生结构化成为可能。换句话说，沥青的高黏度会抑制分子的流动性，从而阻碍了分子结构化。Masson 等[19]的试验表明，沥青经过不同时间室温储存后，采用调制差示扫描量热法（MDSC）得到的不可逆热流曲线特征峰会随时间产生明显的变化，并认为特征峰的变化是由于沥青质随时间有序化排列，从而建立了沥青室温空间硬化与其沥青质组分有序化之间的联系。然而，Frolov 等[20]根据不可逆热流曲线特征峰的形状、强度和温度范围认为，特征峰的形成与其说是由于沥青质的有序化，不如说是由于沥青中蜡组分的结构有序化。产生这种差异可归因于对沥青质和沥青蜡组分特征热信号的界定存在分歧。

根据上述现有文献对沥青热可逆老化现象的研究，其机理主要可归因于自由体积收缩、蜡结晶、刚性无定形相形成和沥青质缔合，可将各术语之间的逻辑层次关系总结为图 4-10。

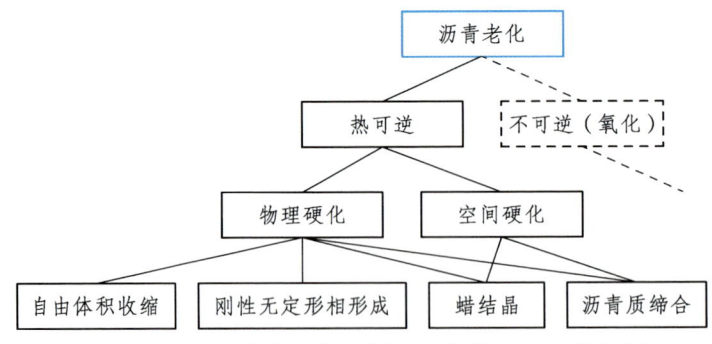

图 4-10 沥青热可逆老化机理及各术语之间的逻辑关系

4.3 热可逆老化对沥青性能表征的影响

热可逆老化对沥青性能的影响可以通过规范分级方法进行观察，如早期的针入度和黏度分级试验。其中 Traxler 对沥青各种老化机理的试验与理论探索直接奠定了后续学者对热可逆老化现象的深入探索。1936 年，Traxler 通过开发的黏度试验系统研究了不同生产工艺（吹制和直馏）得到的沥青胶结料黏度随恒温储存时间的变化。由于当时的沥青规范是基于沥青的黏度，因此 Traxler 提出了沥青老化指数（Asphalt Aging Index，AAI）的概念，并以此来量化沥青黏度随恒温时间的依赖性。同时，他通过试验也发现了吹制沥青黏度随恒温储存时间的敏感性；然而 Traxler 并未在其论文中对这种现象的机理做过多的阐述，而是采用"内部结构化"这种模糊的概念解释该现象。从图 4-11 可以看出，吹制沥青的黏度在 25 °C 恒温储存 200 d 后增幅可达两倍，而直馏沥青的黏度却随恒温储存时间几乎保持不变。

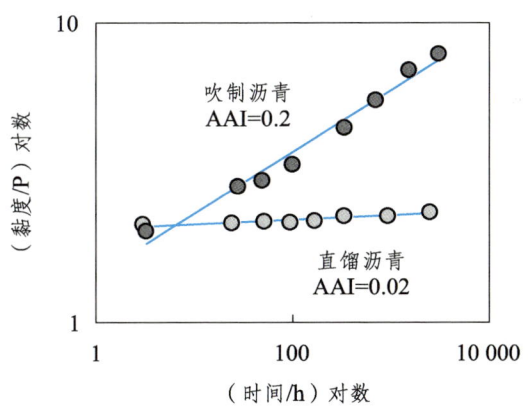

图 4-11 沥青黏度随储存时间的变化[21]

热可逆老化对沥青性能表征的影响还体现在时间-温度叠加（TTS）原理的有效性上。Basu 等[22]发现，对某些胶结料，沥青低温分级规范中采用低温等级以上 10 °C 加载 60 s 的劲度，与实际低温等级温度下加载 2 h 测得的结果存在较大差异。这是由于低温恒温硬化而使沥青不再满足热流变简单性。Marasteanu 等[23]进一步量化分析了 TTS 失效对两种方法得到的胶结料临界开裂温度的影响。分析表明,物理硬化对温度应力临界开裂温度影响不大,而对蠕变劲度、m 值和直接拉伸破坏应变确定的临界开裂温度有显著的影响。为了能够对少量回收沥青进行测试,Sui 等[24]根据线黏弹性参数互化方程,提出采用 4 mm 平行板的动态剪切流变仪(DSR)来获得蠕变劲度和 m 值。然而,Carret 等[25]的研究发现,与物理硬化对 BBR 产生的显著影响不同,在 4 mm-DSR 测试中并未发现明显的物理硬化现象。这可能是由于胶结料在两种设备中的热历史与约束状态存在差异。Radi 等[26]在开发沥青胶结料开裂设备(ABCD)时发现,物理硬化可提高约束状态下的胶结料强度。Cerni[27]研究了中温条件下热可逆老化(空间硬化)对沥青流变行为的影响,并提出了基于加载时间-温度-恒温时间叠加原理的流变预测模型。自愈合及空间硬化均会导致愈合试验中的沥青复数模量增加。因此,Santagata 等[28]认为,有必要在沥青愈合评估时考虑空间硬化的影响。

在量化评估沥青物理硬化方面,Lu 等[29]及 Soenen 等[30]采用硬化指数,即长期恒温后的劲度与 1 h 恒温后的劲度比值,来评价物理硬化的程度。张磊等[31]和 Bahia 等[6]提出采用平移因子,即物理硬化后的劲度主曲线平移至参考劲度主曲线得到的位移因子,作为物理硬化的指标。然而,这两种指标存在诸多不足,从而限制了二者的标准化应用。首先,蠕变劲度为加载时间和温度的函数,因此无法对所有气候区域设置同一阈值;其次,使用平移因子的前提假设为恒温硬化并不改变主曲线的形状,而根据 Laukkanen 等[32]的观察,水平平移有时并不能获得单一、光滑的主曲线,需要额外的竖向平移;最后,这两个指标均无法与现有理论框架相联系,来说明物理硬化的不利影响。

Santagara 等[33]根据广为所知的 Willianms-Landell-Ferry(WLF)方程,提出了用于描述沥青胶结料中物理硬化的另一种模型。聚合物研究者使用

WLF 方程来预测在 T_g 到 $T_g + 100$ °C 范围内构造主曲线所使用的平移因子，如下所示：

$$\log \alpha_T = -\frac{C_1 - (T - T_{\text{ref}})}{C_2 + T - T_{\text{ref}}} \quad (4\text{-}5)$$

其中：α_T 为平移因子；T 为试验温度（K）；T_{ref} 为参考温度（K）；C_1 和 C_2 为经验常数。根据 Marasteanu 等[34]后续的研究，当参考温度选择为 T_g 时，常数 C_1 和 C_2 分别为 17.44 和 51.6。

Anderson 和 Marasteanu[35]引入如下所示的新参数（T_p）来表征体系从平衡条件的偏离：

$$\log \alpha_T = -\frac{C_1(T - T_{\text{ref}} + T_p)}{C_2 + T - T_{\text{ref}} + T_p} \quad (4\text{-}6)$$

新参数（T_p）对应于从温度 T 的温度平移，其对应于非平衡条件到较高的温度 $T + T_p$，此时获得物理硬化平衡，两种条件下的响应是相同的。此外 Marasteanu 和 Anderson 也提出使用改进的 WLF 方程来量化描述物理硬化过程。

Phillips[36]引入了伪-black diagrams 来描述物理硬化过程。这些图采用劲度与 m 值的关系图，且发展该技术的基础在于动态剪切流变仪获得的相位角（δ）和复数剪切模量（G^*）与 BBR 获得的 m 值和蠕变劲度之间的相似性。绘制 δ 与 $\log(|G^*|)$ 之间的关系图，也称为 black diagrams，可以非常有效地表征沥青胶结料。因为与主曲线不同，其在记录的数据中无须平移。Black diagrams 也可用于区分热流变简单和复杂材料，以及识别聚合物改性剂的影响[37]。Phillps 研究的 16 个胶结料中有 4 个胶结料当绘制出伪-black diagrams 时，随着恒温时间的延长，流变特性表现出明显的改变。此外，与先前报道[22]的不同之处是，作者表明，温度和物理硬化的影响不一定是等价的。然而，Marasteanu 认为 Phillips 的方法在计算 m 值过程中包含不确定性[38]。

加拿大安大略省交通厅采用扩展弯曲梁法（ExBBR）得到的分级损失（即低温恒温 72 h 与常规 1 h 后得到的低温连续分级之差）作为物理硬化的评价参数，并规定分级损失不得高于 6 °C，来预防使用对可逆老化敏感的沥青。该方法也被 AASHTO 规范采纳，编号为 TP122-17。图 4-12 给出了对 PGXX-28 低温气候区，采用的胶结料低温等级由 PG-28 变为 PG-22 时，根据胶结料选择软件 LTPP Binder™ 得到的沥青路面遭受低温寒流而无开裂损伤的可靠度随服役年限的变化。可以看出，当胶结料分级损失达 6 °C 时，1 年后路面无开裂的可靠性由 98%降低为 50%，且 5~6 年内路面无开裂的可靠性随服役年限急剧降低。

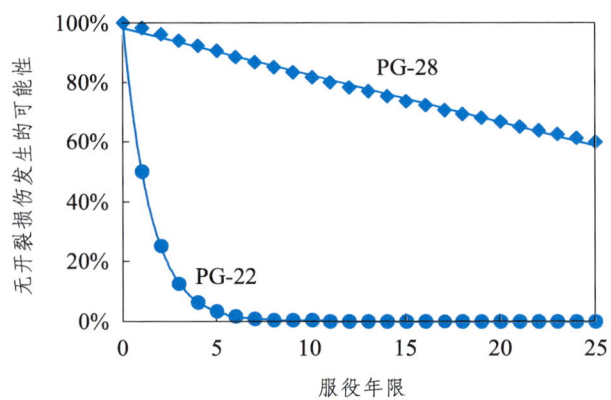

图 4-12　无开裂损伤的可能性随服役年限的变化（PGXX-28 气候区）

4.4　热可逆老化对沥青混合料特性的影响

根据热可逆老化作用的温度范围，可以认为室温下混合料的力学特性可能受到沥青空间硬化的影响，而低温下的力学特性可能受到沥青物理硬化的影响。为了研究沥青混合料的热可逆老化特性，有必要对沥青混合料断裂表征方法进行系统的回顾，从而可以预判哪些试验可以观测到沥青混合料的热可逆老化现象。沥青混合料开裂表征试验根据试样的几何形状（是否含有缺陷）和加载模式（温度荷载还是力学加载）汇总于表 4-2 和表 4-3

中。由于热可逆老化主要体现在热历史的影响中，因此采用可施加温度荷载的几何形状预期可更明显地观测到沥青混合料中的热可逆老化现象。

表 4-2 沥青混合料断裂表征的试样几何形状和特点（试样未缺口）[39-42]

试样几何形状	特点
间接拉伸	仅适用于力学加载 易于实施 内部应力分布复杂 并非获得真正的拉伸值
混合料 BBR	仅适用于力学加载 可以研究不同深度的沥青混合料氧化老化特性 可以使用适当的复合材料模型反算胶结料特性 测试材料的体积可能不具有代表性
四点弯曲	仅适用于循环力学加载 循环加载需要更长的时间 结果取决于结构和材料的综合影响
Overlay 拉伸	仅适用于力学加载 模拟反射裂纹的结构试验 无法反映材料的基本特性
约束冷却	适用于温度加载和力学加载 由于端部夹具作用可能产生荷载偏心 不对齐可能引起弯曲 试样失效的位置未知，如果在加载板上失效，应力分布是未知的

续表

试样几何形状	特点
骨状试件拉伸	适用于温度加载和力学加载 受到已知且简单的应力状态 不对齐可能引起弯曲 试样在已知位置破坏
中空圆柱拉伸	仅适用于力学加载 需要复杂的特殊设备 可以获得基本的材料特性 在施加的荷载处无应力集中

表 4-3　沥青混合料断裂表征的试样几何形状和特点（试样缺口）[43-49]

试样几何形状	特点
单边缺口梁	裂纹扩展受到约束 较高的断裂面面积 仅适用于力学加载
半圆弯曲	复杂的应力分布 裂纹扩展受到约束 较小的断裂面面积 仅适用于力学加载
半圆拉伸	适用于温度加载和力学加载 在开裂区域周围产生拉伸应力 裂缝容易扩展 与半圆弯曲（SCB）试验类似

续表

试样几何形状	特点
盘状紧凑型拉伸	复杂的应力分布 加载孔周围可能出现破坏 较大的断裂面面积 适用于温度加载和力学加载
间接环拉伸	较大的断裂面面积 仅适用于力学加载 试验配置与间接拉伸试验（IDT）类似 沿裂纹扩展线会出现纯拉伸状态
混合料双边缺口拉伸	适用于温度加载和力学加载 沿裂纹扩展线会出现纯拉伸状态 可以使用基本断裂功理论分析结果
约束缺口环	仅适用于温度加载 试样压实需要特殊装置 直接测量现场条件下的抗裂性

Zeinali 等[50]对长期室温储存后沥青混合料的动态模量进行了研究，结果验证了早期 Huang 等[51]对胶结料空间硬化的结果，即沥青的空间硬化可显著提高混合料的动态模量，且前 14 d 内硬化迅速，此后基本保持恒定。因此为提高测试结果的再现性，有必要准确控制试样的热历史。然而，关于沥青混合料中低温物理硬化的重要性一直是一个争议的话题。Romero 等[52]、Soenen 等[30]在沥青混合料的约束试件温度应力试验（TSRST）中，并没有观察到与胶结料相对应的物理硬化现象。Dongre[53] 认为，混合料中的沥青为约束的薄膜状态，因此产生的应力松弛效应可以抵消物理硬化的影响（图 4-13）。且沥青的低温直接拉伸应力松弛试验结果也证实了该

观点，从而得出无须考虑沥青物理硬化的结论。Shenoy[54]进一步采用理论数学模型分析了约束条件下应力松弛克服物理硬化的机理。该分析认为，应力松弛的时间尺度小于物理硬化的时间尺度，从而物理硬化产生的应力可以及时通过应力松弛而消散。需要指出的是，Shenoy在理论模型推导时，假设物理硬化由自由体积收缩引起，且自由体积的减少与沥青黏度及劲度的增加成正比。但物理硬化的产生也可能由蜡结晶的增长及沥青质的缔合产生，而这两个过程不一定引起自由体积的收缩。此外，作者也忽视了沥青的松弛能力会随物理硬化而降低，因此该理论模型的普适性及正确性值得商榷。Evans等[55]对安大略省现场试验段回收的不同沥青进行了应力松弛试验，且将松弛时间由Dongre采用的24 h进一步延长到72 h。结果表明，在72 h松弛试验后，胶结料的残余温度应力有增加的趋势，应力松弛并未完全抵消物理硬化。

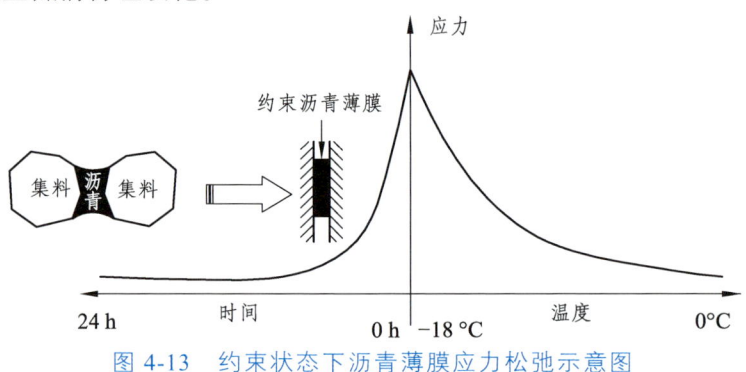

图4-13 约束状态下沥青薄膜应力松弛示意图

Falchetto等[56]运用混合料小梁蠕变试验研究了物理硬化对混合料劲度的影响，然而并没有观察到劲度的显著提高。而Judycki等[57]采用间接拉伸蠕变试验探索物理硬化对混合料劲度影响时发现，物理硬化会显著提高SMA混合料的劲度。Moon等[58]得出，物理硬化大幅度提高了采用沥青混合料小梁蠕变试验结果计算得到的温度应力。Tabatabaee等[59]开发了沥青混合料温度开裂分析仪（ATCA），其可同时进行热体积特性及约束应力分析。未约束试样用于确定玻璃态转变温度和温度收缩系数，约束试样可连续测得收缩应力及计算松弛模量，试验结果清楚地表明了物理硬化对混合料应力累积的重要性。文献中对沥青混合料物理硬化重要性得出差异结论的主要原因如下：首先，物理硬化主要影响胶结料的松弛特性，因此采用混合料劲度或强度类的试验很难观察到物理硬化现象；其次，由于混合料长期低温试验对设备要求极高，较短的测试时间或过快的降温速率无法观测到物理硬化对混合料特性的显著影响；最后，由于集料与胶结料温度收缩系数的差异，因此物理硬化可能导致胶结料产生微裂纹，而常规力学加载类的试验对微裂纹并不敏感，或微裂纹的产生降低了混合料劲度。因此，有必要系统研究沥青胶结料本身在约束状态下的热可逆老化特性。

4.5 热可逆老化与现场沥青路面开裂关系

通常采用路面试验段来验证路用材料规范，改进设计和或评估新型路用材料。加拿大安大略省交通厅曾于 2003 年左右在北部科克伦区蒂明斯市（省府多伦多以北约 680 km）铺筑 7 条试验段，这 7 条试验段具有相同的路面结构和沥青低温性能分级，仅采用的沥青改性技术不同，试验段采用的改性技术如表 4-4 所示。这些试验段所处的位置交通量较少，因此荷载产生的裂缝可能性较低。

表 4-4 加拿大蒂明斯市 655 公路试验段采用的胶结料基本信息

试验段	原油来源	改性类别	$T_{G^*\sin\delta=5\,\text{MPa}}$ / °C	Superpave 连续分级 / °C
1	劳埃德明斯特	RET + PPA	9.8	65.5～36.2
2	未知	吹制 + SBS	10.1	64.7～36.0
3	未知	SBS	7.8	67.0～37.1
4	未知	SBS + 废机油	9.1	67.9～35.1
5	未知	SBS	9.7	67.7～34.4
6	未知	吹制	7.1	63.8～36.5
7	未知	废机油	6.7	53.6～36.4

将服役 8 年的试验路现场沥青路面表层进行钻芯取样，然后将芯样破碎并采用合适的溶剂进行抽提回收可以获得回收沥青胶结料。当使用抽提得到的沥青胶结料进行性能分级时，人们担忧的一个问题是化学抽提溶剂的类别及沥青胶结料在溶剂中相互作用时间长短是否会对沥青胶结料的特性产生显著的影响。近期批准的 ASTM D7906-14 标准使用甲苯和旋转蒸发器从溶剂中回收沥青胶结料有如下特别陈述："警告：试验测试人员从沥青混合料试样中得到的回收胶结料的特性也许并不完全代表最初沥青胶结料的特性，由于实验室控制的外部因素对沥青胶结料初始特性可能产生影响，如由于蒸馏中采用高温加热或沥青中的某些组分与溶剂可能发生反应而引起的沥青老化、污染和分子改变。因此，回收沥青胶结料的特性不应该用作验收的依据。"

选择合适的沥青抽提溶剂进行沥青的抽提并不容易，因为涉及成本、环境、卫生、性能和安全等各个方面。从历史上来看，沥青行业首选溶剂为三氯乙烯（TEC），因为其可以很好地溶解所有沥青组分和大部分改性剂，同时具有不可燃性。另外其具有较低的蒸汽压力可防止含沥青胶结料及抽提溶剂的试样瓶由于蒸汽压力过高而产生炸裂。然而，过去 20 多年的使用过程中不断有学者指出其对沥青性能会产生影响，同时对环境和试验操作人员的健康也造成了巨大的威胁（例如 Abu-Elgheit and Ijam 1982, ATSDR 1997, EPA 2000）。从性能的角度来看，甲苯由于是化学工业中常见的惰性溶剂，可较好地溶解大部分聚合物，同时易于蒸馏去除，因此近年来得到了更多的关注；然而缺点是其可燃性极高，且具有毒性。二氯甲烷（DCM）同样是工业中常用的一种聚合物惰性溶剂，其优点是没有可燃性，运输更加安全，然而也有与甲苯类似的环境和健康方面的问题。表 4-5 总结比较了几种常用的沥青抽提溶剂。值得注意的是，通过有效的通风橱和环境控制，已认识到的健康和安全担忧是可控的。为了验证是否溶剂特性会影响沥青胶结料的性能分级，对大量的松散混合料及钻芯取样的沥青混合料试件采用二氯甲烷（DCM）和甲苯进行抽提得到回收胶结料，然后进行相关性能测试并没有发现两种溶剂对沥青性能分级产生显著影响。由于三氯乙烯（TCE）会引起抽提回收沥青胶结料产生硬化的问题，因此为了降低原始沥青胶结料特性的变化，可采用二氯甲烷（DCM）或甲苯来避免引起沥青胶结料的硬化问题。

表 4-5 回收沥青胶结料抽提溶剂比较

溶剂	（沸点/闪点）/°C	蒸汽压力（@25 °C）/kPa	优势	劣势
三氯乙烯（TCE）	87/—	11.6	非易燃品	致癌物质、与沥青发生反应
溴丙烷（NPB）	70/—	26.0	非易燃品	有毒、高挥发性
二氯甲烷（DCM）	40/—	58.0	非易燃品	有毒、挥发性过高
甲苯	110/4.4	3.7	便宜	有毒、易燃
乙酸正丁酯	15	2.0	无毒	价格贵、易燃

采用甲苯作为试验段芯样沥青溶剂，将沥青混合料试样破碎成小份浸泡于溶剂中一夜。约 4~6 L 的甲苯用于从 4 kg 的沥青混合料中抽提出 215 g 的沥青胶结料试样。采用旋转蒸发器通过冷凝用于从溶剂中回收沥青胶结料，如图 4-14 所示。首先将温度设置为 70~80 °C，真空压力设置为 18 kPa 冷凝溶剂，并采用氮气作为保护气，防止沥青在高温下的氧化。最后将温度升高到 150 °C 且真空压力设置为 2~4 kPa 维持 1.5 h 以确保沥青胶结料中并没有残留的溶剂，从而防止沥青胶结料化学组成的改变。图 4-15 给出了室内沥青采用标准短期老化（RTFOT）与长期老化（PAV）后得到的标准低温分级、回收沥青得到的标准低温分级以及回收沥青恒温 72 h 后得到的低温分级与现场开裂之间的相关性。可以看出，芯样回收沥青经过 72 h 低温恒温储存后可以很好地预测现场开裂情况，而室内老化沥青材料低温性质与现场开裂情况相关性较低。

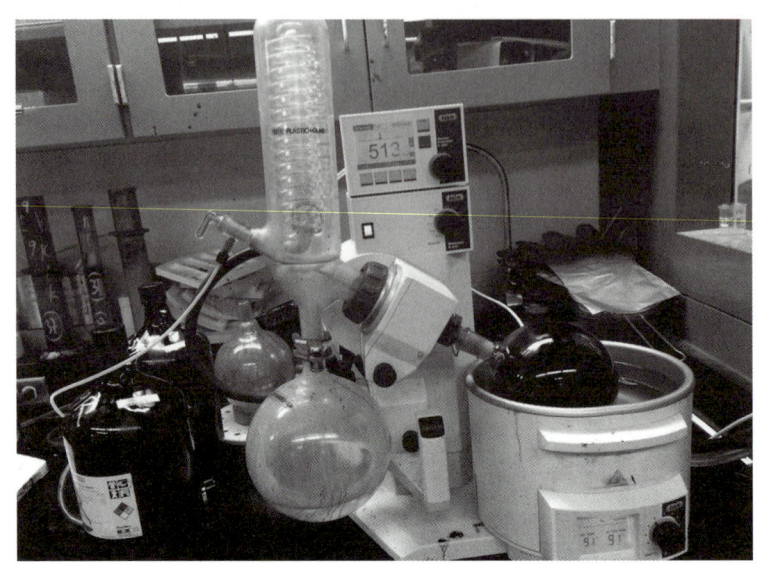

图 4-14 旋转蒸发器回收沥青

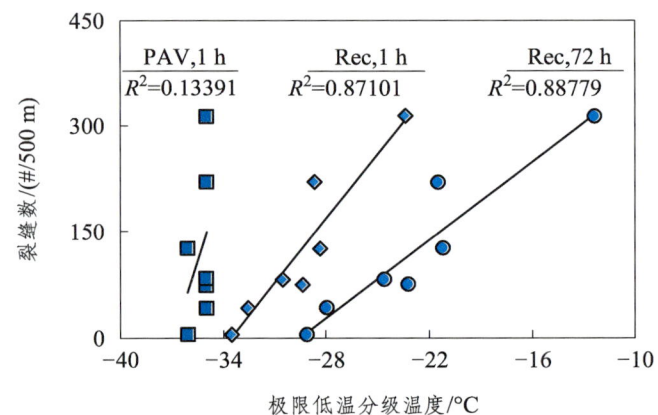

图 4-15 常规 BBR 方法与 ExBBR 方法预测现场开裂的能力

为统计分析现场回收沥青胶结料常规 1 h 养护与 72 h 养护蠕变劲度与蠕变速率低温临界分级温度的分布规律,笔者收集并分析了安大略省常规合同段 46 个路段已知扩展弯曲梁试验(ExBBR)的检测数据,得标准养护 1 h 与延长养护 72 h 的两个参数临界失效温度的分布分别如图 4-16 和图

4-17 所示。从图 4-16 可以看出，1 h 养护时间的蠕变劲度临界失效温度有大约 72%的数据点大于蠕变速率临界失效温度（去除明显发生偏移的数据点），表明根据 AASHTO M320 方法，沥青胶结料的临界低温等级主要由蠕变劲度确定。另外，当延长养护时间到 72 h 时，数据点的分布主要集中在等值线以下（93%），表明蠕变速率临界失效温度高于蠕变劲度临界失效温度，而沥青材料的临界失效温度考虑二者的最不利情况，因此 72 h 沥青胶结料临界失效温度主要由蠕变速率临界失效温度控制。换句话说，沥青胶结料在 72 h 延长低温养护后，沥青的松弛性能决定了其所能适应的 PG 低温分级，此时胶结料的劲度并非控制参数。因此，当考虑物理硬化作用对沥青胶结料分级影响时，可仅采用蠕变速率作为材料低温性能控制指标，沥青材料的失效原因也主要是松弛性能不满足要求。此外也可以得出的结论是，沥青路面早期开裂可能是由于胶结料过硬，劲度过大，以至在环境温度降低时产生了较大的温度应力，当温度应力超过材料的强度时即发生断裂现象；而沥青路面服役较长时间后低温开裂破坏主要由沥青胶结料的松弛性能，即蠕变速率决定，蠕变速率较大的沥青在环境温度骤降时可通过自身的迅速变形来达到缓解温度应力，从而避免由于应力累积而发生断裂破坏。

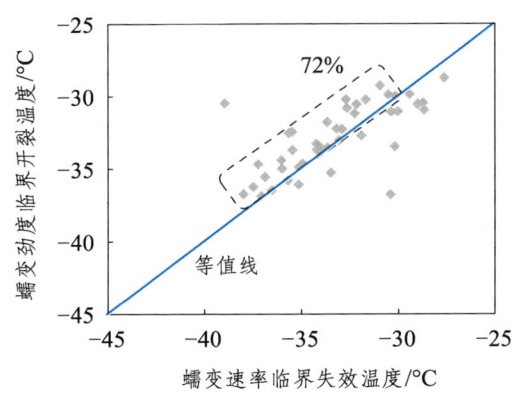

图 4-16　养护 1 h 的蠕变劲度与蠕变速率临界失效温度分布

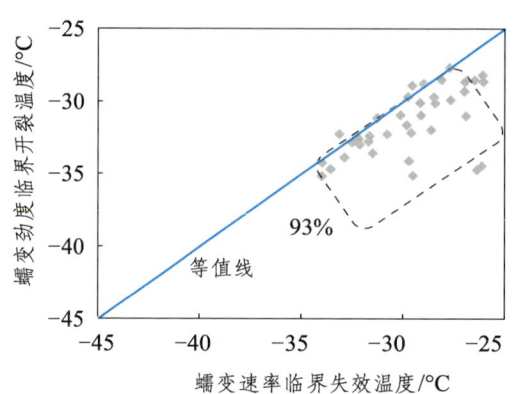

图 4-17 养护 72 h 的蠕变劲度与蠕变速率临界失效温度分布

虽然 ExBBR 方法可以全面地评价沥青的热可逆老化性能，然而存在诸多的不足，阻碍了业主单位采用 ExBBR 方法进行沥青质量的验收。首先，ExBBR 需要大约 100 g 的老化残留物进行测试，对现场回收的沥青来说是一大挑战，因为较多的回收料意味着更多的工作量与时间，也不利于路面的质量实时控制。其次，养护 3 d 进行测试无法使生产商生产的沥青迅速得到交付，因此会伤害沥青生产商的利益，也不利于新型抗热可逆老化沥青胶结料的研发工作。因此，采用常规流变仪进行测试是值得推广的一个方向。过去的研究中一些学者已经注意到初始状态具有更多弹性（或较硬的固体特性）的沥青胶结料在长期低温恒温后的分级损失将更多，因此对温度引起的开裂更加敏感。Themeli 等[60]和 Soleimani 等[61]学者独立地得出了 27°~29°临界相位角为控制温度开裂病害较好的规范准则。笔者研究了回收沥青胶结料采用 8 mm 平行金属板通过线性插值法得到相位角分别为 30°、45°和 60°时所对应的温度，即临界相位角温度与 ExBBR 低温恒温养护 72 h 后得到的分级温度之间的关系，如图 4-18 所示。可以看出，30°临界相位角温度与 ExBBR 考虑热可逆老化后的真实分级具有极高的相关性。这一发现具有很高的实用价值，因为流变仪中的试样仅需恒温 15 min 左右，远低于 ExBBR 所需的 72 h。

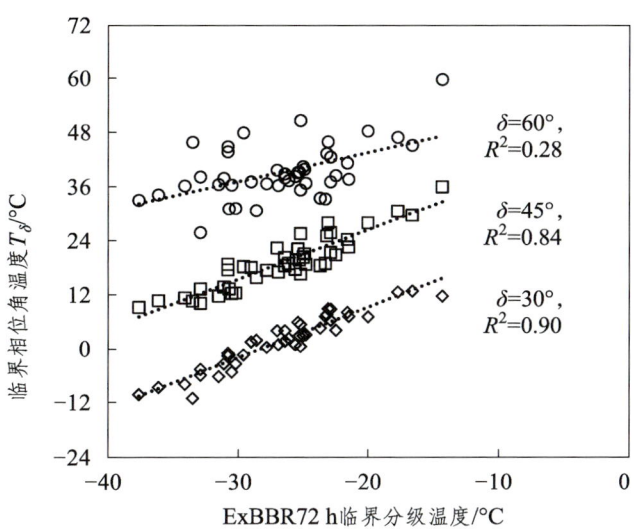

图 4-18　ExBBR 临界温度与临界相位角温度之间的关系

沥青材料本身在服役环境作用后的耐久性问题是制约交通基础设施结构耐久性的重要因素。过去工程技术人员考虑的沥青材料受环境影响的因素主要为化学反应引起的不可逆老化过程，即氧化老化。由于试验表征及理论机理解释的复杂性，沥青热可逆老化引起的分子结构化过程受到较少的关注，从而使沥青混凝土结构抗裂设计不足。尽管国内外对沥青热可逆老化现象有了一定的研究积累，然而尚存在如下三个方面的问题：

4.5.1　对沥青动态力学特性随可逆老化的演化规律认识不足

现有研究对沥青物理硬化的表征大都使用低温弯曲蠕变试验，且采用 3 d 后的低温性能分级损失来量化物理硬化程度。该方法所需沥青材料多，不适合测试现场获得的少量回收沥青，同时测试时间较长，无法及时控制沥青质量。与动态力学试验获得的连续数据相比，离散的蠕变数据对沥青热可逆老化过程中的微观结构变化并不敏感，也不能连续获得硬化过程中动态力学特性随温度、约束应力水平及硬化时间的瞬态演化过程，进而制约了特征快速评价指标的提取。

4.5.2 沥青热可逆老化机理及数学理论模型有待完善

首先，自由体积收缩理论可形象地解释沥青在玻璃态转变温度（T_g）附近的恒温硬化，然而却无法解释远高于 T_g 时的沥青热可逆老化行为，且恒温沥青宏观比体积的改变可能并不完全是由于自由体积的收缩引起（如蜡质沥青晶体生长导致的体积膨胀）；其次，沥青的低温物理硬化产生的温度范围与测得的蜡的相变温度范围不一致，需要进一步提供蜡结晶导致相分离的证据；再次，沥青中结晶相和无定形相通过连续运动紧密地交联在一起，因此很难形成三相模型理论中明晰的三相微观结构；最后，结晶相是引起沥青热可逆老化的重要因素，而除蜡组分外，沥青中其他组分是否会形成结晶相，或沥青各组分对可逆老化的贡献仍不明确。

4.5.3 沥青热可逆老化缓解措施及作用机制研究有待深入

采用改性剂是改善道路沥青性能的重要措施之一。早期研究表征方法及改性剂种类的局限，使得改性剂对沥青热可逆老化的影响并没有得到一致的结论。尤其是对常见高分子聚合物改性沥青的热可逆老化行为及机理缺乏充分分析。缓解沥青氧化老化的有效方式之一为添加抗氧剂，而对热可逆老化过程，现有研究虽发现回收沥青路面材料（RAP）、废机油底渣、煤液化残渣等添加剂会提高沥青的可逆老化水平，但并未针对各种热可逆老化机理提出合适的添加剂来缓解这种硬化趋势。

参考文献

[1] TRAXLER R W, PROTEAU P R, TRAXLER R N. Action of microorganisms on bituminous materials[J]. Applied Microbiology, 1965, 13(6): 838-841.

[2] VALLERGA B A, MONISMITH C L, GRANTHEM K. A study of some factors influencing the weathering of paving asphalts[J]. Journal of

Association of Asphalt Paving Technologists, 1957, 26: 126-137.

[3] GOOSWILLIGEN G V, BATS F T D, HARRISON T. Quality of paving grade bitumen a practical approach in terms of functional tests[C]. Proceedings of the fourth Eurobitume symposium, 1989: 290-297.

[4] TRAXLER R N. Durability of asphalt cements[J]. Journal of Association of Asphalt Paving Technologists, 1963, 32: 44-63.

[5] TRAXLER R N. Asphalt its composition, properties and uses[M]. New York: Reinhold Publishing Corporation, 1961.

[6] BAHIA H, VELASQUEZ R. Understanding the mechanism of low temperature physical hardening of asphalt binders[C]//55th Annual Meeting of the Canadian Technical Asphalt Association, 2010.

[7] NAM K, BAHIA H. Effect of modification on fracture failure and thermal-volumetric properties of asphalt binders[J]. J Mater Civ Eng, 2012, 21(5): 198-209.

[8] TABATABAEE H, VELASQUEZ R, BAHIA H. Predicting low temperature physical hardening in asphalt binders[J]. Constr Build Mater, 2012, 34(3): 162-169.

[9] CLAUDY P, LETOFFE J, RONDELEZ F, et al. A new interpretation of time-dependent physical hardening in asphalt based on DSC and optical thermoanalysis[J]. American Chemical Society, Division of Fuel Chemistry, 1992, 37: 1408-1426.

[10] ANDERSON D, MARASTEANU M. Physical hardening of asphalt binders relative to their glass transition temperatures[J]. Journal of the Transportation Research Board, 1999, 1661: 27-34.

[11] FREESTON J-L, GILLESPIE G, HESP S, et al. Physical hardening in asphalt[C]//Proceedings of the 60th annual conference of the Canadian Technical Asphalt Association (CTAA). 2015.

[12] 聂忆华，孙世恒，丁海波，等. 沥青胶结料低温物理硬化及结晶动力

学分析[J]. 建筑材料学报，2018, 21(4): 683-688.

[13] RIGG A, DUFF A, NIE Y, et al. Non-isothermal kinetic analysis of reversible ageing in asphalt cements[J]. Road Mater Pavement Des, 2017, (8): 1-26.

[14] QIU Y, DING H, RAHMAN A, et al. Using combined Avrami-Ozawa method to evaluate low-temperature reversible aging in asphalt binders[J]. Road Mater Pavement Des, 2020, 21(1): 78-93.

[15] KRIZ P, STASTNA J, ZANZOTTO L. Physical aging in semi-crystalline asphalt binders[J]. Journal of Association of Asphalt Paving Technologists, 2008, 77: 795-826.

[16] WRIGHT L, KANABAR A, MOULT E, et al. Oxidative aging of asphalt cements from an Ontario pavement trial[J]. International Journal of Pavement Research and Technology, 2011, 4(5): 259-267.

[17] BROWN A B, SPARKS J W, SMITH F M. Steric hardening of asphalts[J]. Journal of Association of Asphalt Paving Technologists, 1957, 26: 486-494.

[18] MCKAY J, WALRATH D, ROBERTSON R, et al. Effect of aggregates on isothermal (steric) hardening of asphalts[J]. Road Mater Pavement Des, 2001, 2(2): 195-204.

[19] MASSON J F, COLLINS P, GARY P. Steric hardening and the ordering of asphaltenes in bitumen[J]. Energy & Fuels, 2005, 19(1): 120-122.

[20] FROLOV I N, BASHKIRCEVA N Y, ZIGANSHIN M A, et al. The steric hardening and structuring of paraffinic hydrocarbons in bitumen[J]. Pet Sci Technol, 2016, 34(20): 1675-1680.

[21] TRAXLER R N, SCHWEYER H E. Increase in viscosity of asphalts with time[C]//Proceedings of American Society for Testing and Materials. 1936: 544-551.

[22] BASU A, MARASTEANU M, HESP S. Time-temperature superposition

and physical hardening effects in low-temperature asphalt binder grading[J]. Journal of the Transportation Research Board, 2003, 1829: 1-7.

[23] MARASTEANU M, BASU A, HESP S, et al. Time-temperature superposition and AASHTO MP1a critical temperature for low-temperature cracking[J]. Int J Pavement Eng, 2004, 5(1): 31-38.

[24] SUI C, FARRAR M, TUMINELLO W, et al. New technique for measuring low-temperature properties of asphalt binders with small amounts of material[J]. Journal of the Transportation Research Board, 2010, 2179: 23-28.

[25] CARRET J-C, FALCHETTO A C, MARASTEANU M O, et al. Comparison of rheological parameters of asphalt binders obtained from bending beam rheometer and dynamic shear rheometer at low temperatures[J]. Road Mater Pavement Des, 2015, 16(sup1): 211-227.

[26] RADI M, AKENTUNA M, KIM S S. Effects of cooling rate and physical hardening on strength and low-temperature cracking of asphalt binder[R]. 2018.

[27] CERNI G. Influence of the conditioning time on the rheological properties of bitumens at intermediate temperatures: loading time-temperature-conditioning time superposition principle[J]. Road Mater Pavement Des, 2001, 2(4): 379-401.

[28] SANTAGATA E, BAGLIERI O, TSANTILIS L, et al. Evaluation of self healing properties of bituminous binders taking into account steric hardening effects[J]. Constr Build Mater, 2013, 41: 60-67.

[29] LU X, ISACSSON U. Laboratory study on the low temperature physical hardening of conventional and polymer modified bitumens[J]. Constr Build Mater, 2000, 14(2): 79-88.

[30] SOENEN H, EKBLAD J, LU X, et al. Isothermal hardening in bitumen

and in asphalt mix[C]//Proceedings of Eurasphalt & Eurobitume Congress. 2004.

[31] 张磊, 谭忆秋, 邢超, 等. 一种获得沥青材料物理硬化性能评价指标的方法: CN105067452B[P]. 2017.

[32] LAUKKANEN O-V, WINTER H H, SEPPÄLÄ J. Characterization of physical aging by time-resolved rheometry: fundamentals and application to bituminous binders[J]. Rheol Acta, 2018.

[33] SANTAGATA E, ANDERSON D, MARASTEANU M. A rheological investigation on the physical hardening of modified asphalt binders[C]//Eurasphalt & Eurabitume Congress. 1996.

[34] MARASTEANU M, BASU A, HESP S, et al. Time temperature superposition and AASHTO MP1a critical temperature for low-temperature cracking[J]. International Journal of Pavement Engineering, 2004, 5(1): 31-38.

[35] ANDERSEN D A, MARASTEANU M O. Physical hardening of asphalt binders relative to their glass transition temperatures[J]. Transportation Research Record, 1999, 1661:27-34.

[36] PHILLIPS M C. The pseudo-black biagram: a new technique using the BBR for diagnosing phase changes and rheological simplicity in binders[C]//Proceedings of the Eurobitume Workshop on Performance Related Properties of Bituminous Binders. 1999.

[37] AIREY G D. Use of black diagrams to identify inconsistencies in rheological data[J]. Road Materials & Pavement Design, 2002, 3(4): 403-424.

[38] MARASTEANU M O, ANDERSON D A. Techniques for determining errors in asphalt binder rheological data[J]. Journal of Transportation Research Board, 2001, 1766: 22-26.

[39] ZHOU F, IM S, SUN L, et al. Development of an IDEAL cracking test for

asphalt mix design and QC/QA[J]. Road Mater Pavement Des, 2017, 18(sup4): 405-427.

[40] VELASQUEZ R, MARASTEANU M, LABUZ J, et al. Evaluation of bending beam rheometer for characterization of asphalt mixtures[J]. Journal of Association of Asphalt Paving Technologists, 2010, 29: 295-324.

[41] ZHOU F, SCULLION T. Overlay Tester: A simple performance test for thermal reflective cracking[J]. Journal of Association of Asphalt Paving Technologists, 2005, 74: 443-484.

[42] BUTTLAR W G, WAGONER M P, YOU Z, et al. Simplifying the hollow cylinder tensile test procedure through volume-based strain[J]. Journal of Association of Asphalt Paving Technologists, 2004, 73: 367-399.

[43] KIM H, WAGONER M P, BUTTLAR W G. Micromechanical fracture modeling of asphalt concrete using a single-edge notched beam test[J]. Mater Struct, 2008, 42(5): 677.

[44] ELSEIFI M A, MOHAMMAD L N, YING H, et al. Modeling and evaluation of the cracking resistance of asphalt mixtures using the semi-circular bending test at intermediate temperatures[J]. Road Mater Pavement Des, 2012, 13(sup1): 124-139.

[45] PÉREZ-JIMÉNEZ F, VALDÉS G, MIRÓ R, et al. Fénix Test: Development of a new test procedure for evaluating cracking resistance in bituminous mixtures[J]. Transportation Research Record: Journal of the Transportation Research Board, 2010, 2181: 36-43.

[46] CHIANGMAI C N, BUTTLAR W G. Cyclic loading behavior of asphalt concrete mixture using disk-shaped compact tension(DCT) test and released energy approach[J]. Journal of Association of Asphalt Paving Technologists, 2015, 84: 593-614.

[47] ZEINALI A, MAHBOUB K C, BLANKENSHIP P B. Development of the

indirect ring tension fracture test for hot-mix asphalt[J]. Road Mater Pavement Des, 2014, 15(sup1): 146-171.

[48] ANDRIESCU A, ILIUTA S, HESP S, et al. Essential and plastic works of ductile fracture in asphalt binders and mixtures[C]//Proceedings of the 49th annual conference of Canadian Technical Asphalt Association (CTAA). 2004: 93-121.

[49] AKENTUNA M, KIM S S, NAZZAL M, et al. Study of the thermal stress development of asphalt mixtures using the Asphalt Concrete Cracking Device (ACCD)[J]. Constr Build Mater, 2016, 114: 416-422.

[50] ZEINALI A, BLANKENSHIP P B, MAHBOUB K C. Effect of Long-Term Ambient Storage of Compacted Asphalt Mixtures on Laboratory-Measured Dynamic Modulus and Flow Number[J]. Transp Res Record, 2014, 2447(1): 109-116.

[51] HUANG S C, ROBERTSON R, BRANTHAVER J. Study of steric hardening effect of thin asphalt films in presence of aggregate surface[J]. Transportation Research Record: Journal of the Transportation Research Board, 1999, 1661: 15-21.

[52] ROMERO P, YOUTCHEFF J, STUART K. Low-temperature physical hardening of hot-mix asphalt[J]. Transportation Research Record: Journal of the Transportation Research Board, 1999, 1661: 22-26.

[53] DONGRE R. Effect of physical hardening on stress relaxation behavior of asphalt binders[C]//Eurasphalt and Eurobitume Congress. 2000: 220-228.

[54] SHENOY A. Stress relaxation can perturb and prevent physical hardening in a constrained binder at low temperatures[J]. Road Mater Pavement Des, 2002, 3(1): 87-94.

[55] EVANS M, MARCHILDON R, HESP S. Effects of physical hardening on stress relaxation in asphalt cements[J]. Journal of the Transportation Research Board, 2011, 2207: 34-42.

[56] FALCHETTO A C, TUROS M, MOON K H, et al. Physical hardening: from binders to mixtures[C]//Transportation Research Board Meeting. 2011.

[57] JÓZEF J. Influence of Low-Temperature Physical Hardening on Stiffness and Tensile Strength of Asphalt Concrete and Stone Mastic Asphalt[J]. Constr Build Mater, 2014, 61(3): 191-199.

[58] MOON K H, MARASTEANU M O, TUROS M. Comparison of Thermal Stresses Calculated from Asphalt Binder and Asphalt Mixture Creep Tests[J]. J Mater Civ Eng, 2013, 25(8): 1059-1067.

[59] TABATABAEE H, VELASQUEZ R, BAHIA H. Modeling thermal stress in asphalt mixtures undergoing glass transition and physical hardening[J]. Journal of the Transportation Research Board, 2012, 2296: 106-114.

[60] THEMELI A, CHAILLEUX E, FARCAS F, et al. Molecular weight distribution of asphaltic paving binders from phase-angle measurements[J]. Road Materials & Pavement Design, 2015, 16(sup1): 228-244.

[61] SOLEIMANI A, WALSH S, HESP S. Asphalt cement loss tangent as surrogate performance indicator for control of thermal cracking[J]. Journal of the Transportation Research Board, 2009, 2126: 39-46.

5

考虑热可逆老化的新型沥青温度应力计算方法

5.1 传统温度应力计算方法

5.1.1 Hopkins & Hamming 算法

沥青的胶结料和混合料在温度应力计算原理上类似，只是在测试方法上存在不同。20 世纪 60 年代研究者开发了几种沥青路面温度应力算法，并且一直沿用至今。第一种方法是由 Hills 和 Brien[1]开发的简化的准弹性计算方法。在该方法中，假设路面为一无限长的受约束条带，采用准弹性梁的力学模型，使用弹性方程进行温度应力计算。第二种方法是由 Muki、Humpreys 和 Martin 等[2-3]开发以及后来被 Monismith[4]改进的 Hopkins & Hamming 算法，此种方法按照严格的黏弹性理论，并使用了与温度相关的黏弹性材料参数，应力由 Hopkins & Hamming 卷积积分[5]进行求解。Hopkins & Hamming 算法一直被许多研究人员使用到现在，并且在计算机应用开发之后变得非常流行。该方法被用于美国路面结构设计的两本规范 AASHTO R-49-09（2013）和 ASTM D6816-11（2011）。此外，还有相关文献中提到的一种拉普拉斯变换法[6]，此种方法原理与 Hopkins & Hamming 算法相似，遵循沥青材料的黏弹性特性，但却是通过蠕变柔量一步计算得到温度应力。Hopkins & Hamming 算法和拉普拉斯变换法仅适用于完全符合时间温度叠加原理的线性黏弹性和热流变简单材料。如果材料性质偏离了热流变简单特性，上述方法则会产生偏差。

Hopkins & Hamming 算法以 BBR 试验为基础，通过 BBR 试验可以获得沥青胶结料的蠕变柔量表示如下：

$$D(t) = 1/S(t) = \varepsilon(t)/\sigma \tag{5-1}$$

式中：$D(t)$为蠕变柔量；$S(t)$为劲度模量，由 BBR 试验测得；σ为梁的弯曲应力；$\varepsilon(t)$为梁随时间 t 变化的应变。

Ferry[7]的研究结果表明，可将黏弹性材料的松弛模量和蠕变柔量通过卷积积分相关联，即：

$$\int_0^t E(t-\tau) \cdot D(\tau) \mathrm{d}\tau = \int_0^t D(t-\tau) \cdot E(\tau) \mathrm{d}\tau = t \qquad (5\text{-}2)$$

其中：t 为加载时间；E 为松弛模量；D 为蠕变柔量。

Hopkins & Hamming 算法是解决上面的卷积积分，从蠕变柔量 D 获得松弛模量 E 的一种很好的方法。该方法的具体步骤如下：

① 选择以下形式的时间间隔：$t_0 = 0$，$t_1 = 1$，$t_2 = 2$，$\cdots$，$t_{240} = 240$。

② 定义 $D(t)$ 的积分为 $f(t)$：

$$f(t) = \int_0^t D(t)\mathrm{d}t \qquad (5\text{-}3)$$

③ 用梯形积分法则计算 $f(t)$：

$$f(t_{n+1}) = f(t_n) + 1/2 \cdot [D(t_{n+1}) + D(t_n)] \cdot (t_{n+1} - t_n) \qquad (5\text{-}4)$$

④ 用步骤③的公式改写卷积积分公式：

$$t_{n+1} = \int_0^{t_{n+1}} E(t') \cdot D(t_{n+1} - t')\mathrm{d}t' = \sum_{i=0}^{n} \int_{t_i}^{t_{i+1}} E(t') \cdot D(t_{n+1} - t')\ \mathrm{d}t' \qquad (5\text{-}5)$$

⑤ 计算步骤④中的时间段 t_i 至 t_{i+1} 的积分：

$$\int_{t_i}^{t_{i+1}} E(t') \cdot D(t_{n+1} - t')\mathrm{d}t' = -E(t_{i+1/2}) \cdot [f(t_{n+1} - t_{i+1}) - f(t_{n+1} - t_i)] \qquad (5\text{-}6)$$

其中：$t_{i+1/2} = 1/2(t_{i+1} + t_i)$。

⑥ 将步骤④中的公式改写为：

$$t_{n+1} = -\sum_{i=0}^{n-1} E(t_{i+1/2}) \cdot [f(t_{n+1} - t_{i+1}) - f(t_{n+1} - t_i)] + E(t_{n+1/2}) \cdot f(t_{n+1} - t_n) \qquad (5\text{-}7)$$

⑦ 由步骤⑥中的公式导出松弛模量 $E(t)$：

$$E(t_{n+1/2}) = \frac{t_{n+1} - \sum_{i=0}^{n-1} E(t_{i+1/2}) \cdot [f(t_{n+1}-t_i) - f(t_{n+1}-t_{i+1})]}{f(t_{n+1}-t_n)}$$

$$= \frac{t_{n+1} - \sum_{i=0}^{n-1} E(t_{i+1/2}) \cdot [f(t_{i+1}) - f(t_i)]}{f(t_{n+1}) - f(t_n)} \quad (5\text{-}8)$$

采用 CAM 流变模型对松弛模量 $E(t)$ 数据进行拟合，并根据两个不同测试温度下（低温 PG + 10 °C 和低温 PG + 10 °C + 6 °C）的 BBR 试验数据，运用时温转换原理，得到参考温度下的松弛模量 $E(t)$ 主曲线。基于 CAM 模型，任一温度下的松弛模量 $E(t)$ 曲线如下所示：

$$E(t) = E_g \cdot \left[1 + \left(\frac{t}{t_c}\right)^v\right]^{-(w/v)} \Rightarrow \log E(t) = \log E_g - \frac{w}{v} \cdot \log\left[1 + \left(\frac{t}{t_c}\right)^v\right] \quad (5\text{-}9)$$

其中：E_g 为玻璃态模量，按照 AASHOT R49-09 标准沥青胶结料取为 3 GPa；t_c、v、w 皆为拟合参数。α_T 为位移因子，α_T 按照 WLF 方程进行计算。

$$\log \alpha_T = \frac{-C_1 \cdot (T - T_s)}{C_2 + (T - T_s)} \quad (5\text{-}10)$$

其中：C_1、C_2 为常数；T_s 为参考温度。

温度应力由松弛模量计算，沥青胶结料产生的温度应力可表示为：

$$d\sigma(\xi) = E(\xi - \xi')d\varepsilon \quad (5\text{-}11)$$

其中：ξ 为对比时间；$\sigma(\xi)$ 为温度应力；$E(\xi - \xi')$ 为松弛模量；ε 为收缩应变，可以用下式来表示：

$$\varepsilon = \alpha \Delta T \quad (5\text{-}12)$$

其中：α 为热膨胀系数，按照 AASHOT R49 标准取为 1.7×10^{-4} m/(m·°C)。

根据 Boltzmann 叠加原理，温度应力计算式可改写成积分形式，即：

$$\sigma(\xi) = \int \frac{d\varepsilon(\xi')}{d\xi'} E(\xi - \xi') d\xi' \tag{5-13}$$

沥青胶结料在不同温度下的松弛特性不同，而上式中的时间点均为某一参考温度下的对比时间。因而，为计算沥青胶结料在连续降温条件下产生的温度应力，需将在参考温度下的对比时间转化为在连续变温下的物理时间。对于黏弹性材料，可采用以下公式进行转换：

$$\xi(t) = \frac{\int_0^t dt'}{\alpha_T} = \frac{t}{\alpha_T} \tag{5-14}$$

将其带入以上积分形式，得到温度应力计算的最终计算公式为：

$$\sigma(\xi) = \int \frac{d\varepsilon(\xi')}{d\xi'} E(\xi - \xi') d\xi' = \int \frac{d(\alpha \cdot \Delta T)}{dt'} E[\xi(t) - \xi'(t)] dt' \tag{5-15}$$

其中：$\xi = t/\alpha_T$ 为对比时间；$\sigma(\xi)$ 为温度应力；$E(\xi - \xi')$ 为松弛模量；t 为物理时间；α_T 为水平位移因子；$\Delta T = vt$ 为温度差，v 为降温速率。

5.1.2 拉普拉斯变换计算法

基于 Hopkins & Hamming 算法和 CAM 模型计算沥青胶结料的温度应力需分为两步，首先将 BBR 试验得到的蠕变柔量 $D(t)$ 转化为松弛模量 $E(t)$，再由松弛模量求沥青的温度应力。计算过程较为烦琐，且将 $D(t)$ 转化为 $E(t)$ 这一步骤的解卷积较为复杂。使用拉普拉斯变换直接由蠕变柔量求温度应力已成为一种替代方法，并成功应用于沥青混合料温度应力的计算。拉普拉斯变换是一种积分变换，它在求解线性常微分方程时特别有用，因为它将积分和微分方程转换为非常容易处理的代数方程。下面介绍了该过程的主要步骤。

① 基于 BBR 试验得到 $\log D(t) - \log t$ 曲线，选定参考温度，根据以下公式确定位移因子 α_T 和参数 C_1、C_2：

$$\log \alpha_T = C_1 + C_2 \cdot T \tag{5-16}$$

其中：α_T 可以按照如下形式表示

$$\alpha_T = 10^{C_1+C_2 \cdot T} = 10^{C_1+C_2 \cdot (T_i - C_0 \cdot t)} = 10^{(C_1+C_2 \cdot T_i) - C_2 \cdot C_0 \cdot t} = 10^{C_3+C_4 \cdot T_i} = A_0 \cdot 10^{C_4 \cdot t} \quad (5\text{-}17)$$

② 在(PG + 10) °C 和 [(PG + 10) – 6] °C 的缩减时间域中构建 BBR 试验数据的蠕变柔量主曲线。根据以下等式构建：

$$D(\xi) = a \cdot \xi^b + c \cdot \xi^d \quad (5\text{-}18)$$

其中：a、b、c 和 d 为拟合参数；ξ 为参考温度下的缩减时间，由下式进行计算：

$$\xi = t/\alpha_T \quad (5\text{-}19)$$

③ 在理想一维条件下，热应变可表示为：

$$\varepsilon_t = \int_0^\xi D(\xi - \xi')\frac{\partial \sigma}{\partial \xi'}\mathrm{d}\xi' + \int_0^\xi \alpha(\xi - \xi')\frac{\partial (\Delta T)}{\partial \xi'}\mathrm{d}\xi' = 0 \quad (5\text{-}20)$$

对上式进行拉普拉斯变换，可得：

$$L(\varepsilon_t) = s \cdot \overline{D}(s) \cdot \overline{\sigma}(s) + s \cdot \overline{\alpha}(s) \cdot \Delta \overline{T}(s) = 0 \quad (5\text{-}21)$$

则温度应力可表示为：

$$\overline{\sigma}(s) = -\overline{\alpha}(s) \cdot \Delta \overline{T}(s) / \overline{D}(s) \quad (5\text{-}22)$$

④ 采用拉普拉斯逆变换和 Stehfest 算法[8]，温度应力 $\sigma(\xi)$ 的结果最终表示为以下简单的幂函数：

$$\sigma(\xi) = a + b \cdot \xi^c \quad (5\text{-}23)$$

最后将缩减时域下的 $\sigma(\xi)$ 转化为实际时域下的 $\sigma(T,t)$ 即可。

5.2 增量法计算温度应力

该方法以黏弹性体的 Burgers 元件为理论基础模型。Burgers 模型的本构方程[9]为：

5 考虑热可逆老化的新型沥青温度应力计算方法

$$\sigma + p_1 \frac{d\sigma}{dt} + p_2 \frac{d^2\sigma}{dt^2} = q_1 \frac{d\varepsilon}{dt} + q_2 \frac{d^2\varepsilon}{dt^2} \quad (5-24)$$

$$P_1 = \eta_1/E_1 + (\eta_1 + \eta_2)/E_2 \quad (5-25)$$

$$P_2 = \eta_1\eta_2/(E_1E_2) \quad (5-26)$$

$$q_1 = \eta_1 \quad (5-27)$$

$$q_2 = \eta_1\eta_2/E_2 \quad (5-28)$$

其中：E_1 为瞬时弹性模量；E_2 为延时弹性模量；η_1 为稳定流动黏度系数；η_2 为延迟流动黏度系数。Burgers 模型的响应是瞬时弹性、延迟弹性（或黏弹性）和黏性流动，后者由串联阻尼器描述。去除扰动后，瞬时弹性和延迟弹性恢复，仍然是黏性流动。图 5-1 显示了 Burgers 模型黏壶与弹簧的元件组成情况。

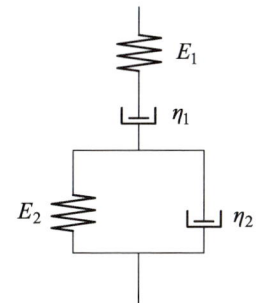

图 5-1 Burgers 模型的元件组成

现作出如下假设：路面层具有恒定的流变参数，并且沥青层的温度随时间以恒定速率 V_T 变化，在给定的时刻，在层(x, y, z)的每个点所处温度是相同的。沥青层恒定厚度中的平面(x, y)具有无限的尺寸，而该层在 z 方向上可以自由地改变尺寸；所以当温度变化时，在平面(x, y)中的层中产生的温度应力 $\sigma_x = \sigma_y \neq 0$，在 z 方向（沥青层的深度）产生的温度应力 $\sigma_z = 0$。计算所采用的图示如图 5-2。

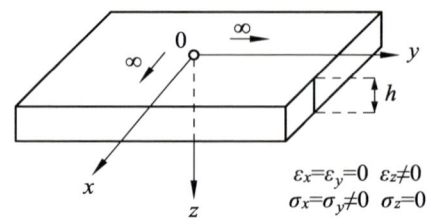

图 5-2 沥青层计算图示[10]

温度在假想自由层中以恒定速率 V_T 随时间变化ΔT，则将发生电位应变$\varepsilon(t)$：

$$\varepsilon(t) = \alpha_T \cdot \Delta T(t) \cdot \frac{1}{1-\nu} \quad (5\text{-}29)$$

其中：α_T为热膨胀系数；ν为泊松比。

将$\Delta T(t)$用 $V_T \cdot t$ 代替，并在等式两边分别对时间求一次、两次导得到应变$\varepsilon(t)$与时间的导数关系为：

$$d\varepsilon/dt = \alpha_T \cdot V_T \cdot 1/(1-\nu),\ d^2\varepsilon/dt^2 = 0$$

将其带入 Burgers 本构方程得：

$$\sigma + p_1 \frac{d\sigma}{dt} + p_2 \frac{d^2\sigma}{dt^2} = q_1 V_\varepsilon \quad (5\text{-}30)$$

其中：$V_\varepsilon = \alpha_T \cdot V_T \cdot 1/(1-\nu)$表示自由沥青层中假设的温度应变率。

上述等式是关于应力σ与时间 t 的二阶线性非齐次微分方程，按照以下初始条件进行求解：在 $t = 0$ 时，$\varepsilon = 0$，$\sigma = 0$，$d\sigma/dt = E_1 \cdot V_\varepsilon$。得到该方程的解为：

$$\sigma(t) = V_\varepsilon \cdot \eta_1 \left\{ 1 - \frac{1}{r_2 - r_1}\left[\left(r_2 + \frac{E_1}{\eta_1}\right)e^{r_1 t} - \left(r_1 + \frac{E_1}{\eta_1}\right)e^{r_2 t}\right]\right\} \quad (5\text{-}31)$$

式中：σ表示温度应力；

$$r_1 = \frac{-P_1 - \sqrt{P_1^2 - 4P_2}}{2P_2} \quad (5\text{-}32)$$

$$r_2 = \frac{-P_1 + \sqrt{P_1^2 - 4P_2}}{2P_2} \tag{5-33}$$

其中：r_1 和 r_2 为负。

本方法中温度按恒定速率变化，假定在一小段温度变化范围 ΔT 内，沥青层的参数是恒定的，按照一个 ΔT 为一个小步骤，将整个温度变化过程划分成这样 n 个步骤，每个步骤中 $i(i = 0, 1, \cdots, n)$ 的流变参数是恒定的，且可能会在下一步 $i+1$ 中发生变化。当温度从 T_0 变化到 T_n 时，对应的 $t_0 = 0$ 变化到 $t_n = (T_n - T_0)/V_T$，用 $\Delta t_i = t_{i+1} - t_i$ 表示第 i 步的时间区间，$\Delta T_i = T_{i+1} - T_i$ 表示第 i 步的温度区间，S_i 表示第 i 步流变参数的集合 $\{E_{1,i}, E_{2,i}, \eta_{1,i}, \eta_{2,i}, v_i, \alpha_{Ti}\}$。弹性模量 E_1、泊松比 v 和热膨胀系数 α_T 随时间 t 和温度 T 的变化如图 5-3。

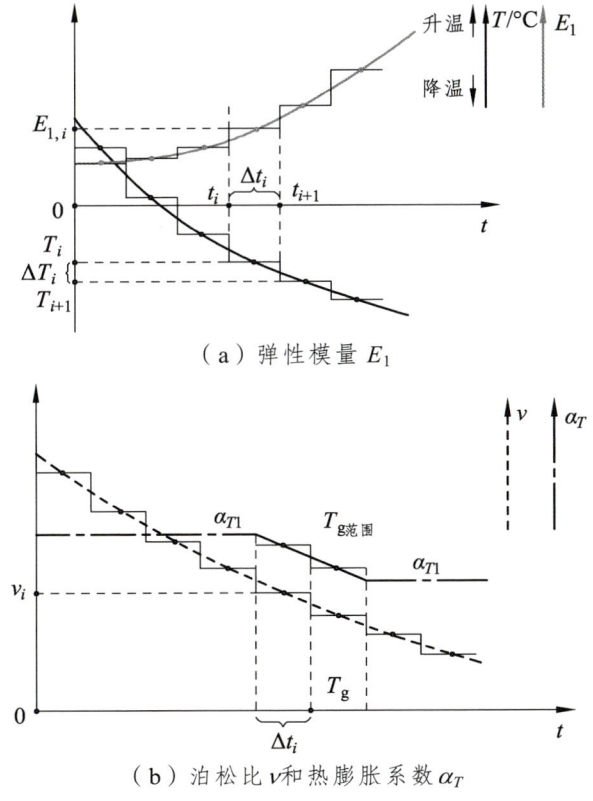

（a）弹性模量 E_1

（b）泊松比 v 和热膨胀系数 α_T

图 5-3 参数随时间 t 和温度 T 的变化

计算第 i 步 ($i = 0, 1, \cdots, n$) 的温度应力 $\sigma(S_i, t)$ 由公式（5-31）进行求解，然后，当温度从 T_{i-1} 变化至 T_i 时，流变参数的改变会引起温度应力的增加（或减少），用 $\Delta\sigma_i(\tau)$ 表示第 i 步由于流变参数变化引起的应力变化值，其中 τ 表示流变参数由 $i-1$ 状态转化至 i 状态下的转化时间。$\Delta\sigma_i(\tau)$ 的计算公式为：

$$\delta\sigma_i(\tau) = \sigma(S_i, \tau) - \sigma(S_{i-1}, \tau) \tag{5-34}$$

其中：$\sigma(S_i, \tau)$，$\sigma(S_{i-1}, \tau)$ 都由公式（5-31）进行求解。

时间 t 的温度应力最终的计算公式为：

$$\sigma_i(t) = \sigma_{i-1}(t) + \delta\sigma_i(\tau) \tag{5-35}$$

其中：$\sigma_i(t)$ 表示第 i 步的实际应力；$\sigma_{i-1}(t)$ 表示上一步 $i-1$ 的实际应力；$\Delta\sigma_i(\tau)$ 表示从 $i-1$ 到 i 的应力增量。增量法计算温度应力的图解说明如图 5-4。

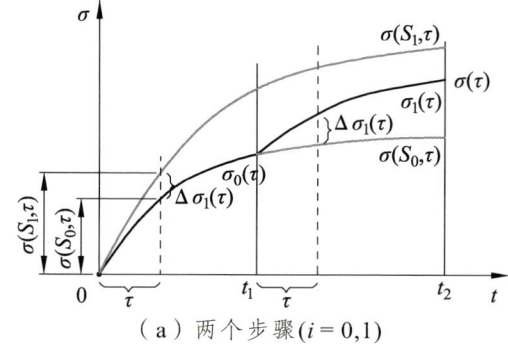

（a）两个步骤（$i = 0, 1$）

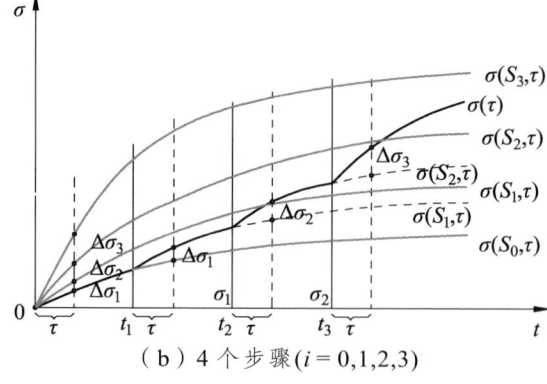

（b）4 个步骤（$i = 0, 1, 2, 3$）

图 5-4 增量法计算温度应力 $\sigma(t)$ 的图解说明

公式（5-31）所需的各个温度下的流变参数，是通过 BBR 试验得到的蠕变数据，结合 Burgers 流变模型的应变-应力关系式：

$$\varepsilon(T,t) = \sigma_0 \times \left\{ \frac{1}{E_1} + \frac{t}{\eta_1} + \frac{1}{E_2}\left[1 - e^{-(\frac{E_2}{\eta_2})t}\right] \right\} \quad (5\text{-}36)$$

将得到的数据代入该方程，拟合得到该测试温度下的流变参数 E_1、E_2、η_1、η_2[11]。

5.3 两种计算方法结果对比

在短期加载模式下得到的 60 s 下的劲度模量 S 和劲度模量的变化率 m，在长期加载模式下得到的蠕变数据，降温速率取 3 ℃/h，泊松比和热膨胀系数取为常量分别为 0.25 和 1.71×10^{-4}，通过上述计算方法即可得到两种方法计算出的温度应力，选取养护时间为 1 h 的结果如图 5-5 所示。通过图我们可以看出，整体来看，两种方法大致吻合，但是在较低的温度下，增量法普遍比 Hopkins & Hamming 算法算出的结果大一些。这是因为增量法采用长期加载的模式，更加符合真实的情况。这种方法考虑到了材料偏离时间温度叠加原理时，材料由于热可逆老化引起的温度应力的增加；而传统的温度应力计算由于没有考虑这一部分硬化的影响，在较低温度下则会低估温度应力。具体来看，在 – 30 ℃ 时，三种材料在两种计算结果下的差值分别为 0.041 MPa（委内瑞拉泻湖沥青）、0.139 MPa（现场早期开裂路面回收沥青）和 0.068（美国得克萨斯沥青），这说明委内瑞拉泻湖沥青的流变性能最简单，现场早期开裂路面回收沥青其次，美国得克萨斯沥青最复杂，这与已知的材料流变性能是相符合的。

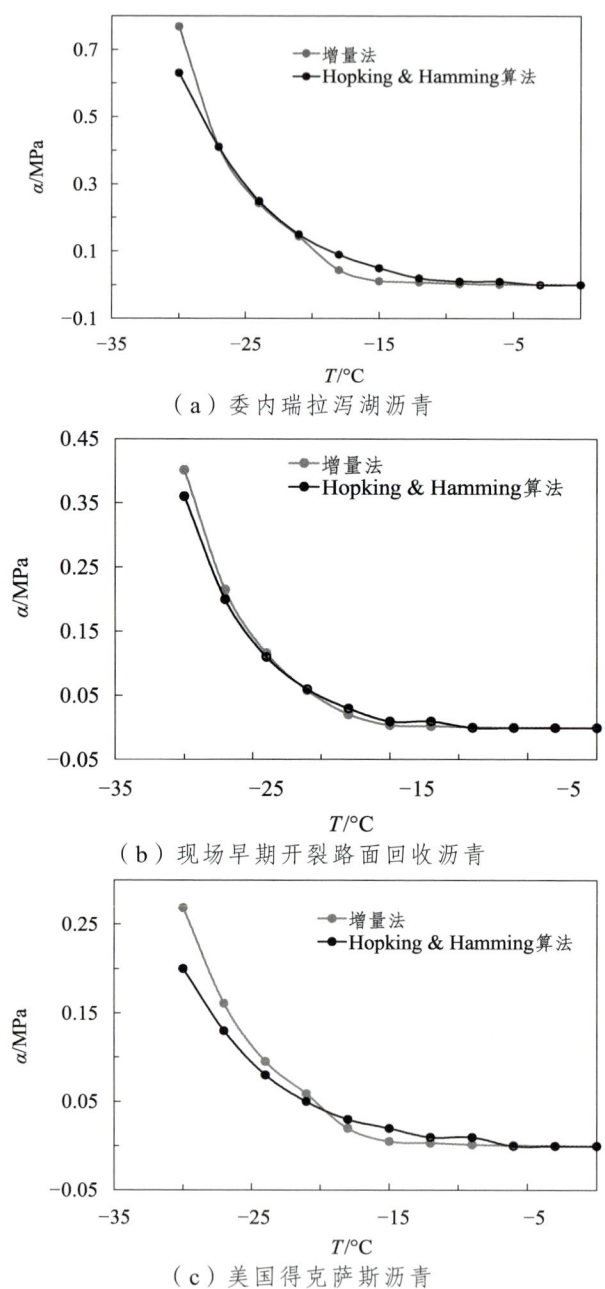

（a）委内瑞拉泻湖沥青

（b）现场早期开裂路面回收沥青

（c）美国得克萨斯沥青

图 5-5　三种沥青结合料用两种方法的计算结果

5 考虑热可逆老化的新型沥青温度应力计算方法

此处也考虑了不同的降温速率对对比结果的影响。图 5-6 是用增量法计算的现场早期开裂路面回收沥青在不同降温速率下的结果图，由图可以看出各个降温速率下的应力随温度变化的趋势相同，在 $-15\ ℃$ 之前随温度降低应力变化很小，低于 $-15\ ℃$ 之后随温度变化显著。这种趋势在两种计算方法中是一致的，并且不同降温速率下两种方法的对比结果也是相同的，因此在对比两种方法的时候并不需要讨论降温速率的影响。

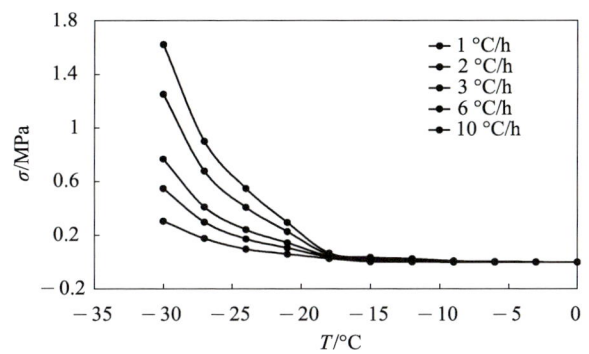

图 5-6 现场早期开裂路面回收沥青不同降温速率计算结果

5.4 不同养护时间结果对比

图 5-7 为三种沥青胶结料养护 1 h 和养护 72 h 的计算结果，对比增量法养护 1 h 和养护 72 h 的计算结果可以发现，三种材料在养护 72 h 的情况下普遍比养护 1 h 的结果要大，这是符合常理的，长时间的低温养护使材料发生明显的硬化现象。但是各种材料在不同养护时间下的变化趋势则不同：现场早期开裂路面回收沥青在两种养护条件下的差值最大，为 1.025 MPa；而委内瑞拉泻湖沥青和美国得克萨斯沥青的差值则较小，分别为 0.097 MPa 和 0.217 MPa。这说明低温养护处理对材料的硬化效果与材料的流变特性相关，热流变简单的材料受低温硬化效果较小，热流变复杂的材料则在低温养护下的硬化效果十分明显，原因是热可逆老化在其中起到了很大的作用。一些研究者将沥青中的蜡含量与热可逆老化联系起来，

认为蜡的结晶析出是材料发生热可逆老化的一种解释,所以推测这种硬化效果很可能与蜡的低温结晶有关。

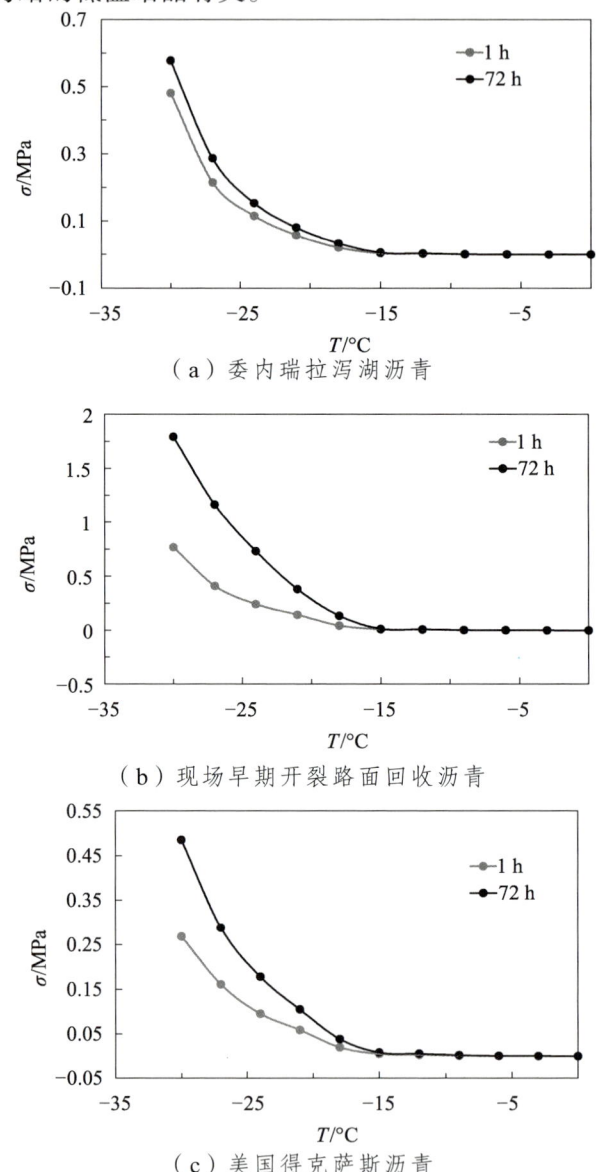

图 5-7 三种沥青结合料养护 1 h 和养护 72 h 的计算结果

5.5 主曲线验证时间温度叠加原理

将参考温度设置为 −18 °C，其他温度下的劲度数据按照位移因子进行平移得到劲度主曲线。如果材料完全符合时间温度叠加原理，得到的主曲线将会是完全重合的一条线，这条线描述了材料在整个温度和加载时间范围内的力学性质。本章使用的三种沥青胶结料主曲线如图 5-8 所示。从养护 1 h 后三种材料的劲度主曲线来看，只有委内瑞拉泻湖沥青的主曲线比较好地重合，其余两种则是出现了不同程度的偏离，这很好地对应了三种沥青的流变性质。现场早期开裂路面回收沥青主曲线 100 s 左右之后出现了明显的偏离，−21 °C 下的曲线偏势更大；美国得克萨斯沥青的偏离则出现在 −30 °C 的曲线上。这证实热流变复杂的材料偏离时间温度叠加原理一般是在长期加载和温度较低的条件下产生的。出现的偏差与加载时间密切相关，这正是本书采取长期加载模式的意义。很多热流变复杂的沥青在短期加载下同样很好地满足时间温度叠加原理，显示出热流变简单的特性，这也是传统计算方法的弊病。这种判断上的错误会导致我们忽略实际情况下热可逆老化带来的影响，很多道路的低温开裂便由此而来。不同沥青出现偏差的最高温度值也有显著差异，在此推测该值的大小可能与沥青本身的黏弹性特性有关。

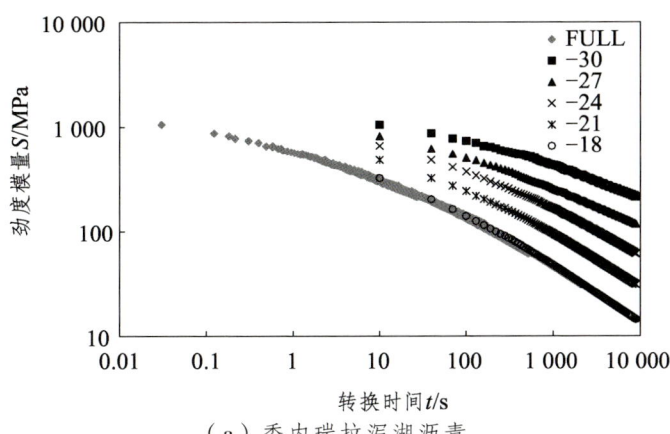

（a）委内瑞拉泻湖沥青

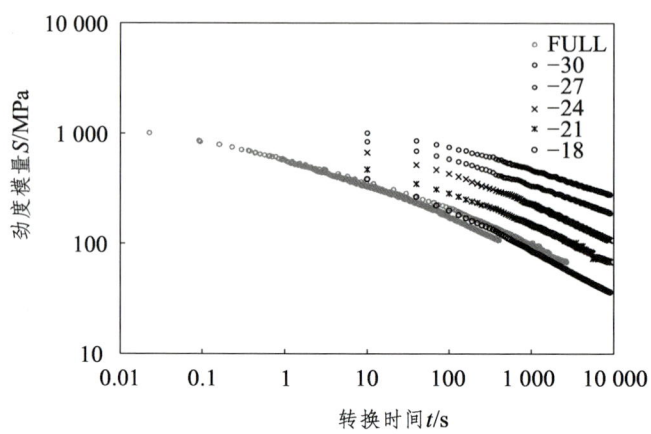

（b）现场早期开裂路面回收沥青

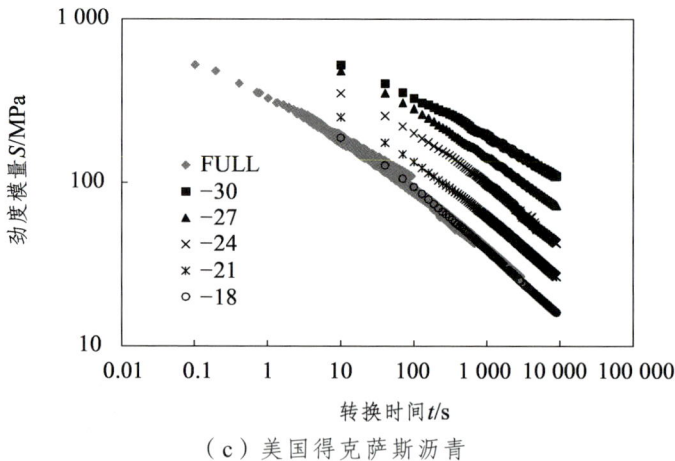

（c）美国得克萨斯沥青

图 5-8　三种沥青胶结料主曲线

参考文献

[1] HILLS J, BRIEN D. The fracture of bitumens and asphalt mixes by temperature induced stresses[J]. Journal of the Association of Asphalt Paving Technologists, 1966, 35: 294-309.

[2] MUKI R, STERNBERG E. On transient thermal stresses in viscoelastic materials with temperature-dependent properties[J]. Journal of Applied Mechanics, 1961, 28(2): 193-207.

[3] HUMPREYS J S, MARTIN C J. Determination of transient thermal stresses in a slab with temperature - dependent viscoelastic properties[J]. J Rheol, 1963, 7(1): 155-170.

[4] MONISMITH C L, SECOR G A, SECOR K E. Temperature induced stresses and deformations in asphalt concrete[J]. Journal of Association of Asphalt Paving Technologists, 1965, 34: 248-285.

[5] HOPKINS J L, HAMMING R W. On creep and relaxation[J]. J Appl Phys, 1957, 28(8): 906-909.

[6] FALCHETTO A C, MOON K H, WISTUBA M P. An alternative method for computing thermal stress in asphalt mixture: the Laplace transformation[J]. Road Mater Pavement Des, 2017, 18(sup2): 226-240.

[7] FERRY J D. Viscoelastic Properties of Polymers[M]. New York: John Wiley and Son, 1980.

[8] STEHFEST H. Algorithm 368: Numerical inversion of Laplace transforms[J]. Communications of the ACM, 1970, 13(1): 47-49.

[9] 郑健龙. Burger粘弹性模型在沥青混合料疲劳特性分析中的应用[J]. 长沙交通学院学报, 1995, 11(3): 32-42.

[10] JUDYCKI J. Verification of the new viscoelastic method of thermal stress calculation in asphalt layers of pavements[J]. Int J Pavement Eng, 2018, 19(8): 725-737.

[11] 李波, 张喜军, 李剑新, 等. 基于 Burgers 模型的硬质沥青低温性能评价[J]. 建筑材料学报, 2021, 24(5): 1110-1116.

6

基于差示扫描量热分析的沥青热可逆老化机理

6.1 沥青热分析的原理与方法

热分析是研究沥青胶结料热可逆老化过程的常用方法。为了区分可逆热流信号和不可逆热流信号，可在线性加热过程中施加一个调制温度。通常选择总热流、不可逆热流、可逆热容和可逆热容一阶导数作为表征沥青胶结料热行为的四个关键参数。前两个热流参数可用于计算吸热焓，后两个参数可用于确定 T_g，它是可逆热容一阶导数曲线中的极大值。本章采用 TA Instruments Q2000 调制式差示扫描量热仪（MDSC）来获得掺各种正构烷烃沥青胶结料的原始热信号。沥青热分析样品的制备和校准方法根据 TA Instruments 公司工程师的建议进行。按照仪器制造商推荐的方法，采用已知热特性的标准材料进行仪器的校准工作。早期进行的一些尝试试验发现，玻璃态转变温度（T_g）通常精确到 ±1 ℃，焓值通常精确到 ±0.02J/g，因此并未对试样进行重复性试验。将大约 10 mg 的沥青样品压入密封及未穿孔的铝制坩埚中。应避免使用过量的试样以防止沥青胶结料高温溢出，从而污染仪器。将放有试样的坩埚采用超干氮气以 50 mL/min 的速度吹扫，以防止测试试样氧化和水蒸气凝结。根据仪器制造商的建议，热容采用蓝宝石校准，而温度和基线用铟进行校准。

使用热分析软件分析试验数据，包括确定蜡熔化温度（WMT）、玻璃态转变温度（T_g）和吸热峰面积。经过初步试验后，确定的热历史程序如下。首先，将样品加热至 120 ℃，然后在该温度下放置 10 min 来熔化所有的晶体结构。其次，将试样以 20 ℃/min 的冷却速率降温至 80 ℃，这样做的目的是避免测试样品过度氧化及节约测试时间。再次，将样品以 3 ℃/h、10 ℃/h、30 ℃/h 和 100 ℃/h 的速率冷却至 -20 ℃。在此步骤中，施加调制信号以助于形成更完美的晶体。接下来，将温度迅速冷却至 -90 ℃，从而可以使沥青在加热升温过程中获得一个完整的转变过程。最后，将沥青试样以 600 ℃/h（10 ℃/min）的升温速率加热至 120 ℃。在线性升温过程中施加一个调制信号，从而能够将总热流信号通过解卷积分解为可逆和不可逆信号两部分。在最后一步中使用了较快的升温速率以获得最佳的信号强度。根据 TA Instruments 的 MDSC 方法应用说明建议，调制信号振幅的大小为降温或升温速率的 0.159 倍，调制时间设置为 60 s。除了上述非等温动力学热历史外，将部分试样在 −14 ℃ 下分别恒温养护 0 h、0.25 h、1 h、2 h、4 h、8 h、24 h 和 72 h。

6.2 时间和温度对沥青热行为的影响

将茂名 70 号测试胶结料在 −28 ℃、−22 ℃、−16 ℃、−10 ℃、−4 ℃、+2 ℃、+8 ℃、+14 ℃、+20 ℃、+26 ℃、+32 ℃ 几个温度下分别养护 10 min 和 24 h。MDSC 曲线随储存时间和温度变化的结果如图 6-1 所示。一般来说，当沥青胶结料的储存时间为 24 h，且储存温度从 +32 ℃ 变化到 −28 ℃ 时，吸热峰逐渐增加。吸热峰的大小反映沥青胶结料中结晶分数（CF）的多少，结晶分数通常为脂肪族分子或烷基化芳烃（环烷芳烃）长链段结晶/析出产生。随着储存温度降低，更多较短链长烷基进入结晶组分。然而，值得注意的是，进一步降低储存温度可能减小结晶分数的变化，而不是预期的增加。在极低温度下的分子运动可能非常缓慢，从而会使 24 h 不足以使结晶组分完全析出。此外，沥青胶结料中的复杂混合物也可能过冷，使得一些分子并不会从溶液中析出。当储存温度为 +32 ℃ 时，分别在 −25 ℃ 和 +40 ℃ 附近有两个明确定义的放热峰。此外，在 +45 ℃ 附近仅出现一个吸热峰。而当储存温度降至 −28 ℃ 时放热峰消失。在加热过程中出现的放热峰可能是由焓弛豫、冷结晶和/或蜡重组引起。随着储存时间的增加，在沥青基体中会形成更多完美的及更大的晶体，从而会形成一个较宽的单一熔融峰。可以观察到蜡熔化温度（WMT）随着储存温度的降低而降低。正如在先前出版物中所讨论的[1]，较高的蜡熔化温度（WMT）对路面开裂性能不利，因为石蜡晶体并不会在炎热夏季的高温下熔化。与 24 h 储存时间相比，较短的 10 min 储存时间并不会产生任何可检测的吸热峰。换句话说，如 10 min 这样较短的储存时间不足以在沥青胶结料中析出可检测到的结晶组分。

道路石油沥青的低温行为与热可逆老化

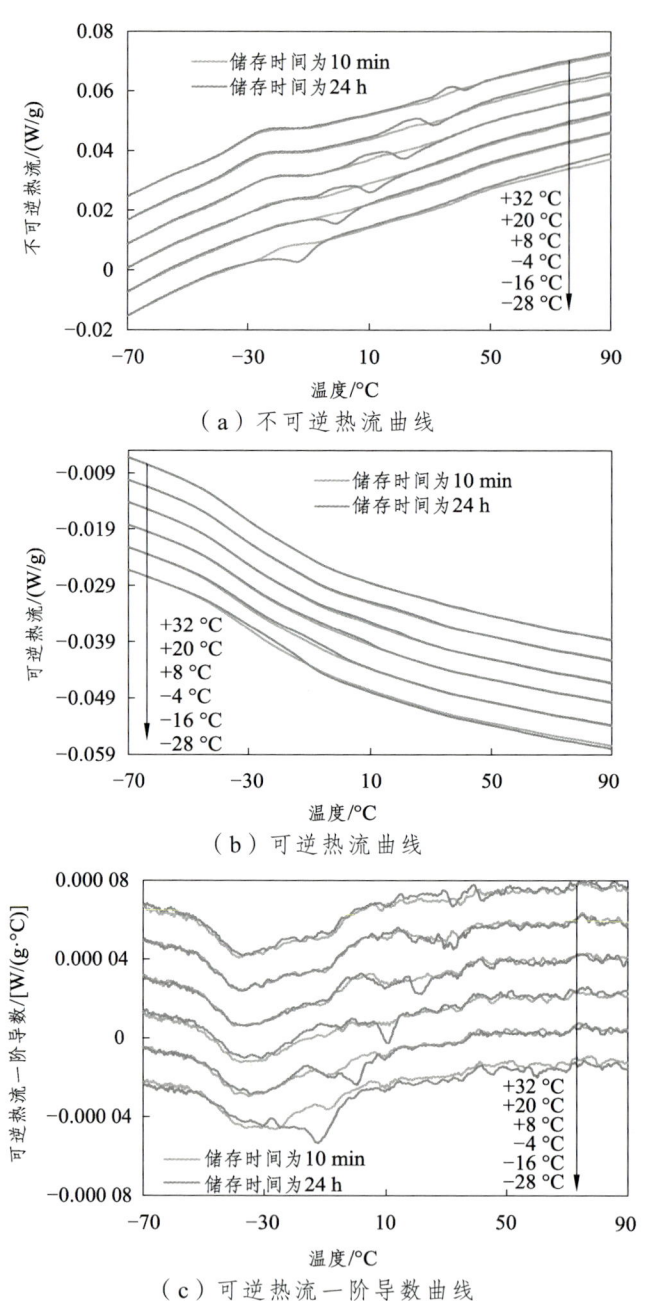

（a）不可逆热流曲线

（b）可逆热流曲线

（c）可逆热流一阶导数曲线

图 6-1　茂名 70 号沥青试样的 MDSC 曲线随储存时间和储存温度的变化

至于胶结料的可逆热流，可以明显看出，随着储存温度的降低，10 min 及 24 h 储存时间的 DSC 曲线形状差异变得更加显著。可逆热流曲线存在平滑的逐步变化，拐点通常认为是玻璃态转变温度（T_g），其对应于可逆热流一阶导数的极大值。在 +32 ℃ 的较高储存温度下，从视觉上来看，10 min 和 24 h 储存时间下的可逆热流曲线一阶导数之间并没有显著的差异。可逆热流一阶导数并不遵循高斯分布，这意味着测试的茂名 70 号沥青胶结料在 -30 ℃ 左右具有较宽的玻璃化转变范围。这种较宽转变的一种可能解释是测试的茂名 70 号沥青胶结料的碳链长度分布较广。有趣的是观察到在低储存温度下可逆热流一阶导数中出现一个小的尖峰。当储存温度从 +32 ℃ 变为 -28 ℃ 时，峰的大小增大，对应的温度降低。这可能是由于在沥青基体中新相的形成。

低温储存时间对波兰吹制 30 号测试沥青胶结料热行为的影响如图 6-2 所示。从不可逆热流曲线可以看出，当低温储存时间小于 15 min 时，仅在 0 ℃ 左右出现单个放热峰。随着低温储存时间的延长，放热峰逐渐消失，出现吸热峰。峰值温度和尺寸随着养护时间的延长而增加。在 -30 ℃ ~ 10 ℃ 的温度范围内，可逆热流曲线随着养护时间的延长有向右上方移动的趋势。对于该胶结料的可逆热流一阶导数曲线，在 -30 ℃ 左右观察到相同的趋势。此外，可以发现温度高于 0 ℃ 时会出现一个峰，随着养护时间的延长，该峰信号变强并有向较高温度移动的趋势。胶结料的玻璃态转变温度（T_g）与储存时间之间的关系如图 6-3 所示。与 Bricker 等[2]报道的类似，玻璃态转变温度与储存时间之间呈指数关系，且精度很高。当沥青胶结料的低温养护时间延长时，玻璃态转变温度存在一个极限的最大值。

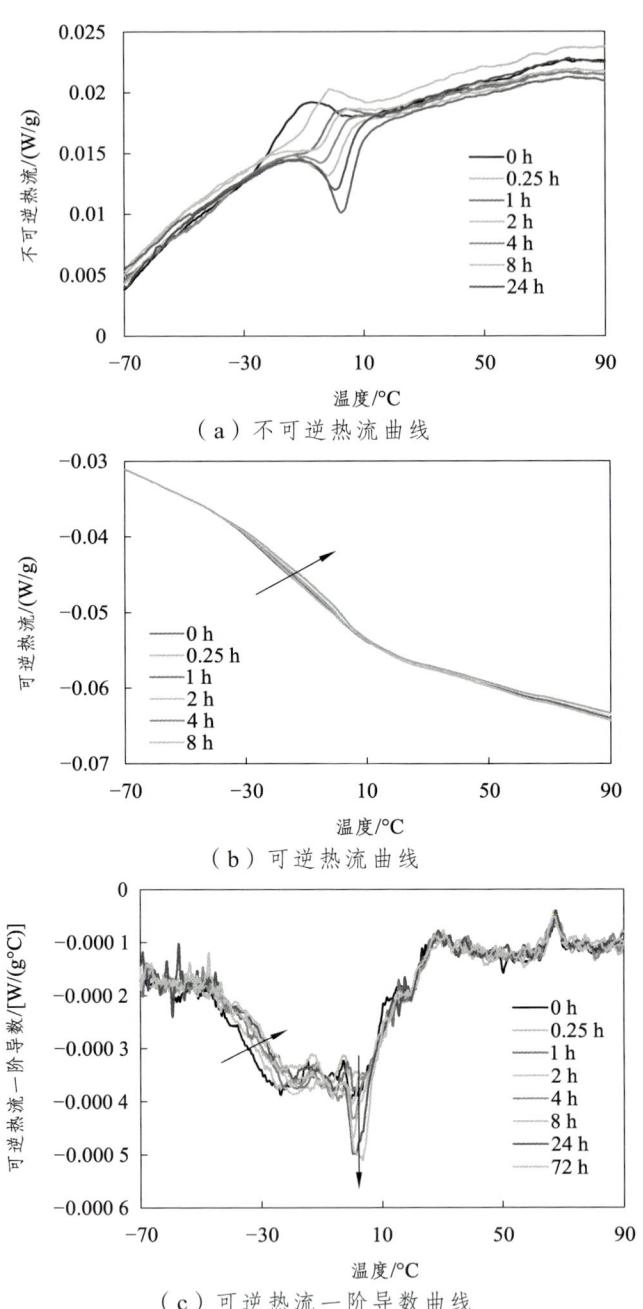

(a) 不可逆热流曲线

(b) 可逆热流曲线

(c) 可逆热流一阶导数曲线

图 6-2　恒温储存时间对波兰 30 号沥青胶结料热行为的影响

6 基于差示扫描量热分析的沥青热可逆老化机理

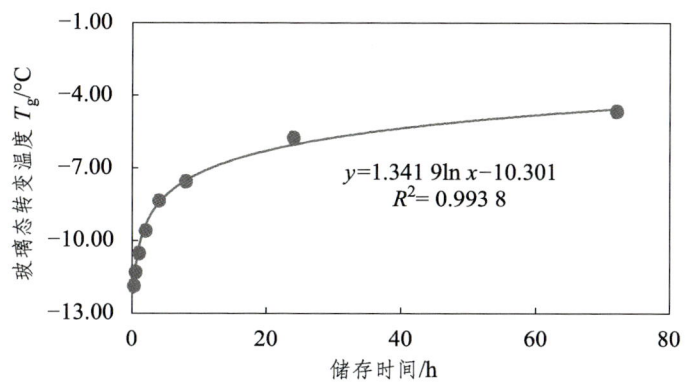

图 6-3 波兰 30 号沥青胶结料的玻璃态转变温度与储存时间的关系

加拿大阿尔伯塔直馏沥青、加拿大调和沥青和美国得克萨斯沥青在四种不同冷却速率下的热行为如图 6-4~图 6-6 所示。此外，此处也讨论了未老化得克萨斯沥青胶结料以更好地理解氧化对沥青胶结料热行为的影响（图 6-7）。对阿尔伯塔直馏沥青的不可逆热流曲线，仅在 -30 ℃ 附近出现一个吸热峰，且该峰的信号强度随着冷却速率的降低而变强。不同冷却速率下的可逆热流曲线没有显著差异，它们几乎相互重叠。这一现象也可以间接说明，相分离并不是引起沥青胶结料热可逆老化的重要因素。因为若发生相分离，预期将会使可逆热信号产生显著的变化。

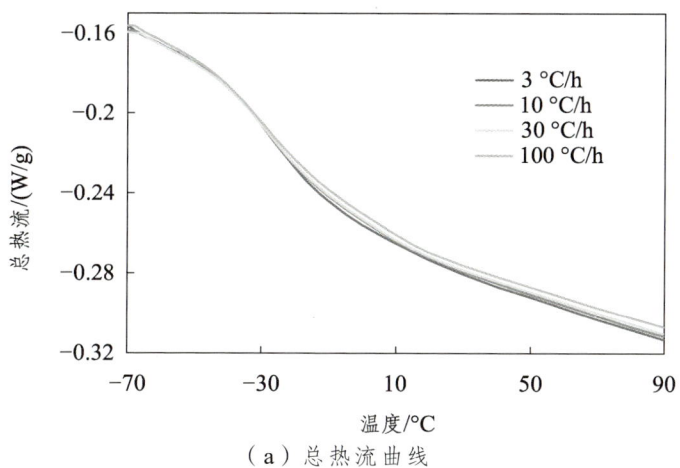

（a）总热流曲线

道路石油沥青的低温行为与热可逆老化

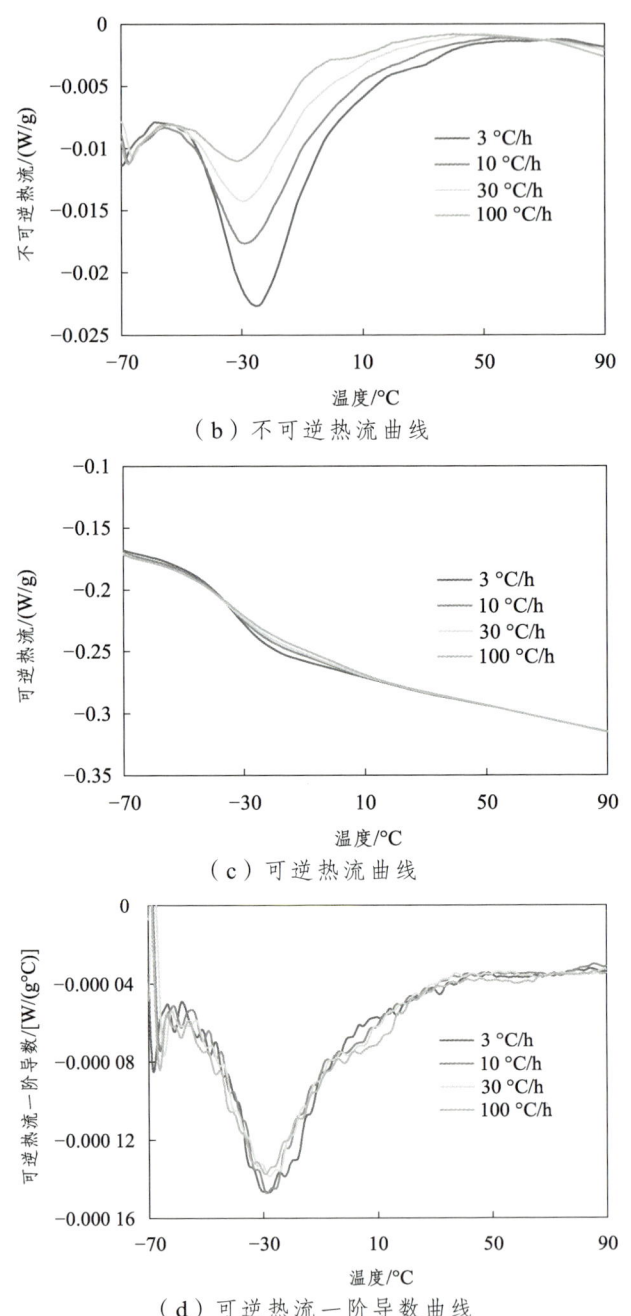

（b）不可逆热流曲线

（c）可逆热流曲线

（d）可逆热流一阶导数曲线

图 6-4　加拿大阿尔伯塔直馏沥青在四种冷却速率下的热行为

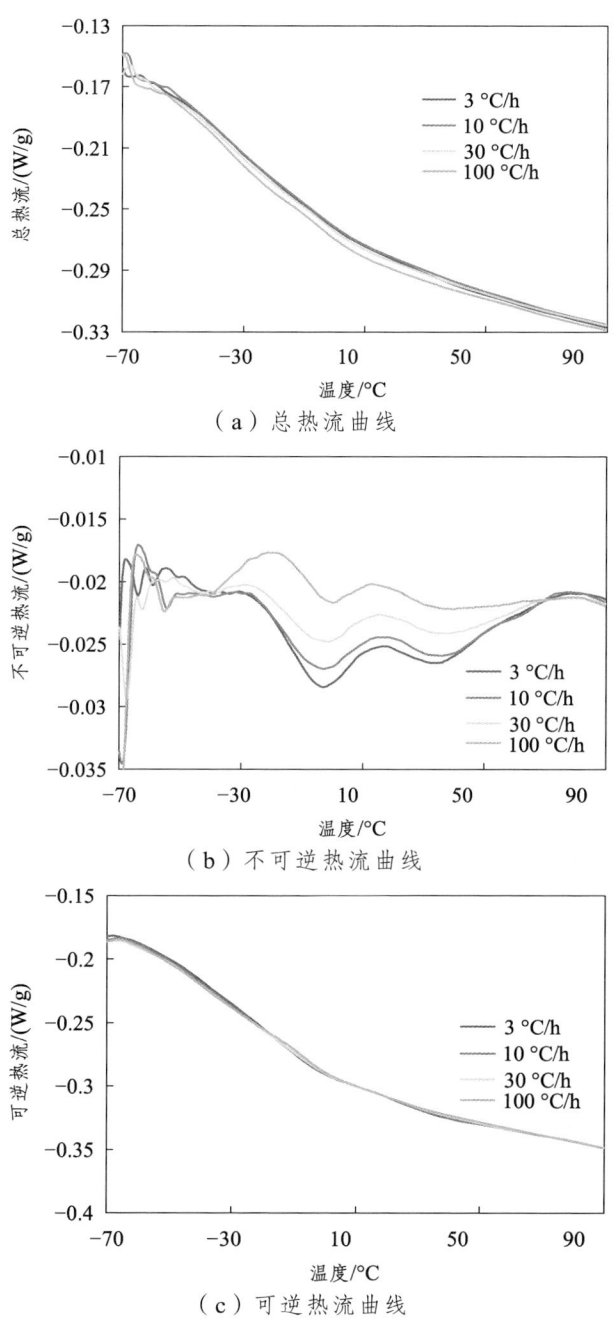

(a) 总热流曲线

(b) 不可逆热流曲线

(c) 可逆热流曲线

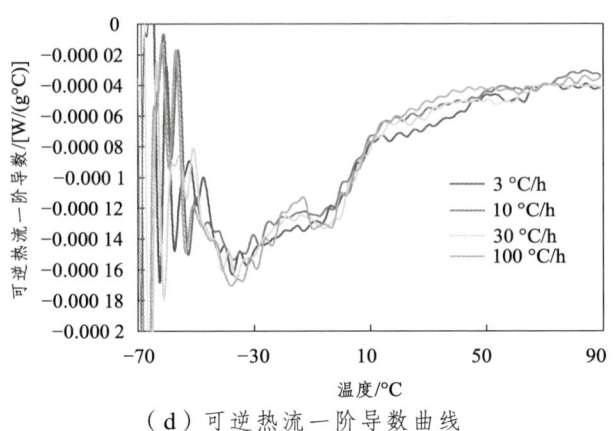

（d）可逆热流一阶导数曲线

图 6-5　加拿大调和沥青在四种冷却速率下的热行为

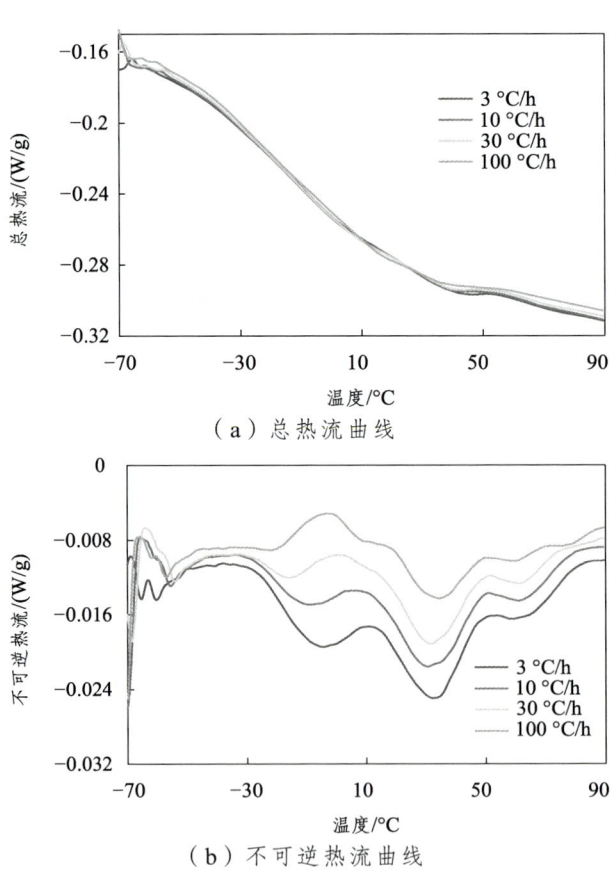

（a）总热流曲线

（b）不可逆热流曲线

6 基于差示扫描量热分析的沥青热可逆老化机理

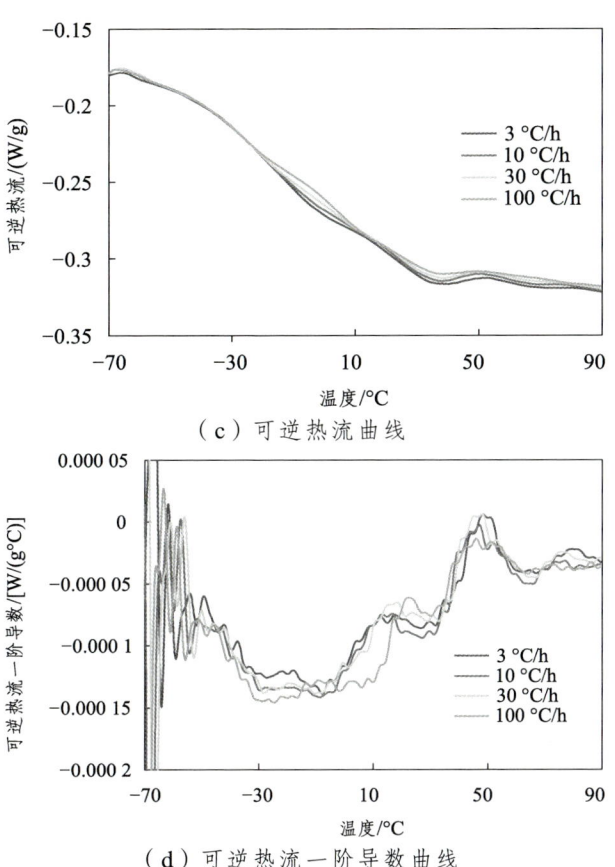

（c）可逆热流曲线

（d）可逆热流一阶导数曲线

图 6-6 美国得克萨斯沥青在四种冷却速率下的热行为

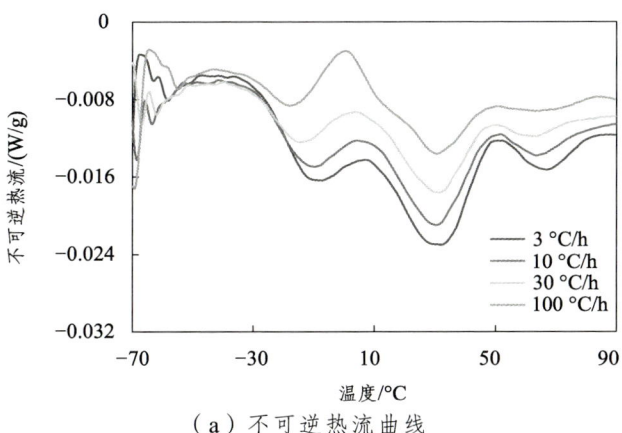

（a）不可逆热流曲线

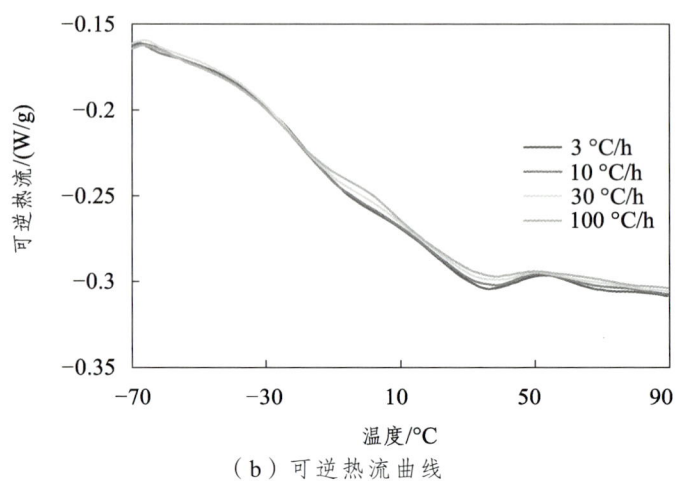

（b）可逆热流曲线

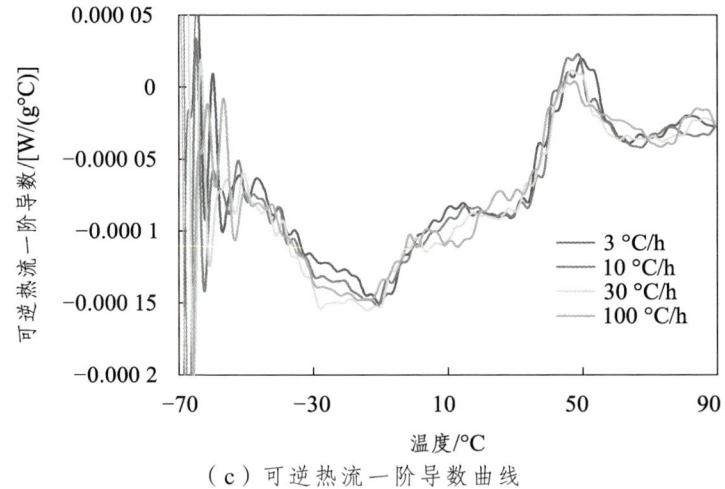

（c）可逆热流一阶导数曲线

图 6-7 未老化得克萨斯沥青在四种冷却速率下的热行为

从对可逆热流一阶导数曲线可以获得一些更详细的分析。四种冷却速率下的一阶导数曲线形状在视觉上遵循高斯分布，并且在温度接近 $-30\ ℃$ 时达到最大绝对值。高斯分布表明，阿尔伯塔直馏沥青由完全相容的非晶相组成，并不存在结晶相。因此，不可逆 MDSC 信号中吸热峰是环烷芳烃结晶，或重组为更有序的无定形相引起，而不是形成不同的结晶组分。从阿尔伯塔直馏沥青中极低的蜡含量（0.14%）也可以说明其可检测的结晶组分极少，这也解释了胶结料具有较好的抗低温热可逆老化的性能（扩展弯曲梁试验结果的分级损失仅为 2.8 ℃）。

相比之下，加拿大调和沥青和美国得克萨斯沥青表现出了更复杂的热行为。在快速冷却速率下，两种胶结料均表现出了一个冷结晶放热峰，但是在不同的位置。对于加拿大调和沥青，当采用最低降温速率时，在 −5 ℃ 和 +35 ℃ 温度下出现两个吸热峰。对于美国得克萨斯沥青，在 −5 ℃、+35 ℃ 和 +60 ℃ 处出现多达三个吸热峰。采用更慢的冷却速率时，冷结晶放热减少，−5 ℃、+35 ℃ 和约 +60 ℃ 处的峰值变得更明显。冷结晶过程中形成的晶体再次熔化会在 +35 ℃ 附近出现一个吸热峰。或者，0 ℃ 和 +10 ℃ 之间的重结晶放热只是在 −25 ℃ 和 +50 ℃ 之间分裂了较宽的吸热峰。美国得克萨斯沥青在 +60 ℃ 出现的吸热峰可能是由于其存在少量的高熔点蜡（得克萨斯州炼油厂采用具有较大组分变异的原油调和生产沥青）。

与加拿大阿尔伯塔直馏沥青相比，加拿大调和沥青与美国得克萨斯沥青的可逆热行为的解释更为复杂，特别是后者在 +50 ℃ 左右出现的不常见的转变。然而，从低至 3 ℃/h 到高达 100 ℃/h 冷却速率下，可逆热流一阶导数曲线具有很高程度的自相似性[图 6-4（d）、图 6-5（d）、图 6-6（d）及图 6-7（c）]。可以看出，相分离的速度通常很快，因此不太可能是导致慢得多的物理硬化过程的主要因素。这与图 6-2（c）中的波兰吹制沥青胶结料不同，其在低温恒温后的一阶导数热信号表现出了显著的变化。与未老化的美国得克萨斯沥青相比，胶结料不可逆热流曲线以及可逆热流一阶导数曲线在 +20 ℃ 附近出现明显的热信号变化表明，老化材料表现出了相分离。这可以解释为胶体结构不稳定的劣质沥青胶结料更易受氧化的影响，导致组分相容性较差。

　　Chambrion 等[3]是报道沥青胶结料在不同冷却速率下热行为的学者。从他们的结果可以看出，在较缓的冷却速率下可以观察到测试的沥青胶结料会出现两次玻璃态转变。在低于 10 °C/h 的缓慢冷却速率下，他们观测到其中一个玻璃态转变消失，并出现一个吸热峰。他们对这些现象提出的解释可以采用图 6-8 中的图示进行说明。当对沥青胶结料施加较快的冷却速率时，脂肪族分子有从芳香族分子中分离出来的趋势。但随着黏度的增加，这些组分的进一步分离受到阻碍。在较高温度下的玻璃态转变（T_{g2}）由沥青胶结料中富石蜡烷烃组分引起。在较低温度下的玻璃态转变（T_{g1}）由不含石蜡的组分引起。在足够低的冷却速率下，有足够的时间使得石蜡完全分离，从而能够结晶，进而产生一个吸热峰。上述机理无法解释我们研究中观察到的现象，因为即使在 3 °C/h 的冷却速率下，所测试的沥青胶结料仍然存在两个玻璃化转变。这可能是由于本研究中使用的沥青胶结料中可移动脂肪族组分（支链烷烃结构）含量较低。可移动脂肪族组分的含量越低，沥青胶结料的黏度越高，从而会使胶结料达到平衡所需的时间越长。

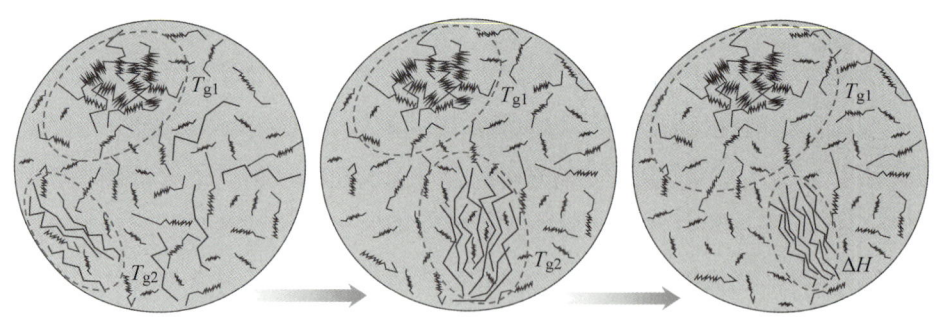

图 6-8　沥青微观结构随冷却速率降低的演化规律

6.3 沥青热信号的动力学过程拟合

此处采用 Avrami 等温分析和 Ozawa 非等温结晶动力学分析来拟合经过不同热历史后沥青胶结料的吸热焓。采用 Claudy 等开发的结晶分数（CF）作为结晶动力学分析的输入参数。计算方法如下：

$$CF = \Delta H / \Delta H_\infty \quad (6\text{-}1)$$

其中：ΔH 是热流曲线基线下吸热峰的面积；ΔH_∞ 为纯蜡的吸热焓，通常使用 200 J/g 的固定值来估算结晶分数，尽管一些研究人员认为，不同原油来源的沥青该值可能会有所不同，但此处我们仅采用 200 J/g 的固定值进行相对的比较。根据所采用的热历史，分别采用式（6-2）和（6-3）的结晶动力学公式来分析等温和非等温结晶动力学过程。

$$1 - C(t) = \exp(-Z^t n) \quad (6\text{-}2)$$

$$1 - C(T) = \exp(-K(T)/\beta^m) \quad (6\text{-}3)$$

为了便于结果的拟合，对等式两边取对数，得到如下公式：

$$\log\{-\ln[1 - C(t)]\} = \log Z + n \log t \quad (6\text{-}4)$$

$$\log\{-\ln[1 - C(T)]\} = \log K(T) - m \log \beta \quad (6\text{-}5)$$

其中：$C(t)$ 是时间为 t 时的结晶分数；Z 为结晶速率常数；$C(T)$ 是温度为 T 下的结晶分数；$K(T)$ 是随温度变化的结晶速率常数；β 是冷却速率。通过绘制 $\log\{-\ln[1-C(T)]\}$ 与 $\log t$ 或 $\log \beta$ 的线性关系图，可以得到二者的线性相关公式，其中线性相关方程中的斜率绝对值为 Avrami 或 Ozawa 指数，截距的反对数为 Z 或 $K(T)$。

结晶组分（CF）是进行沥青胶结料 Avrami 和 Ozawa 热动力学过程拟

合的关键参数。通常，CF 的大小通过对吸热峰面积进行积分并将获得的熔解焓与 100%结晶蜡样品的熔解焓进行比较来量化。然而，在短期养护或较快冷却速率下，沥青胶结料中热信号会出现冷结晶。这将会影响沥青胶结料中结晶分数（CF）的确定。此外，在沥青胶结料的升温曲线上可能会出现两个或三个吸热峰。这些吸热峰的解释对积分基线的选择至关重要。沥青胶结料双峰吸热的起源有两种可能的解释。第一种解释为液-液分层引起的相分离。Claudy 等[4]假设石蜡会导致沥青分离成两个不同的液相。第一个液相与石蜡相容，从而引起第一个吸热峰的出现。第二个液相与石蜡相容性较差，剩余的石蜡需要升温到足够高的温度才会熔解。这是产生第二个吸热峰的起源。然而，这种假设并不能解释退火和快速淬火试样升温曲线之间的差异。

另一种解释是蜡结晶组分的多分散性和多晶型性。本研究采用的基线根据 Frolov 等[5]提出的方法所确定。即假设图 6-9 中的两个吸热峰是由两个叠加的热事件所产生：一个较宽的吸热背景以及一个重结晶放热-熔化吸热。沥青胶结料等温和非等温动力学曲线图分别如图 6-10 和图 6-11 所示。所有测试的四种沥青胶结料试样均可以采用一般的结晶动力学理论框架进行很好的拟合。波兰吹制 30 号沥青的 Avrami 指数为 0.35。加拿大阿尔伯塔直馏沥青、加拿大调和沥青和美国得克萨斯沥青的 Ozawa 指数分别为 0.28、0.26 和 0.25。与早期的出版物相比[6]，加拿大阿尔伯塔直馏沥青较高的 Ozawa 指数无法解释其最低的分级损失。然而，需要指出的是，这些是采用不可逆热流信号计算得到的 Ozawa 指数，而不是先前采用的总热流信号，且差异较小。此外，沥青蜡含量可以解释 ExBBR 试验中的分级损失。考虑到沥青热分析所得到的结果，非晶相的玻璃化是导致沥青胶结料热可逆老化过程的重要原因。

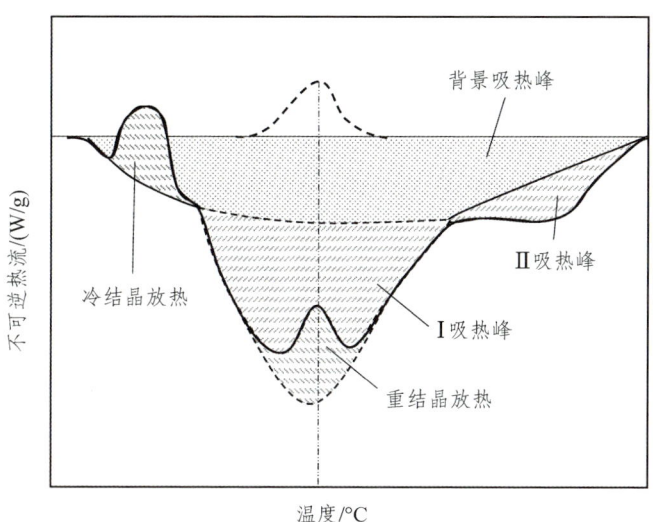

图 6-9　吸热与放热叠加原理图

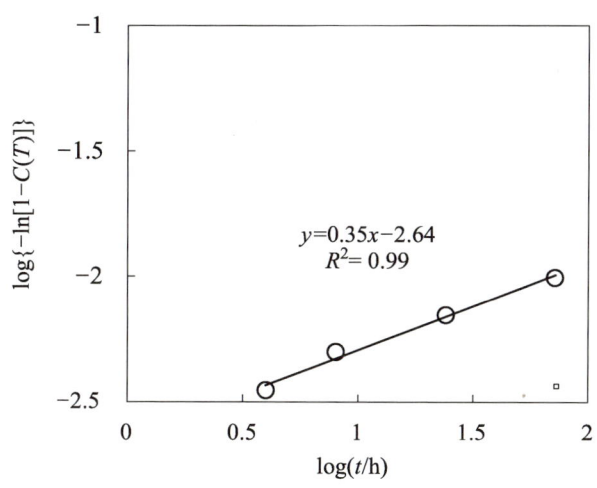

图 6-10　波兰吹制沥青的恒温 Avrami 关系图

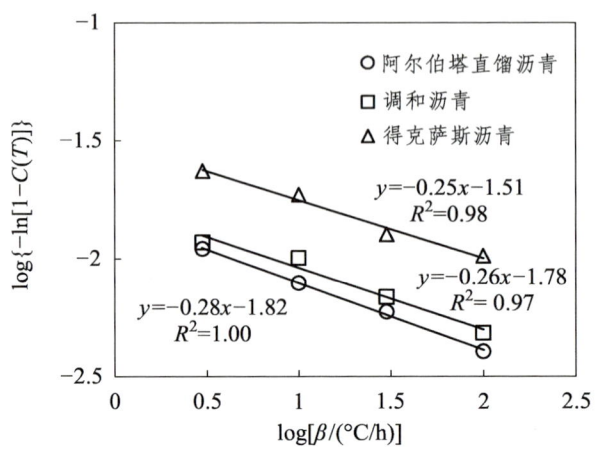

图 6-11　阿尔伯塔直馏沥青、加拿大调和沥青和
得克萨斯沥青的非等温 Ozawa 关系图

6.4　模型沥青热信号的热历史依赖性

根据 Lu 等的研究，沥青胶结料中的蜡主要由碳数范围从 C20 到 C40 的正构烷烃，以及溶于正庚烷的大分子异构烷烃和环烷烃组成。由于异构烷烃和环烷烃与基质沥青具有较好的相容性，且对路面性能的危害较小；因此，此处仅考虑了碳数范围从 C20 到 C40 之间的正构烷烃。正二十烷（n-C20）、正三十烷（n-C30）和正四十烷（n-C40）无须进一步改性可直接使用。这些纯的正构烷烃热特性可以在 Claudy 等[7]和 Létoffé 等[8]的出版物中找到。本研究中使用的正构烷烃的相关性质列于表 6-1 中。首先，将基质沥青胶结料采用导热油加热到完全流动状态。接下来，将一定量的正构烷烃缓慢加入基质沥青中，并将形成的混合物在 160 °C 下搅拌 30 min 以确保均匀性。

表 6-1 用于掺蜡试验的正构烷烃相关特性

特性	n-C20	n-C32	n-C40
线性分子式	$CH_3(CH_2)_{18}CH_3$	$CH_3(CH_2)_{30}CH_3$	$CH_3(CH_2)_{38}CH_3$
分子量/(g/mol)	282.55	450.87	563.08
熔点/°C	35～37 °C	65～70 °C	80～84 °C
纯度	≥99.5 %	≥97 %	≥95 %
沸点/°C	220 °C	467 °C	—

在设定温度下等温养护不同的时间后，三种沥青胶结料配方（阿尔伯塔冷湖沥青、阿尔伯塔冷湖沥青 + 5% n-C20 和阿尔伯塔冷湖沥青 + 5% n-C32）的总热流、不可逆热流和可逆热容曲线分别如图 6-12 ~ 图 6-14 所示。从这些结果可以看出，阿尔伯塔冷湖沥青的热行为并不受到热历史的影响，且即使在 72 h 的低温储存后也没有出现吸热峰。换句话说，阿尔伯塔冷湖沥青几乎不存在可被 MDSC 检测到的结晶组分。此外，在可逆热容曲线中可以清晰地观察到一个拐点，且可逆热容一阶导数曲线总体上表现为高斯分布，在 − 20 °C 附近仅有一个极大值。该值可视为基质沥青的玻璃态转变温度（T_g）。在阿尔伯塔冷湖沥青中添加 5%的 n-C20 和 5%的 n-C32 不仅会改变不可逆热信号，也会改变可逆热信号，尽管方式不同。对于掺有 5% n-C20 的沥青胶结料，总热流曲线和不可逆热流曲线均显示出由冷结晶引起的放热峰和由 n-C20 熔化引起的吸热峰。随着等温养护时间的延长，放热峰逐渐消失，而吸热峰逐渐增加。此外，与基质沥青相比，掺有 5% n-C20 的沥青胶结料在 − 2 °C 左右出现额外的 T_g。随着低温养护时间的延长，T_g 的信号强度增加，且朝着更高的温度平移。这可以通过以下事实来解释，不完美的晶体在长期低温储存后会转变为更完美的晶体。换句话说，形成了更有序的结晶相，该结晶相具有更高的密度，且无定形相的分子受到结晶相晶格的限制。观察到的 T_g 增加是由于分子链的流动性降低。在阿尔伯塔冷湖沥青中掺加 5%的 n-C20 后，有趣的是观察到可逆热容曲线在 1.5 °C 附近出现一个峰值，这与不可逆热流曲线中的吸热峰在同一范围内。这意味着掺加 n-C20 不仅会影响不可逆信号（即平衡过程或与潜热效应相关的过程），还会影响可逆信号（即动力学过程）。对于掺有

5% n-C32 的沥青胶结料，其热行为没有显示出明显随时间依赖的现象。然而，当在基质沥青中添加 5%的 n-C32 时，会出现三个玻璃化转变。第一个接近 −20 ℃，与基质沥青处于同一位置；第二个在 −5 ℃ 左右；最后一个在 50 ℃ 附近，与吸热峰的位置相似。

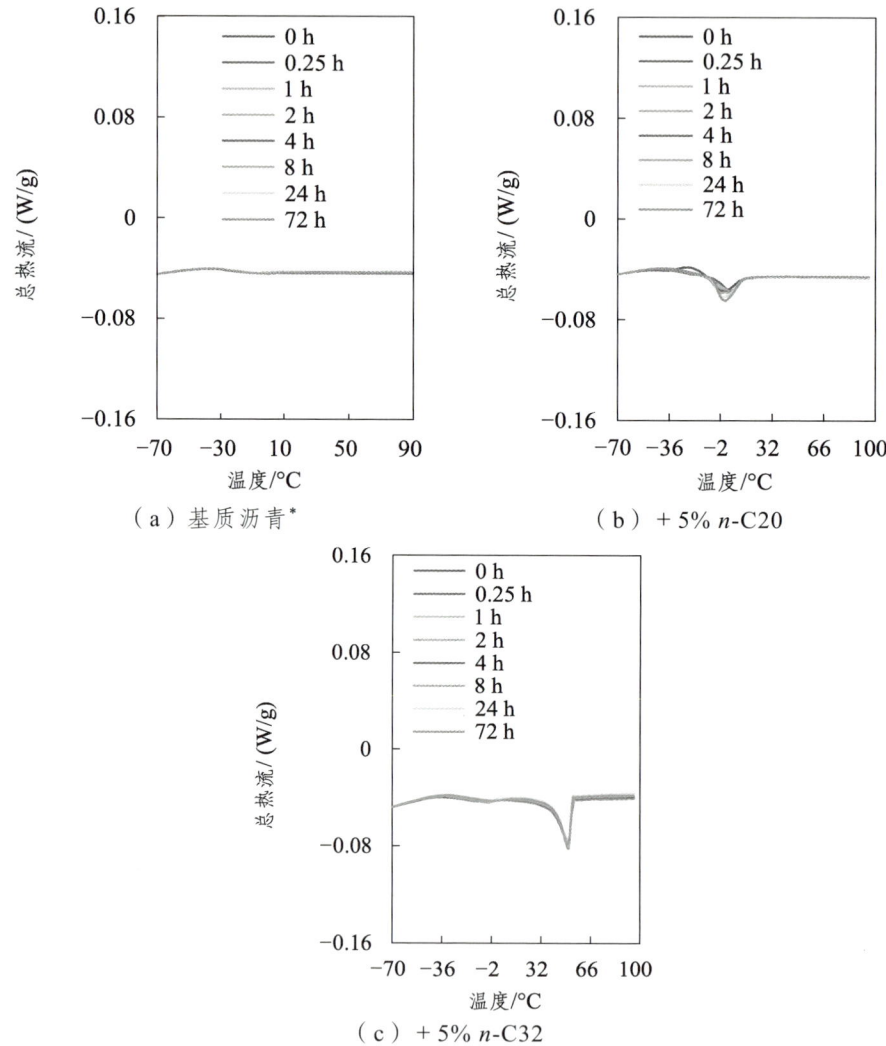

（a）基质沥青*

（b）+ 5% n-C20

（c）+ 5% n-C32

图 6-12　恒温养护后三种沥青胶结料配方的总热流曲线

*注：总热流曲线的纵坐标增大方向即为放热方向。

6 基于差示扫描量热分析的沥青热可逆老化机理

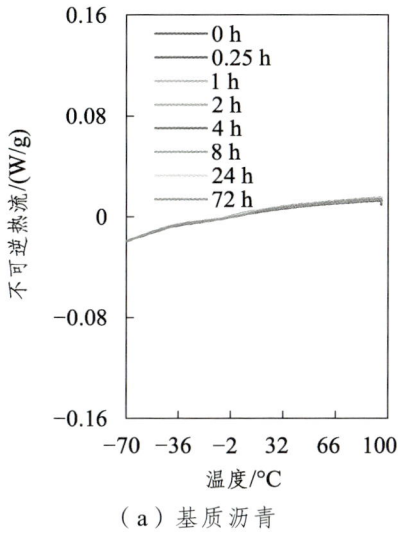

（a）基质沥青

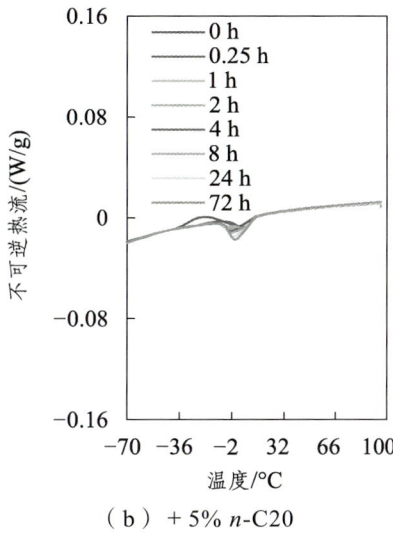

（b）+5% n-C20

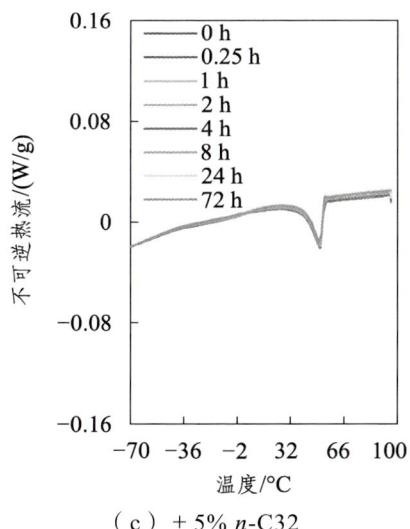

（c）+5% n-C32

图 6-13 恒温养护后三种沥青胶结料配方的不可逆热流曲线

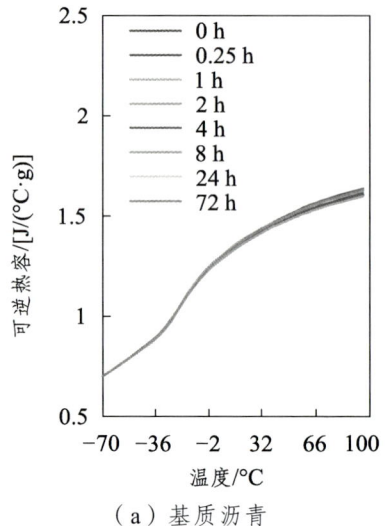
（a）基质沥青

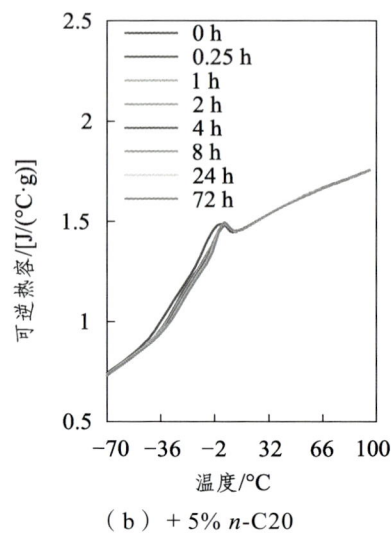
（b）+5% n-C20

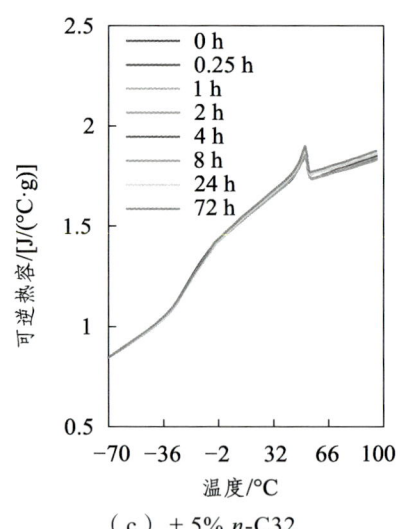
（c）+5% n-C32

图 6-14　恒温养护后三种沥青胶结料配方的可逆热容曲线

在四种不同冷却速率下的非等温养护后，三种沥青胶结料配方（阿尔伯塔冷湖沥青+5% n-C20、阿尔伯塔冷湖沥青+5% n-C32 和阿尔伯塔冷湖

沥青 + 5% *n*-C40）的总热流、不可逆热流、可逆热容曲线分别如图 6-15 ~ 图 6-17 所示。一般来说，掺纯蜡沥青结合料的非等温养护热行为与等温行为相似。更具体地说，沥青胶结料长期等温养护后的热行为类似于采用缓慢冷却速率时的热行为。当使用缓慢的冷却速率时，沥青胶结料中的晶体具有足够的时间来变得更加完美[9]。

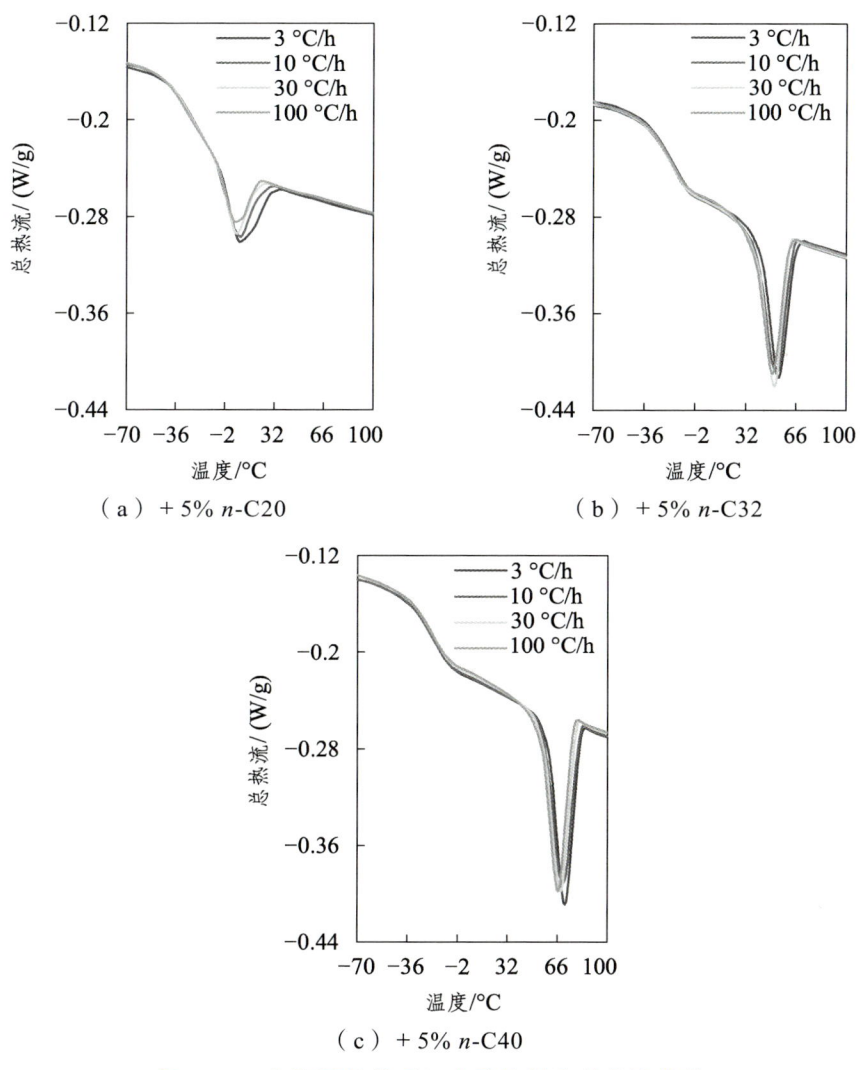

图 6-15 非等温养护后沥青胶结料的总热流曲线

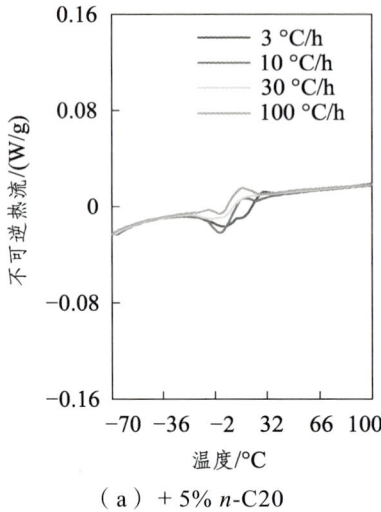

（a）+5% n-C20

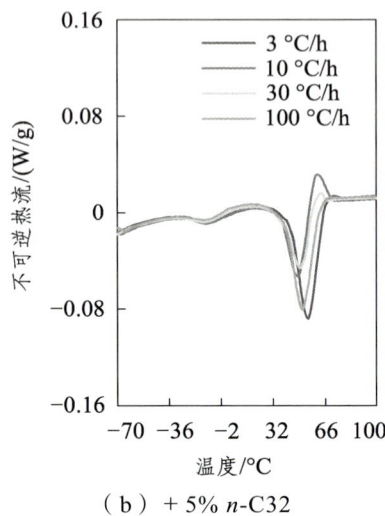

（b）+5% n-C32

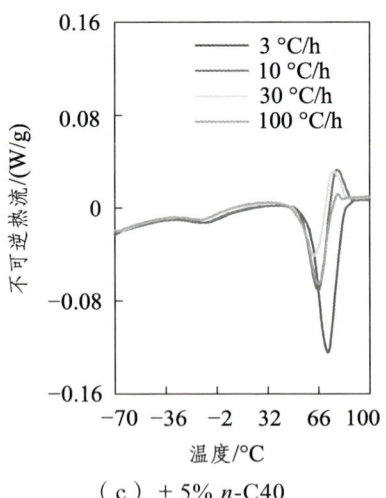

（c）+5% n-C40

图 6-16 非等温养护后沥青胶结料的不可逆热流曲线

6 基于差示扫描量热分析的沥青热可逆老化机理

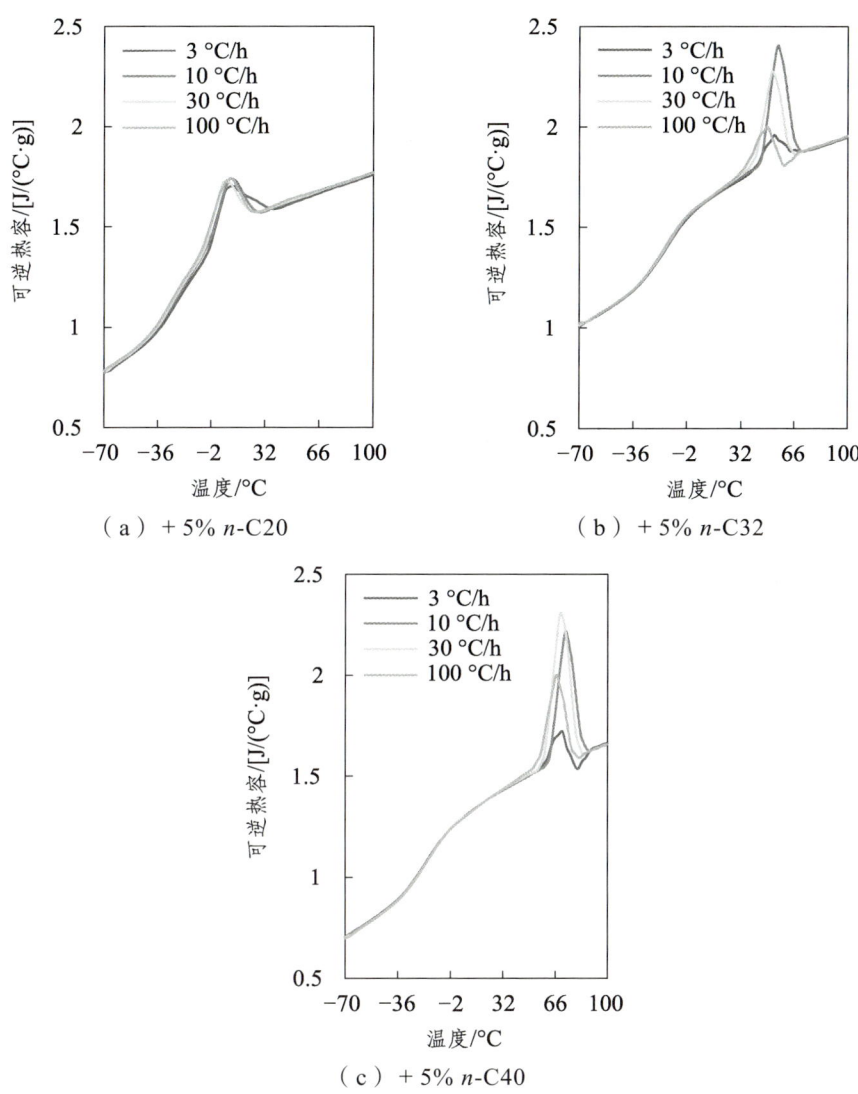

（a）+ 5% *n*-C20

（b）+ 5% *n*-C32

（c）+ 5% *n*-C40

图 6-17 非等温养护后沥青胶结料的可逆热容曲线

然而，所使用的沥青胶结料在非等温热历史下也表现出一些独特的热行为。首先，蜡熔化温度（WMT）随着冷却速率的降低而增加，特别是对掺有 5% *n*-C20 的沥青胶结料。其次，沥青的不可逆热流曲线中可能会出

- 151 -

现一个较大的吸热峰，接着会有一个小的放热峰。然而，形成的晶体并没有显示出一个清晰的吸热峰。第三，掺杂 n-C32 或 n-C40 的沥青胶结料在不可逆热流曲线中的吸热峰随着冷却速率的降低呈现出显著增加的趋势，而总热流曲线却没有。此外，可逆热容曲线随冷却速率变化显著；然而，这种趋势并不遵循明显的规律。通过比较掺入不同纯蜡沥青胶结料的热行为，可以推断出 n-C20 会显著加剧沥青胶结料的热可逆老化程度；而较高碳数的正构烷烃，如 n-C32 和 n-C40 则不会。这是因为 n-C32 和 n-C40 与基质沥青的相容性较差，而 n-C20 在早期冷却阶段与基质沥青胶结料具有较好的相容性。经过较长时间的低温养护后，n-C20 分子通过扩散机制缓慢团聚，导致形成相分离。还必须注意的是，存在一个可以使得基质沥青胶结料中产生最大热可逆老化程度的纯蜡临界掺量，因为在完全结晶的沥青材料中不存在热可逆老化现象。

6.5 氧化对模型沥青热信号的影响

为了理解氧化对沥青相稳定性的影响，对掺 5% n-C20 的阿尔伯塔冷湖沥青在压力老化箱（PAV）中进一步进行氧化老化，结果如图 6-18～图 6-20 所示。从图中可以观察到如下几个趋势。首先，总热流曲线和不可逆热流曲线中吸热峰的大小随着沥青胶结料的氧化而减小。此外，在沥青胶结料可逆热容曲线中，由于掺蜡引起的峰值也降低了。其次，沥青中的蜡熔化温度（WMT）随胶结料的氧化也呈下降的趋势，特别是在压力老化箱（PAV）中氧化老化 100 h 之后。最后，100 h PAV 老化沥青残留物的热行为较少受到降温速率的影响。上述观察到的现象可归因于氧化导致的沥青胶结料黏度增加，从而减缓了沥青中分子的扩散过程。此外，氧化也会加速相分离过程，并使蜡与沥青基体的相容性降低。然而，所提出机制的细节值得进一步研究和验证。

6 基于差示扫描量热分析的沥青热可逆老化机理

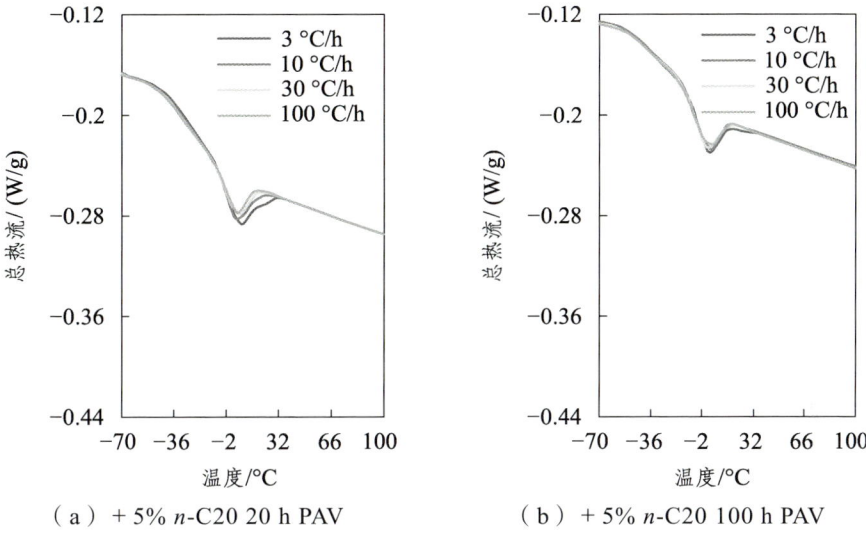

图 6-18 氧化对掺 5% *n*-C20 阿尔伯塔冷湖沥青总热流曲线的影响

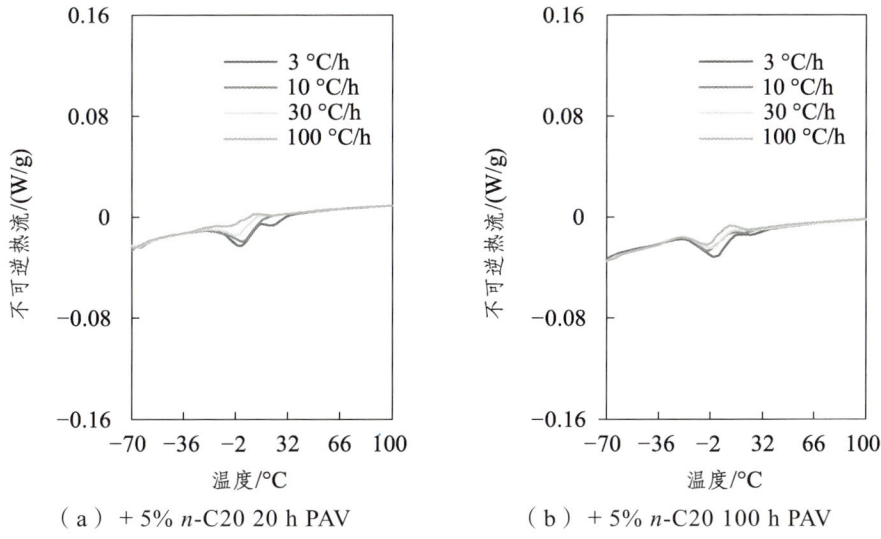

图 6-19 氧化对掺 5% *n*-C20 阿尔伯塔冷湖沥青不可逆热流曲线的影响

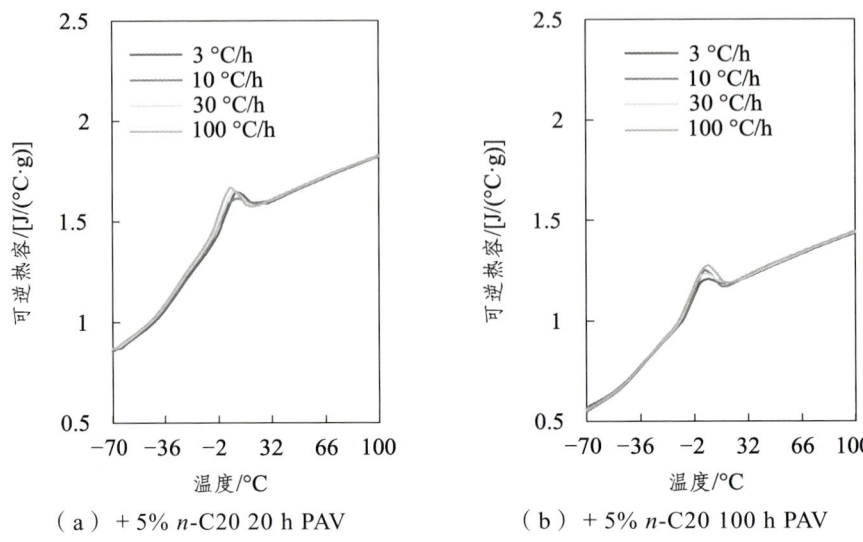

(a) +5% n-C20 20 h PAV　　　（b）+5% n-C20 100 h PAV

图 6-20　氧化对掺 5% n-C20 阿尔伯塔冷湖沥青可逆热容曲线的影响

掺 3% 和 7% n-C20 阿尔伯塔冷湖沥青的热行为如图 6-21~图 6-26 所示。除了未老化的沥青试样，在下述图中也考虑了沥青氧化老化的影响。主要观察到的结论如下：正如预期，总热流曲线和不可逆热流曲线中吸热峰的大小随着添加蜡含量增加而增加。出乎意料的是，图 6-25（a）中的沥青胶结料吸热峰在降温速率为 10 °C/h 而不是 3 °C/h 时达到最大值，这意味着结晶动力学是否适用于沥青胶结料不可逆热流曲线的吸热峰值得商榷。这种异常现象的机制值得进一步研究。还可以看出，n-C20 掺加得越多，沥青胶结料可逆热容随降温速率的变化越大。然而，这些变化随着沥青胶结料氧化老化程度的增加而减少。当沥青胶结料的温度接近 100 °C 时，图 6-24（c）和图 6-25（c）中的基线会出现波动。这可能是由于沥青组分的意外挥发。

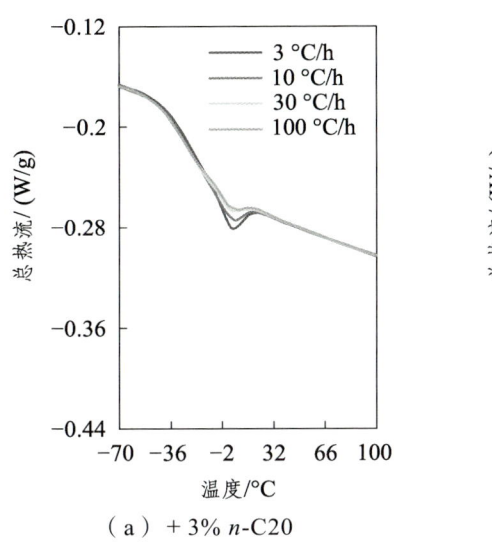

（a）+3% *n*-C20

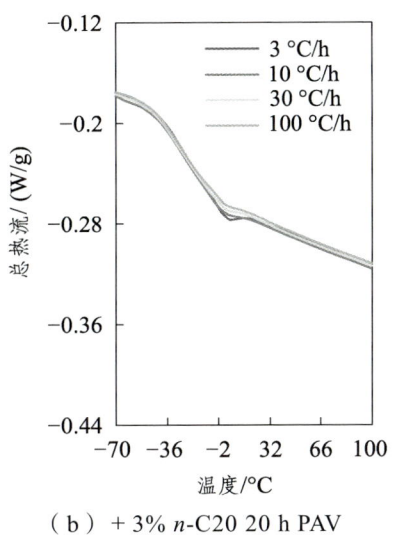

（b）+3% *n*-C20 20 h PAV

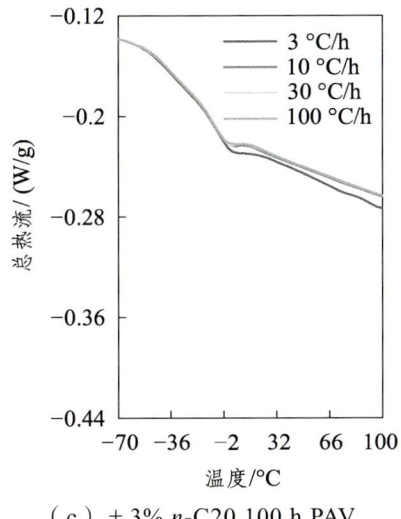

（c）+3% *n*-C20 100 h PAV

图 6-21　氧化老化对掺 3% *n*-C20 阿尔伯塔冷湖沥青总热流曲线的影响

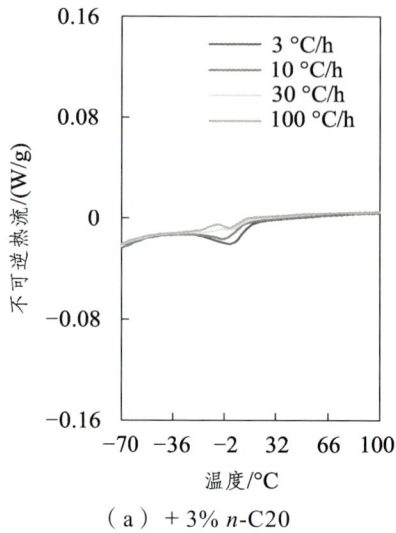
（a）+3% n-C20

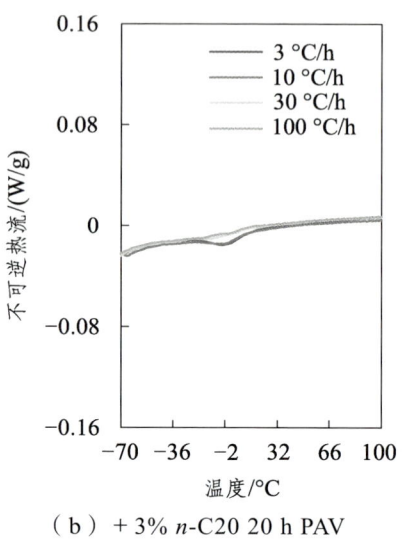
（b）+3% n-C20 20 h PAV

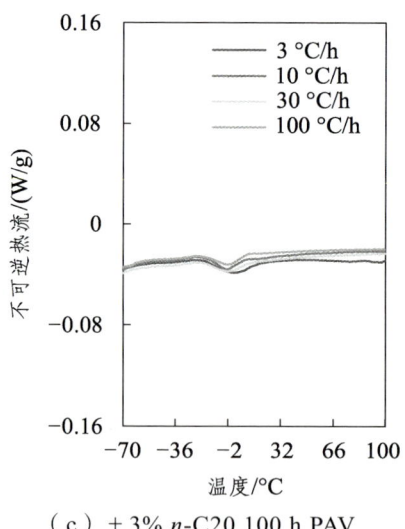
（c）+3% n-C20 100 h PAV

图 6-22　氧化老化对掺 3% n-C20 阿尔伯塔冷湖沥青不可逆热流曲线的影响

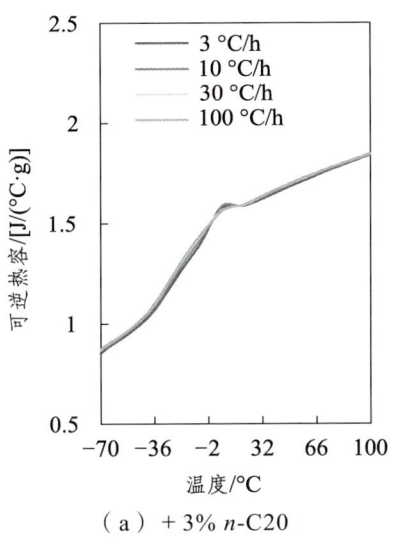
(a) +3% n-C20

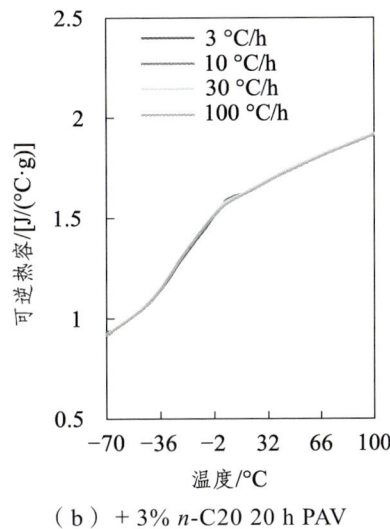
(b) +3% n-C20 20 h PAV

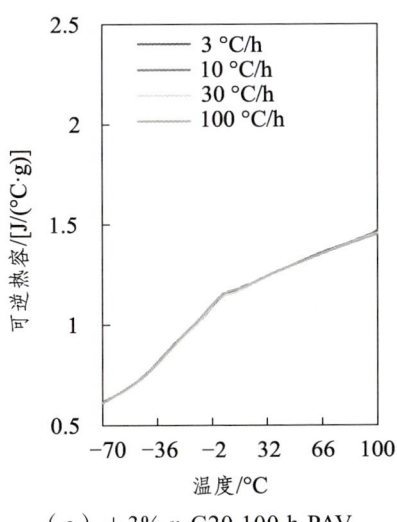
(c) +3% n-C20 100 h PAV

图 6-23　氧化老化对掺 3% n-C20 阿尔伯塔冷湖沥青可逆热容曲线的影响

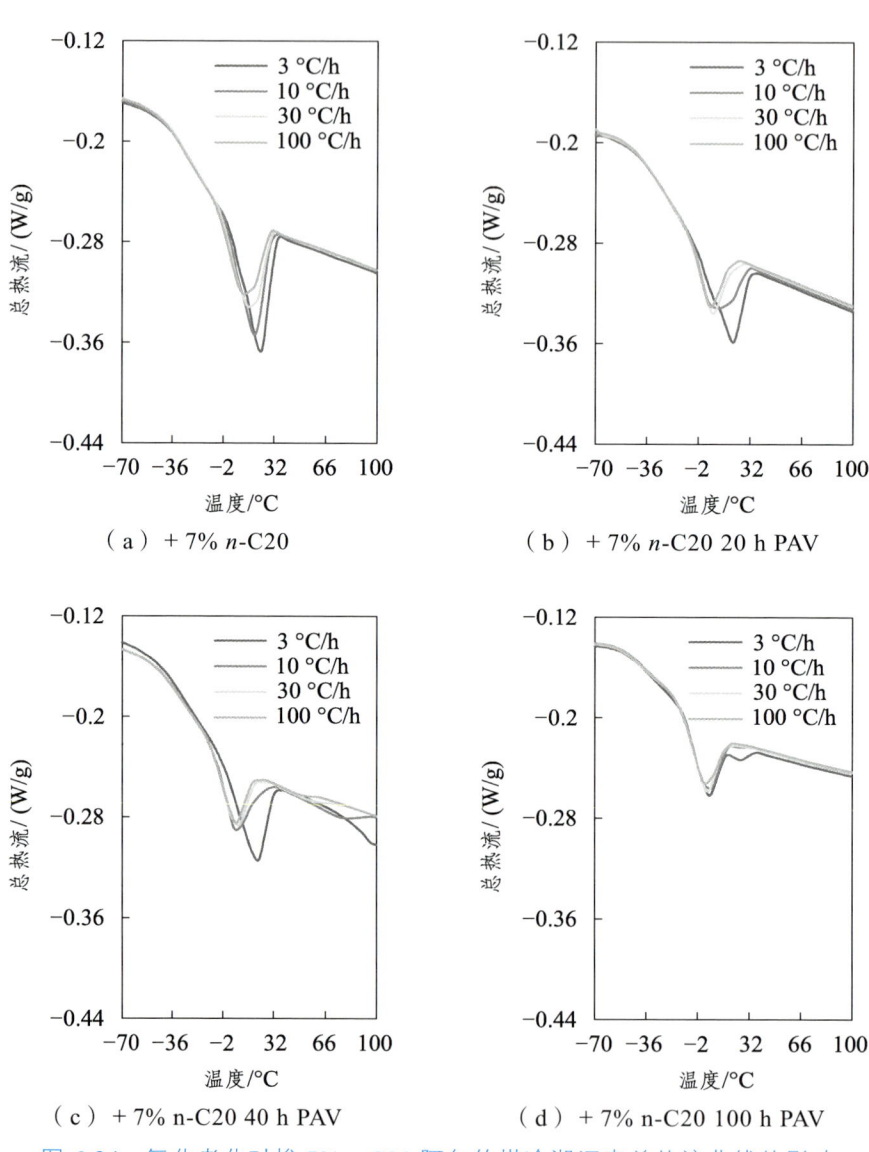

图 6-24 氧化老化对掺 7% n-C20 阿尔伯塔冷湖沥青总热流曲线的影响

6 基于差示扫描量热分析的沥青热可逆老化机理

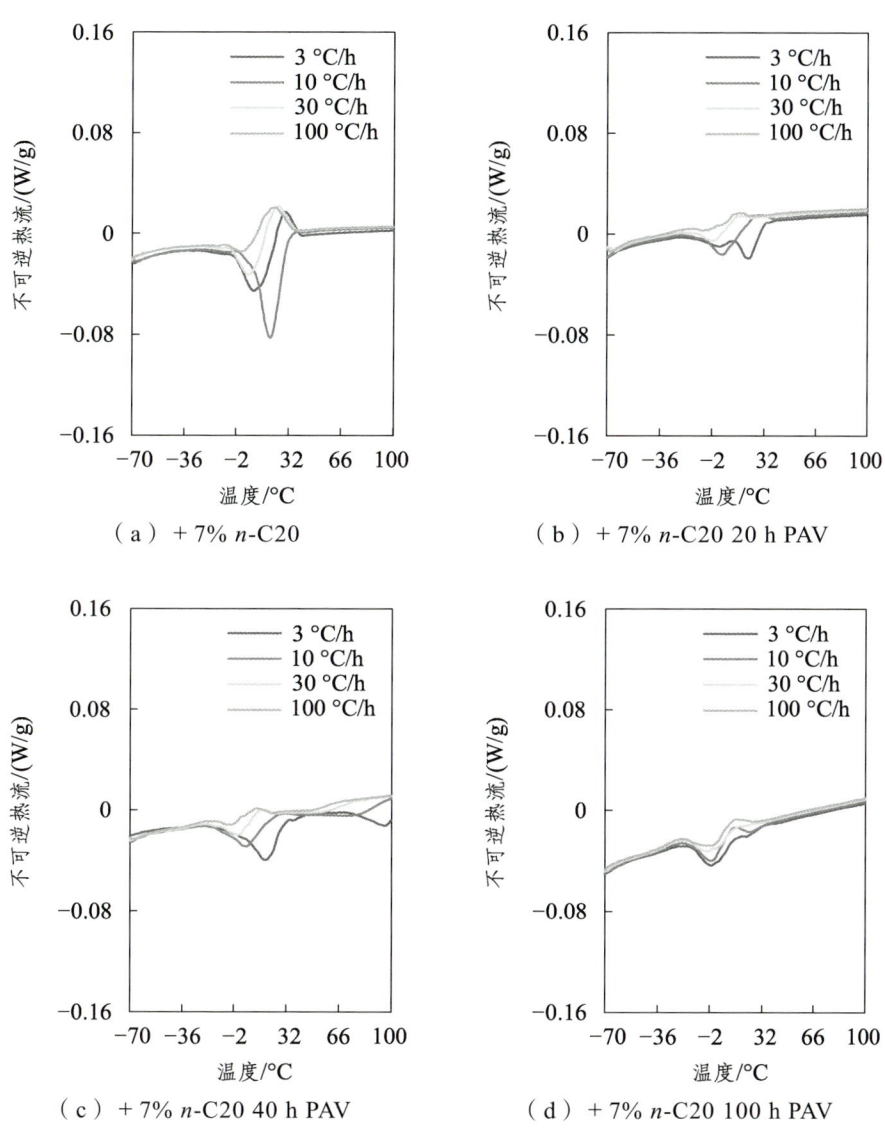

图 6-25 氧化老化对掺 7% *n*-C20 阿尔伯塔冷湖沥青不可逆热流曲线的影响

道路石油沥青的低温行为与热可逆老化

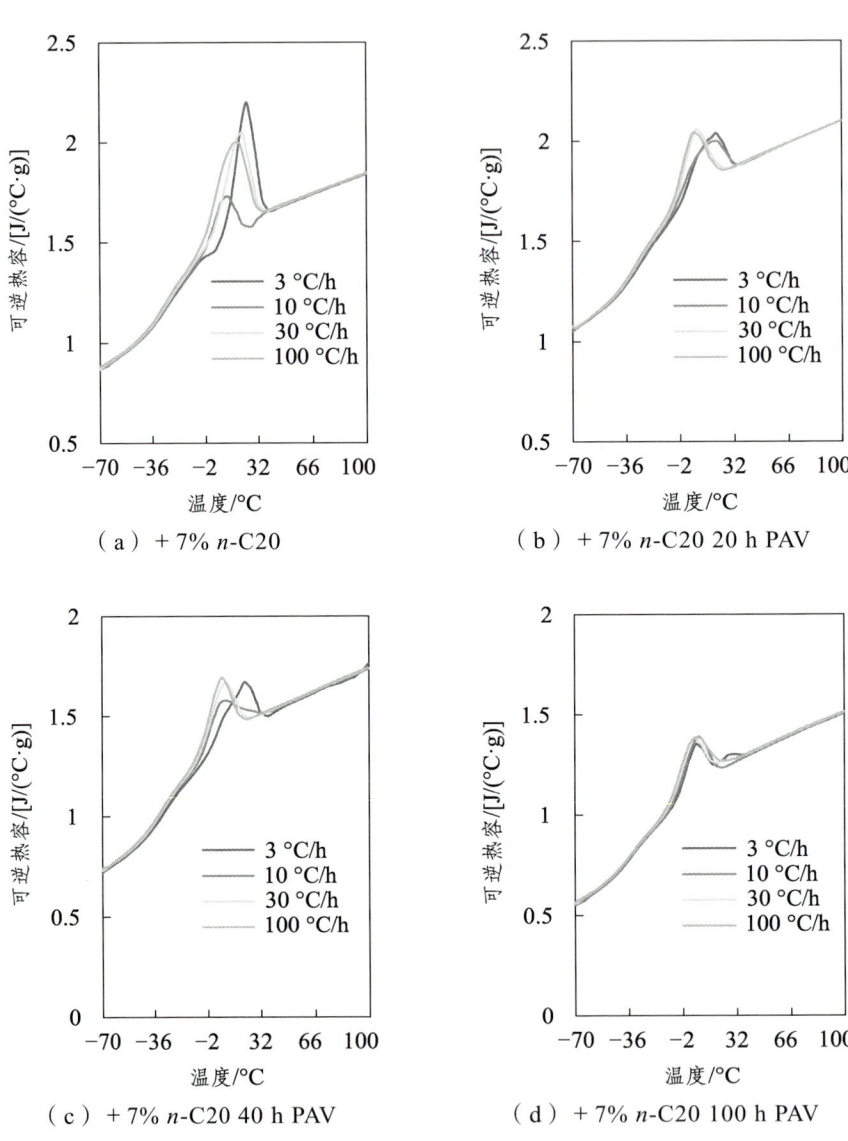

图 6-26　氧化老化对掺 7% n-C20 阿尔伯塔冷湖沥青可逆热容曲线的影响

考虑到对掺碳数较高正构烷烃的沥青胶结料观察到的热行为具有较低的时间依赖性，此处仅对一系列掺 n-C20 的阿尔伯塔冷湖沥青进行进一步的结晶动力学理论分析。图 6-27 给出了添加 5% n-C20 沥青胶结料的等温 Avrami 关系图。掺有 n-C20 沥青胶结料的非等温 Ozawa 关系图如图 6-28 和图 6-29 所示。从图中可以清楚地看出，掺蜡沥青胶结料中结晶分数随热历史的变化可以通过等温 Avrami 理论框架及非等温 Ozawa 理论框架进行拟合。Ozawa 指数随着沥青中 n-C20 的增加而降低。需要说明的是，Ozawa 指数越高，晶体的形成速度越快。此外，随着掺蜡沥青胶结料氧化老化程度的增加，Ozawa 指数呈现降低的趋势。Ozawa 关系图中的截距可以用于衡量沥青胶结料中的最大结晶分数。Ozawa 关系图中的截距越大，沥青胶结料中的结晶组分越多。从图 6-29 可以明显看出，用 DSC 测得的沥青中固体蜡含量随着胶结料氧化老化程度的增加而降低。

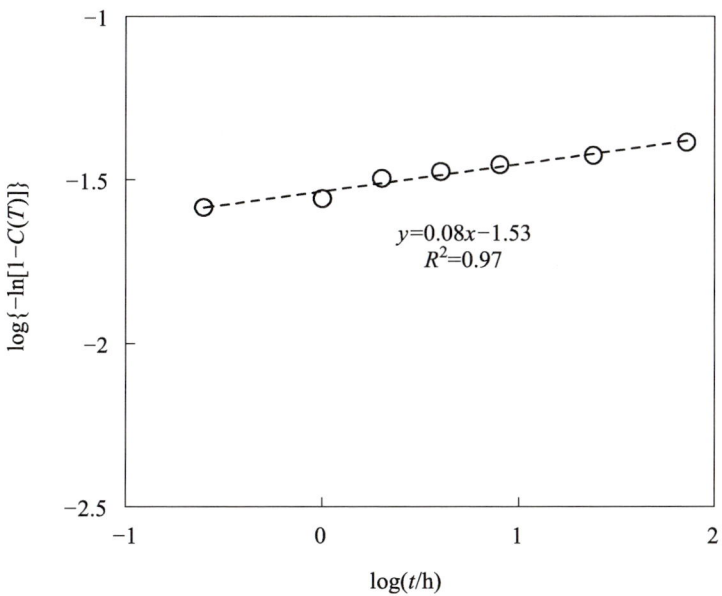

图 6-27　掺 5% n-C20 沥青胶结料等温 Avrami 关系图

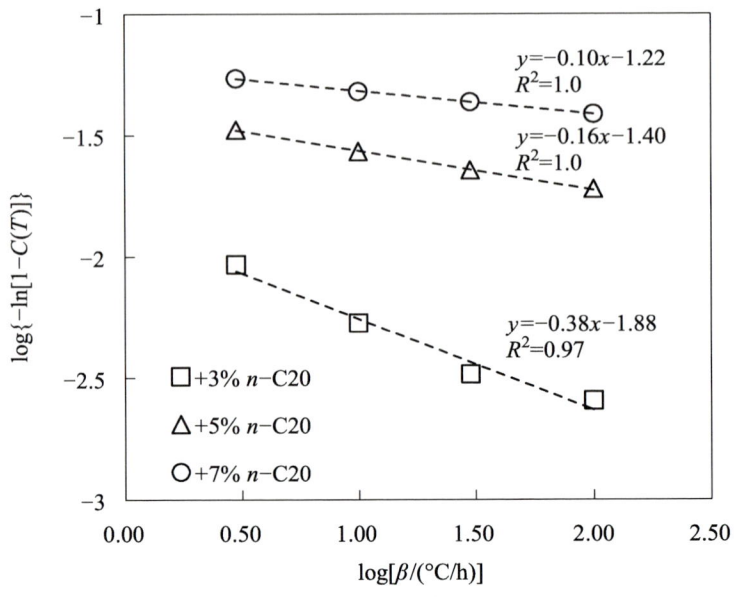

图 6-28 掺不同剂量 n-C20 的阿尔伯塔冷湖沥青非等温 Ozawa 关系图

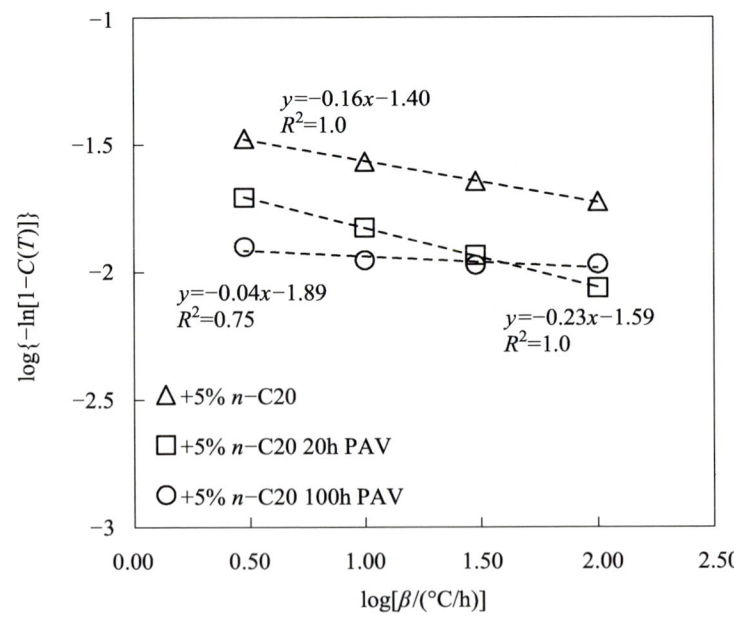

图 6-29 掺 5% n-C20 阿尔伯塔冷湖沥青氧化老化后的非等温 Ozawa 关系图

参考文献

[1] DING H, HESP S. Variable-temperature Fourier-transform infrared spectroscopy study of wax precipitation and melting in Canadian and Venezuelan asphalt binders[J]. Constr Build Mater, 2020, 264: 120212.

[2] BRICKER R, HESP S. Modulated differential scanning calorimetry study of physical hardening rates in asphalt cements[C]//Airfield & Highway Pavement Conference. 2013: 955-966.

[3] CHAMBRION P, BERTAU R, EHRBURGER P. Characterization of bitumen by differential scanning calorimetry[J]. Fuel, 1996, 75(2): 144-148.

[4] CLAUDY P, LETOFFE J, RONDELEZ F, et al. A new interpretation of time-dependent physical hardening in asphalt based on DSC and optical thermoanalysis[J]. American Chemical Society, Division of Fuel Chemistry, 1992, 37: 1408-1426.

[5] FROLOV I N, BASHKIRCEVA N Y, ZIGANSHIN M A, et al. The steric hardening and structuring of paraffinic hydrocarbons in bitumen[J]. Pet Sci Technol, 2016, 34(20): 1675-1680.

[6] RIGG A, DUFF A, NIE Y, et al. Non-isothermal kinetic analysis of reversible ageing in asphalt cements[J]. Road Mater Pavement Des, 2017(8): 1-26.

[7] CLAUDY P M, LÉTOFFÉ J M, MARTIN D, et al. Thermal behavior of asphalt cements[J]. Thermochim Acta, 1998, 324(1): 203-213.

[8] LÉTOFFÉ J M, CLAUDY P, KOK M V, et al. Crude oils: characterization of waxes precipitated on cooling by D.S.C. and thermomicroscopy[J]. Fuel, 1995, 74(6): 810-817.

[9] FROLOV I N, OKHOTNIKOVA E S, ZIGANSHIN M A, et al. Interpretation of Double-Peak Endotherm on DSC Heating Curves of Bitumen[J]. Energy & Fuels, 2020, 34(3): 3960-3968.

7

基于变温红外光谱技术的沥青热可逆老化机理

7.1 变温红外光谱测试设备

使用薄膜法进行沥青胶结料变温红外光谱试样的制备。简言之，将 25 mm 直径 × 2 mm 厚的 NaCl 薄片在实验室热台上缓慢加热至 90 ℃。使用小金属刮刀将少量沥青胶结料或正构烷烃均匀涂抹在热的 NaCl 圆片上，从而形成薄且透明的薄膜。最后，放置第二个 NaCl 圆片以覆盖薄膜，从而形成一种"三明治"试样，将"三明治"试样缓慢冷却至室温。通过这种方式可以很大程度上避免在高温测试时沥青的流动和氧化。将"三明治"试样牢固地夹在变温红外光谱控温设备的固体支架上，并连同固体支架一起放入密封真空腔中。采用机械制冷方式制冷，并通过干燥压缩空气将冷气吹出至红外变温套件的腔体中，从而提供一个低温环境温度。测试沥青试样温度的变化是通过连接固体支架的加热设备进行调控的。在真空夹套中进行测试可以最大限度地减少样品池的热量损失，以及防止水蒸气凝结在 NaCl 窗口上。整个 VT-FTIR 附件通过使用固定的滑动安装板安装到光谱仪中。红外光谱仪以及变温控制套件如图 7-1 所示。

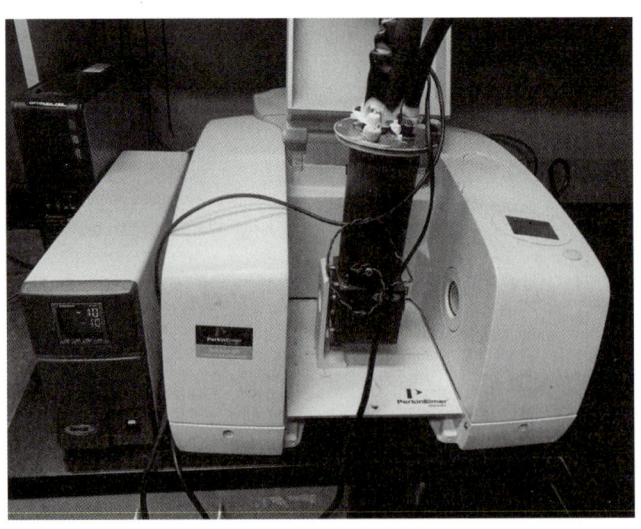

(a)

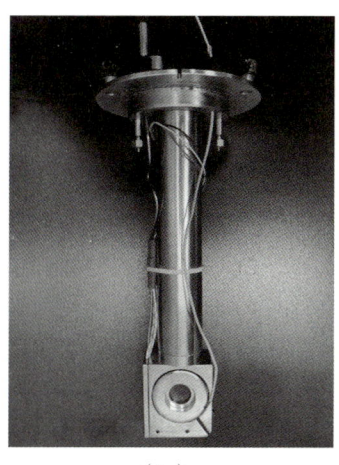

（b）

图 7-1　红外光谱仪和变温控制套件

7.2　温度对红外光谱特性的影响

选定的几种未老化 SHRP 沥青胶结料在不同温度下的红外光谱如图 7-2 所示。为了更好地显示光谱结果随温度的变化，此处仅提供了（a）3121~2746 cm^{-1}、（b）1500~1350 cm^{-1} 和（c）740~710 cm^{-1} 三个代表性波数范围内的光谱随温度的变化情况。值得注意的是，与沥青胶结料其他波数范围内的光谱特性相比，这三个波数范围内的光谱随温度变化更为明显。可以看出，沥青胶结料红外光谱的强度随温度的降低而增强，变化的幅度取决于沥青胶结料的类型。在 3121~2746 cm^{-1} 和 1500~1350 cm^{-1} 的波数范围内，AAM-1 沥青胶结料几乎没有表现出明显变化，而 AAK-1 随温度变化显著，尤其是从 130 ℃ 到 90 ℃。当沥青胶结料温度从 130 ℃ 缓慢冷却到 -25 ℃ 时，740 cm^{-1}~710 cm^{-1} 之间的峰面积逐渐增加。对沥青胶结料 AAE、ABG、AAL 和 AAA-1 仅观察到了唯一的单峰，这表明这些沥青具有较高的相相容性。对于蜡含量较高的沥青胶结料（AAV、AAK-1、AAC-1 和 AAM-1），除了主峰外还观察到了肩峰。肩峰反映了沥青胶结料中固体蜡的结晶。后续将提供更详细的定量讨论。

道路石油沥青的低温行为与热可逆老化

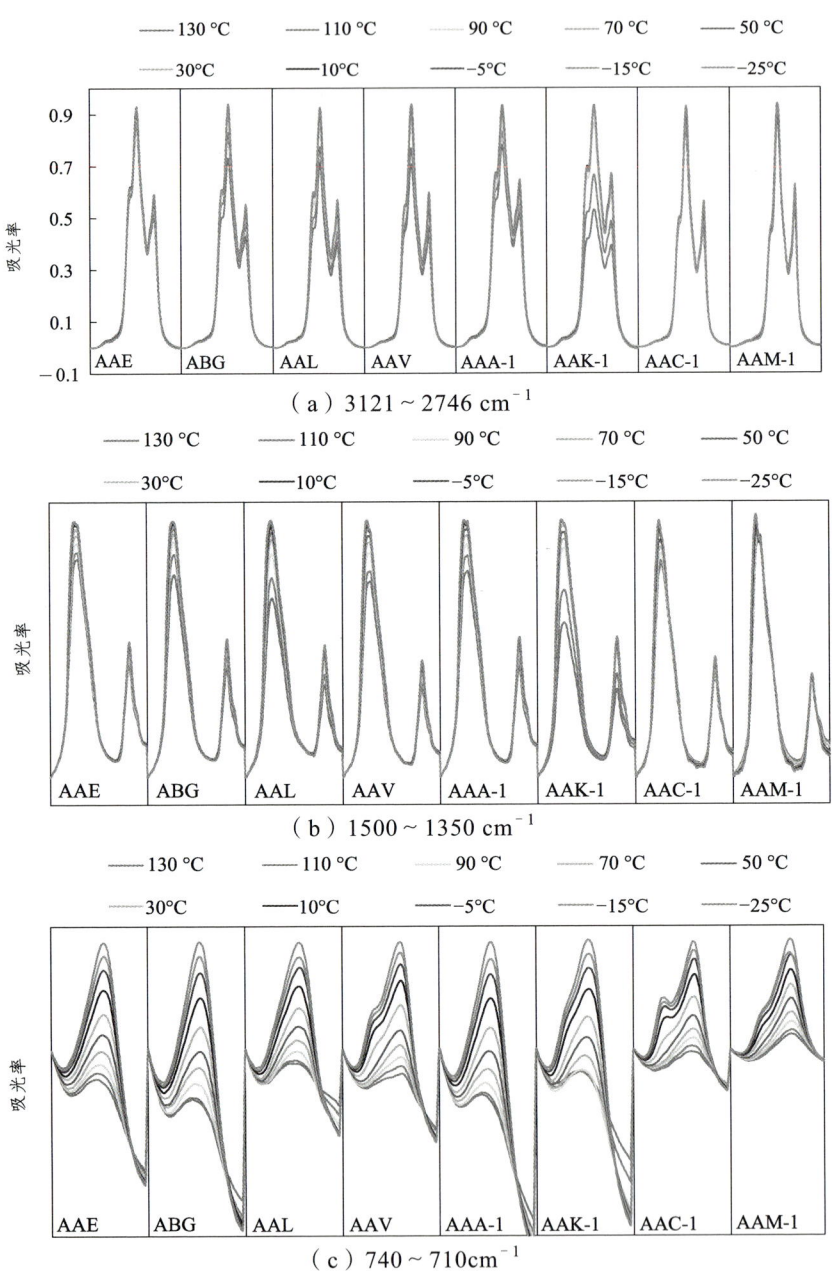

图 7-2 所选沥青胶结料在不同温度下的红外光谱结果

注：此处的温度值进行了四舍五入。

图 7-3 给出了不同老化条件（PAV 分别老化 0 h、20 h 和 60 h）后，2919~2926cm^{-1} 范围内峰值位置的偏移。该范围的峰代表沥青中 CH_2 官能团的 C—H 不对称拉伸振动。对于高蜡沥青胶结料，如 AAM-1 和 AAC-1，很明显存在三个区域，这三个区域在图 7-3（a）中分别标注为 Ⅰ、Ⅱ 和 Ⅲ。当温度从 130 ℃ 降低到 60 ℃ 时，峰位仅向较低值移动了少量，且不同胶结料的峰值位置在一个较窄的范围内分布。当将试样的温度从 60 ℃ 冷却到 0 ℃ 后，相应峰的位置显著降低到较低的波数，特别是对于高蜡含量的沥青胶结料 AAC-1 和 AAM-1。当温度从 0 ℃ 进一步降低至 -30 ℃ 时，峰值对应的波数降低又变得较为缓和。不同沥青胶结料对应的峰值位置在相当宽的范围内变化。Nivitha 等将 35 ℃ 到 65 ℃ 温度范围之间的峰值的平移归因于长链构象的变化，这种构象可分为正交、六边形和无序。因此，这些转变为沥青胶结料中脂肪族分子的结构提供了新的及重要的见解。沥青胶结料在 PAV 中氧化 20 h 和 60 h 后，观察到了类似的趋势。氧化对导致沥青胶结料特征峰值位置增加或减少，具体取决于沥青胶结料的原油来源。氧化老化引起的峰值位置偏移在低温下更为明显，但一般小于 1 cm^{-1}。

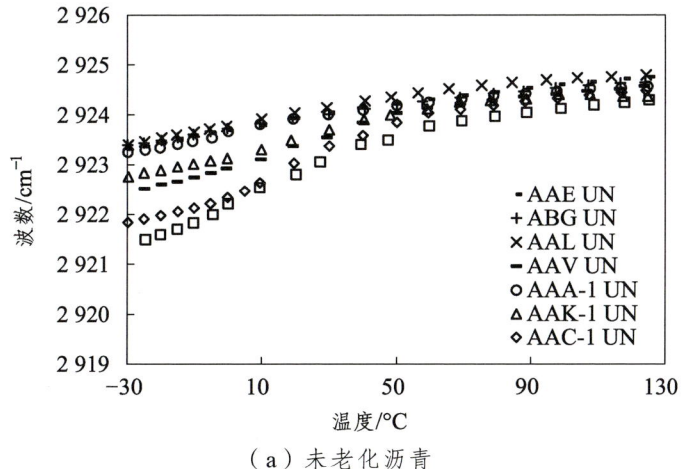

（a）未老化沥青

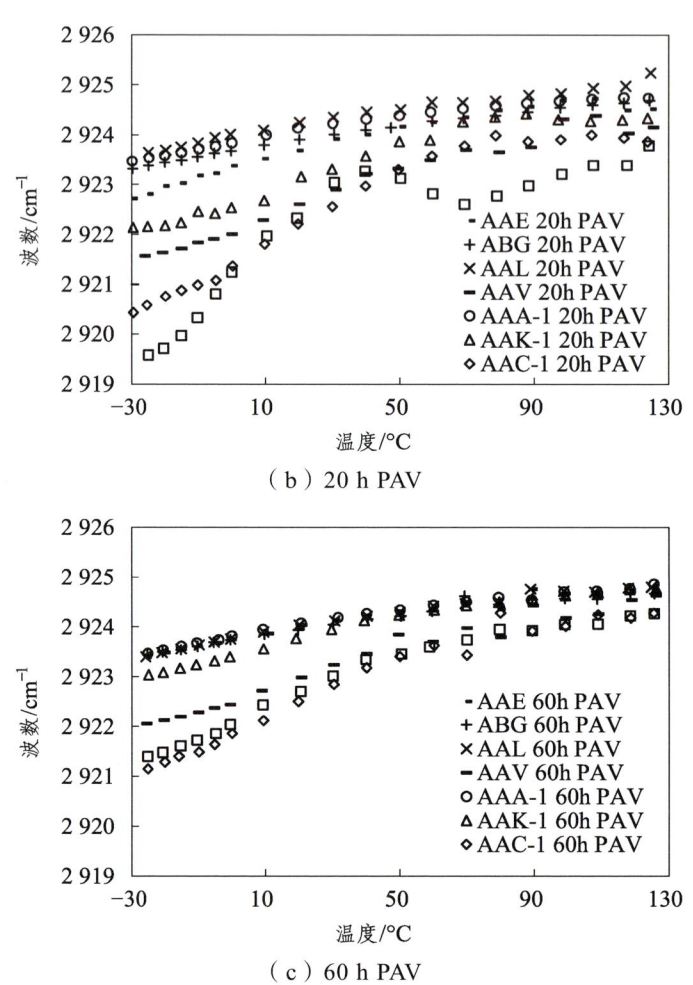

图 7-3　沥青胶结料在 $2919 \sim 2926 \text{ cm}^{-1}$ 波数范围内峰值位置偏移

图 7-4 给出了 $2919 \sim 2926 \text{ cm}^{-1}$ 处峰值位置从最高温度变化到最低温度时的总位移。一般而言，可以发现蜡含量高的沥青胶结料（例如 AAV、AAC-1 和 AAM-1）比蜡含量低的沥青胶结料平移得更多。对于沥青胶结料 AAM-1 的 20 h PAV 老化残留物，其峰值位置最大平移达到了 4.31 cm^{-1}。当沥青胶结料在压力老化箱（PAV）中氧化老化 20 h 时一般会增大峰值平

7 基于变温红外光谱技术的沥青热可逆老化机理

移的幅度，然而进一步的氧化则会呈现相反的变化趋势。AAM-1 沥青胶结料中峰值随氧化老化产生较大的偏移可能是由其结晶蜡部分的特殊分子量分布和固-固转变过程造成的。Boncheva 等[1]的研究结果表明，就固-固转变而言，当构象从正交变为面心正交时，脂类物质的平移量的数量级为 1 cm^{-1} 或更小。Snyder 等[2]的研究也表明，对于长链分子，与固-固转变相关的动能非常小，因此产生的峰值位置平移大约为 0.5 cm^{-1}。

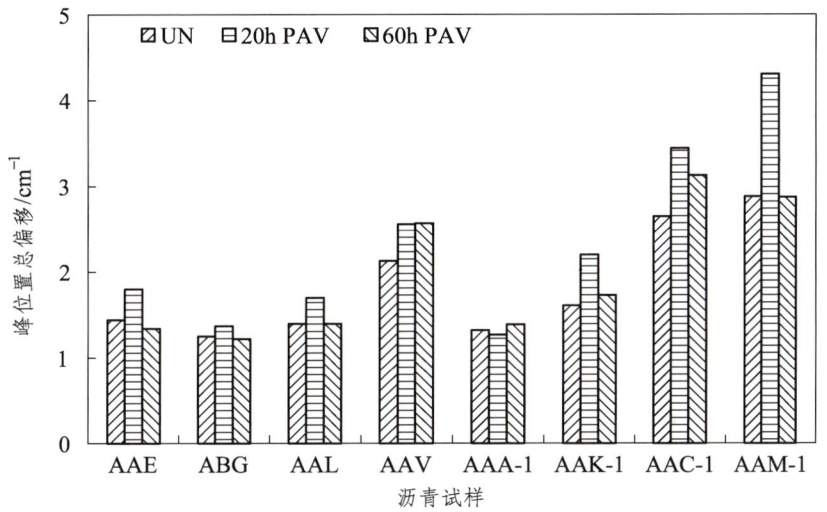

图 7-4　沥青胶结料在 2919～2926 cm^{-1} 波数范围内峰值位置的总偏移情况

沥青胶结料在压力老化箱（PAV）中经过不同的氧化老化时间（0 h、20 h 和 60 h）后，2849～2856 cm^{-1} 波数范围内峰值位置的平移如图 7-5 所示。该峰代表了沥青胶结料中 CH_2 官能团的 C—H 对称拉伸振动。除了观察到与在 2918～2926 cm^{-1} 波数范围内峰值类似的趋势外，所谓的三部分区域对于 20 h PAV AAM-1 沥青老化残留物试样来说更明显[图 7-5(b)]。此外，除了 AAM-1 沥青胶结料试样外，在此范围内，峰值位置似乎受氧化的影响较小（图 7-6）。沥青胶结料中 1373 cm^{-1} 和 1380 cm^{-1} 之间的峰值位置代表 CH_3 中的 C—H 对称弯曲振动。从图 7-7 和图 7-8 可以看出，

道路石油沥青的低温行为与热可逆老化

与前面讨论的峰相比，该区域的峰值位移通常小于 0.66 cm^{-1}，并且没有观察到明显的过渡区。Navitha 等[3]早前报道了沥青胶结料的氧化老化对峰值平移的影响，他们将这一现象归因于沥青胶结料在老化过程中形成了更多的极性组分。极性组分的形成会导致分子之间的联系增强，进而导致分子振动频率的降低。然而，本研究的结果也说明，沥青胶结料的氧化老化同样可以增强峰值位置的偏移。

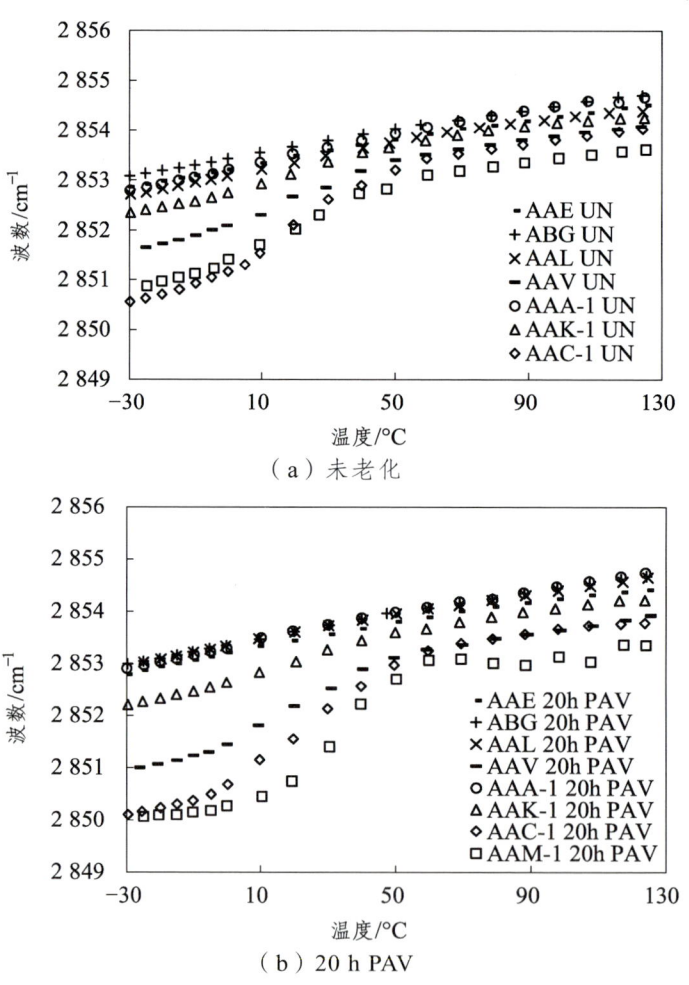

（a）未老化

（b）20 h PAV

7 基于变温红外光谱技术的沥青热可逆老化机理

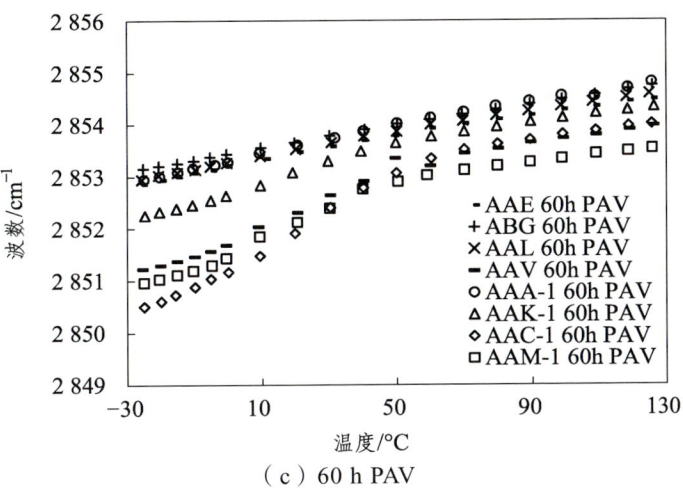

（c）60 h PAV

图 7-5　2849～2856 cm^{-1} 范围内的峰值位置偏移

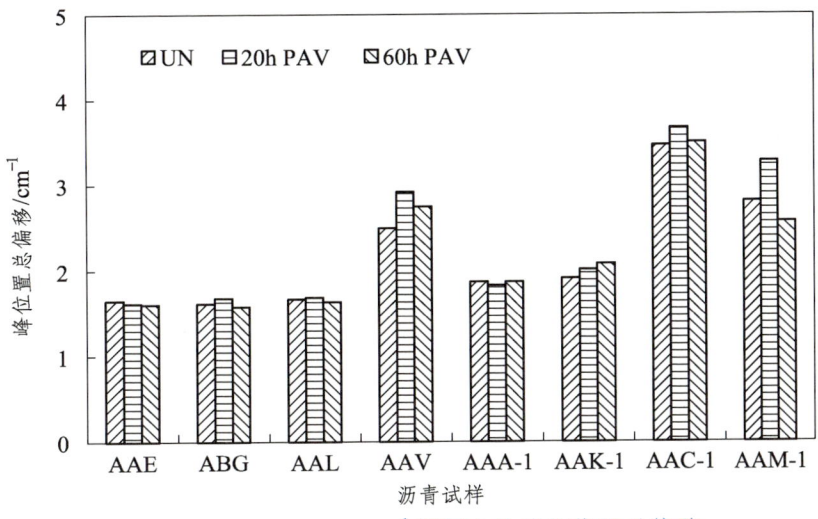

图 7-6　2849～2856 cm^{-1} 范围内的峰值位置总偏移

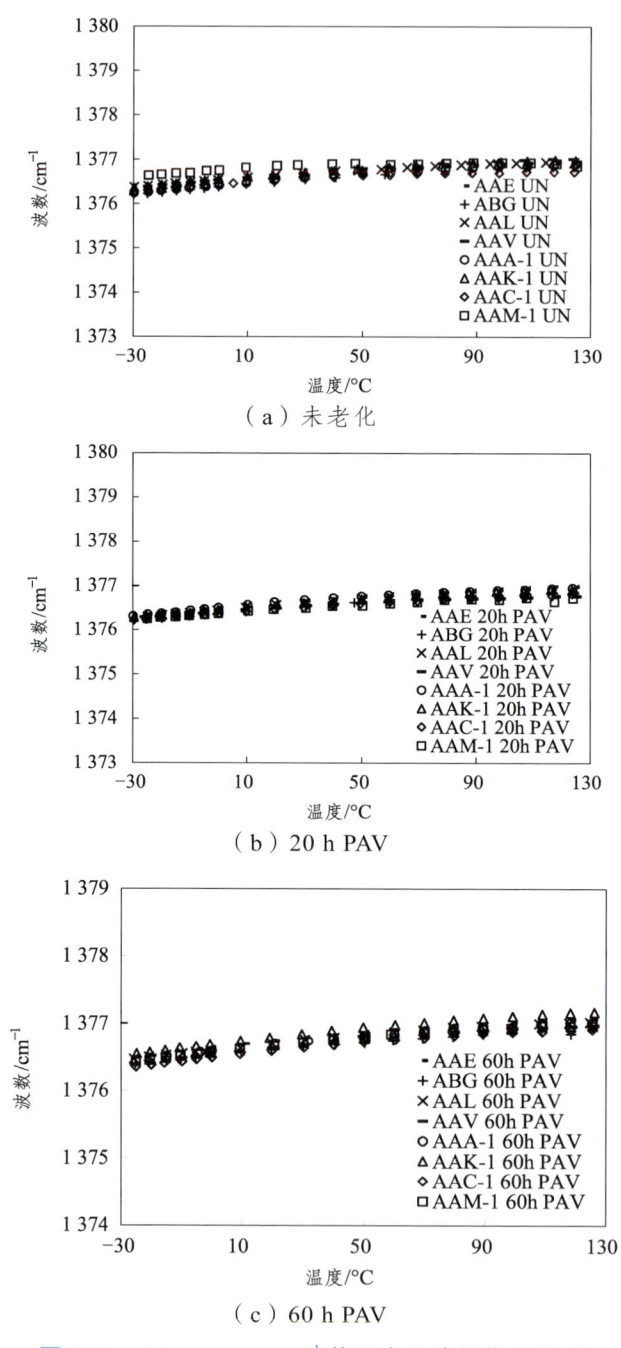

图 7-7 1373~1380 cm^{-1} 范围内的峰值位置偏移

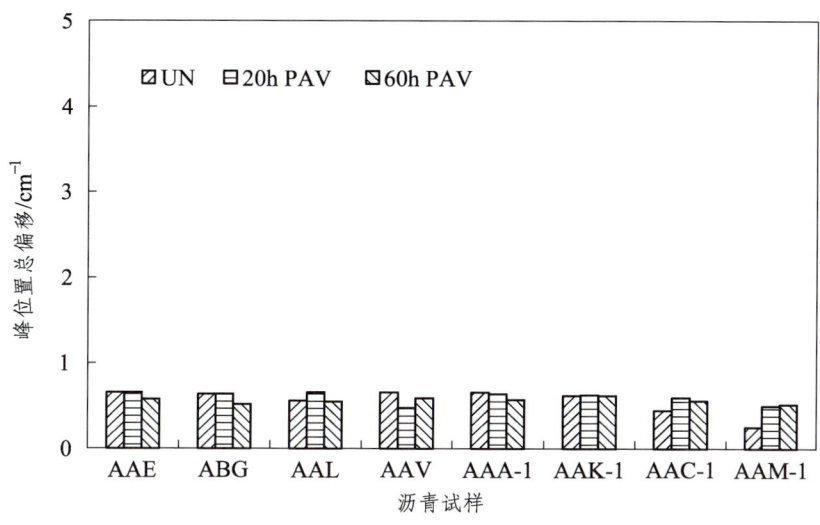

图 7-8　1373～1380 cm^{-1} 范围内的峰值位置总偏移

沥青胶结料光谱中 1456 cm^{-1} 和 1465 cm^{-1} 波数之间的峰代表 CH$_2$ 亚甲基官能团中的 C—H 剪式振动。与之前的峰不同，有趣的是观察到该峰峰值位置随着温度的降低而向更高的波数移动，并且胶结料 AAK-1 和 AAV 的波数会发生突然的跳跃（图 7-9）。对于某些沥青胶结料，在冷却过程中也可以观察到这种转变，但在 2919～2926 cm^{-1} 和 2849～2856 cm^{-1} 波数范围内的峰却观测到了相反的变化趋势。图 7-10 给出了该波数范围内代表性沥青胶结料的红外光谱。在这些光谱中观察到两个重叠的峰。随着温度的降低，左峰向左上方移动，而右峰仅向上移动。一开始，右峰较高，但当温度下降到一定程度时，左峰超过了右峰，这可以解释图 7-9 中波数的跳跃现象。根据早期对聚乙烯红外光谱的研究，峰位置的转变可归因于结晶组分的构象变化（固-固转变）。某些峰值平移到较低频率，而其他峰值平移到较高频率。这种峰值位置向更高或更低波数的移动取决于振动的性质。

道路石油沥青的低温行为与热可逆老化

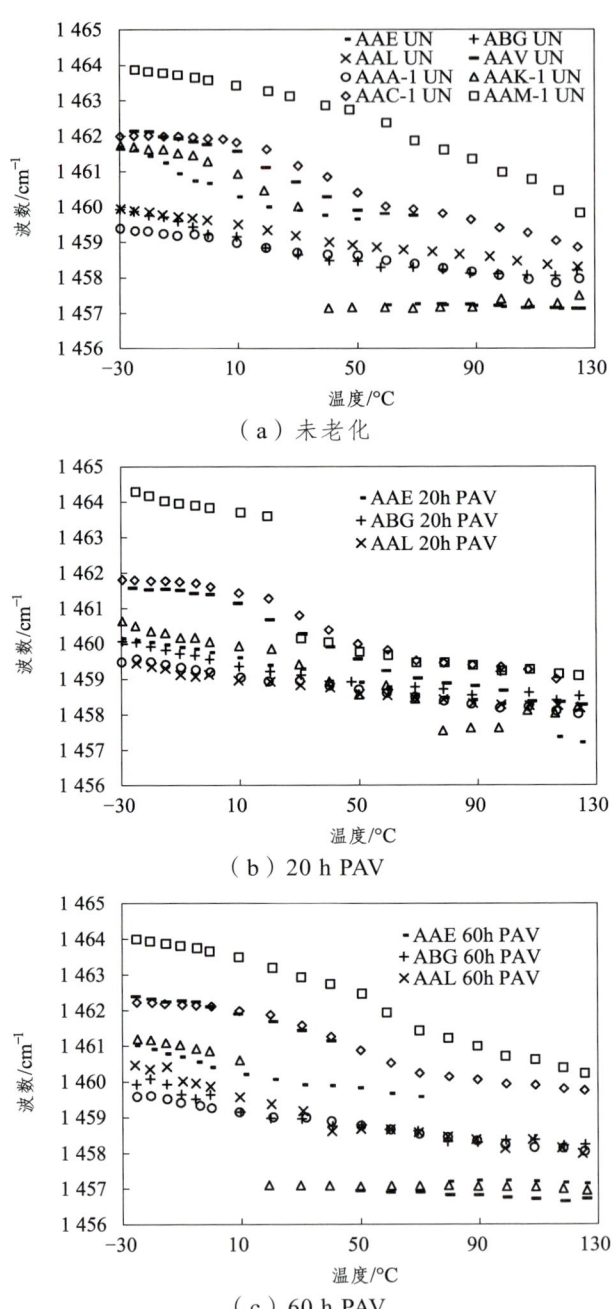

图 7-9　1456~1465 cm^{-1} 范围内的峰值位置偏移

7 基于变温红外光谱技术的沥青热可逆老化机理

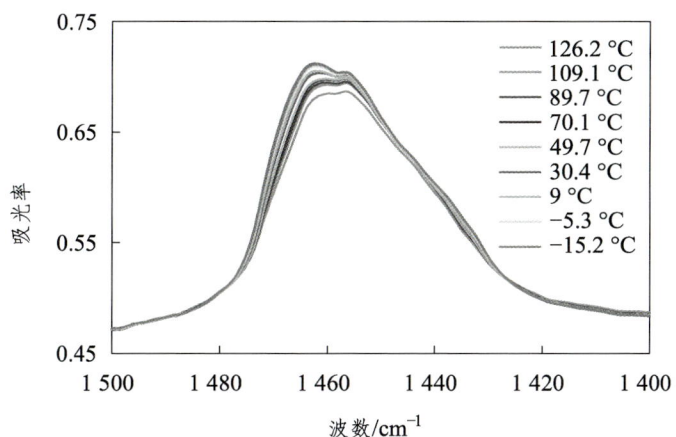

图 7-10 试样 AAK-1 经过 60 h PAV 氧化老化后残留物在不同温度下的红外光谱

红外光谱 $3121~\text{cm}^{-1}$ 至 $2746~\text{cm}^{-1}$ 的频率范围反映了沥青胶结料中亚甲基(CH_2)官能团的振动。积分面积通过将每个温度下的相应积分面积除以冷却过程中的最大值峰值面积进行归一化处理。图 7-11 给出了 $3121~\text{cm}^{-1}$ 和 $2746~\text{cm}^{-1}$ 之间归一化峰面积的温度依赖性。对于未老化的样品，可以看到当沥青胶结料从 125 °C 冷却到 60 °C 时，不同的沥青胶结料具有不同的归一化峰面积。大多数沥青胶结料在接近 60 °C 的温度时会发生一个转变。AAK-1 未老化沥青胶结料峰面积从 125 °C 降温到 60 °C 时显著增加，并且峰面积在 60 °C 以下几乎保持不变。相比之下，试样 AAM-1 的峰面积在整个温度范围内没有明显变化。预期 C—H 拉伸振动的强度会随着温度的降低而增强，因为与流体状态相比，固体振动强度约高出 50%。可以观察到试样 AAK-1 的红外光谱中某些峰的强度对温度较为敏感，这可能是由于其特殊的化学组成（即高钒和可能的卟啉含量）以及生产工艺。对于压力老化箱（PAV）氧化老化 20 h 的沥青残留物，AAC-1、AAV、AAL 和 AAE 的第一个测试点呈现出不同的变化趋势，可能是由于测试仪器的不稳定。三种高蜡沥青胶结料（AAV、AAC-1 和 AAM-1）呈现出完全不同的温度依赖性。对于试样 AAV，峰面积首先随着温度的降低而缓慢增加，然后在 30 °C 和 − 20 °C 时两次急剧下降。对于试样 AAC-1，峰面积先逐渐减小，然后在 30 °C 后保持稳定。对于试样 AAC-1，峰面积也是先逐渐减小，然后在 30 °C 后保持稳定。对于试样 AAM-1，当温度从 120 °C 降低到 20 °C 时峰面积快速增加，然后在较低温度下保持稳定。对于经过 60 h 压力老化箱（PAV）氧化老化的试样，有趣的是，除了来自劳埃德明斯特来源的样品 AAA-1 外，所有的沥青胶结料峰面积仅显示出轻微的温度依赖性。试样 AAA-1 的峰面积随着温度的降低而减小，而在 100 °C 以下几乎保持不变。

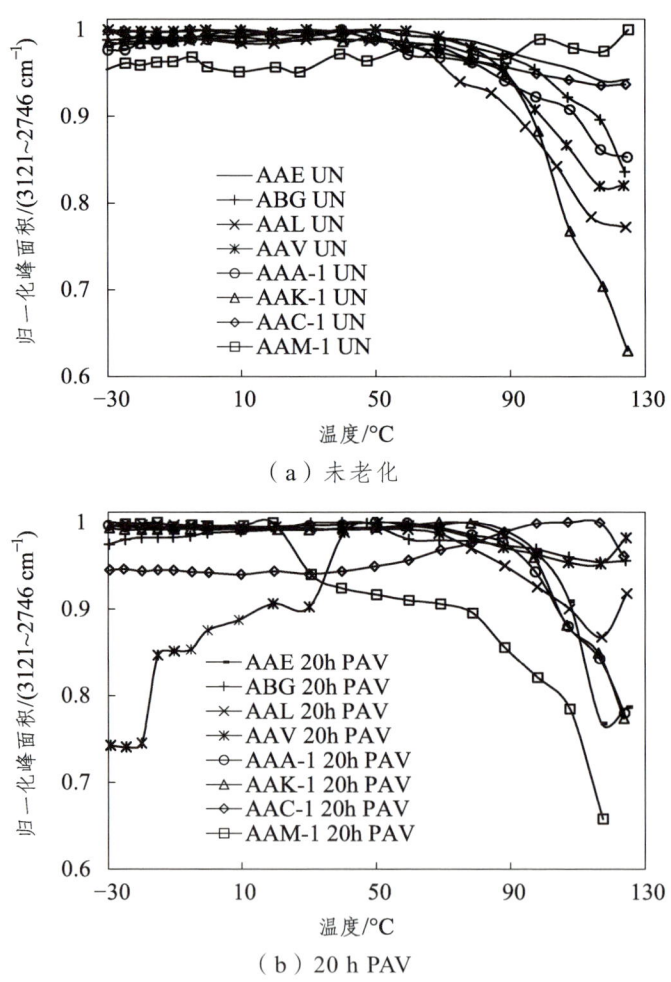

（a）未老化

（b）20 h PAV

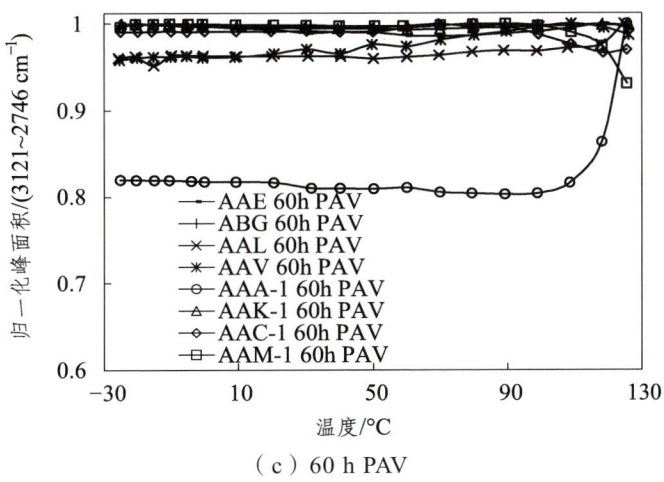

（c）60 h PAV

图 7-11　$3121 \sim 2746 \ cm^{-1}$ 范围内的归一化峰面积

7.3　变温红外光谱蜡含量定量方法

在每次测试开始时，首先将试样加热至 + 130 ℃，然后以大约 0.5 ℃/min 的速率冷却至 – 25 ℃。从 130 ℃ 到 0 ℃ 范围内，以 10 ℃ 的间隔记录光谱，并在光谱采集前采用 5 min 的恒温养护时间。在 0 ℃ 和 – 25 ℃ 之间，选择了 5 ℃ 的间隔以获得更准确的沥青蜡含量。

沿着 Roehner 和 Hanson 以及 Smith 等的早期工作，根据 Oh 基于原油提出的计算方法计算所有沥青胶结料的固体结晶蜡含量[4]。简言之，对 $1402 \ cm^{-1}$ 和 $1324 \ cm^{-1}$（S_1）及 $735 \ cm^{-1}$ 和 $715 \ cm^{-1}$（S_2）之间的红外光谱峰面积进行积分。计算换算光谱面积 S_2/S_1 来确定蜡析出温度（WPT）以及固体蜡含量。S_2/S_1 与温度关系曲线的两条趋势线的交点为蜡析出温度。根据如下公式计算沥青胶结料中的固体蜡含量：

$$\omega_{wax} = 1.2 \left(\frac{S_2}{S_1} - \frac{S_2}{S_1} \bigg|_e \right) \qquad (7-1)$$

式中：ω_{wax} 为沥青胶结料中固体蜡含量；S_2/S_1 为测得的换算光谱面积；下标 e 表示从液态线性外推的换算光谱面积。对 VT-FTIR 确定的沥青胶结料中固体蜡含量的重复性进行了验证，重复性一般优于 1%。

为了清楚地表明 701 cm^{-1} 到 735 cm^{-1} 峰面积和形状随温度的变化，图 7-12 和图 7-13 分别给出了国产克拉玛依沥青和阿尔伯塔冷湖沥青（两种沥青具有相同的常规低温性能分级）在 7 个不同温度下的红外光谱。对于国产克拉玛依沥青，可以明显看出在高温下，720 cm^{-1} 位置附近仅存在一个峰。该峰是由 4 个以上连续相连的亚甲基（—CH$_2$—）长链烃，如正构烷烃所引起，其选择性地吸收大约 720 cm^{-1} 处的红外线，以激发烃链的摇摆振动模式。随着温度的降低，在光谱的 730 cm^{-1} 附近观察到第二个峰的出现。从文献回顾来看，第二峰的出现与固体结晶蜡的形成有关。在结晶蜡中，720 cm^{-1} 处的吸收带在 730 cm^{-1} 和 722 cm^{-1} 处分裂为两个吸收带，这是由于晶格中紧密堆积的正构烷烃链之间存在明显的同相共振和异相共振。重叠峰可以通过解卷积分解为三个分解峰，如图 7-14 所示。与国产克拉玛依沥青相比，阿尔伯塔冷湖沥青即使在 −30 ℃ 的低温下也没有出现第二峰。此外，两种胶结料的峰强和面积均随温度的降低而增加，这可以归因于摩尔吸收系数的增加以及固相的产生。

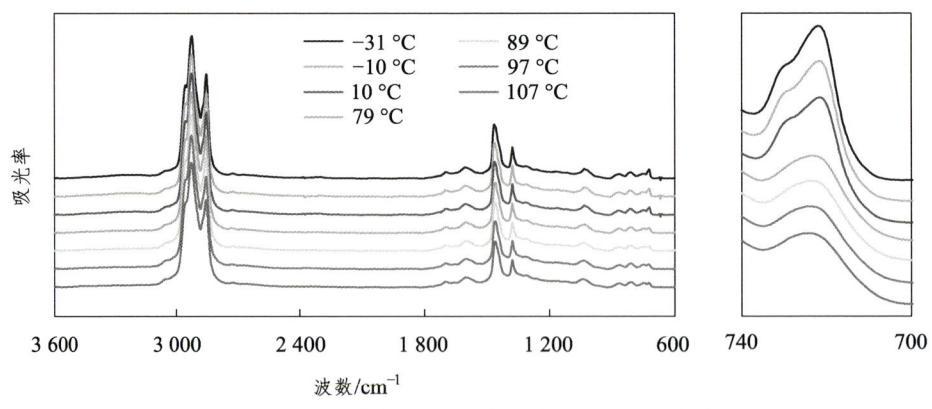

图 7-12　国产克拉玛依沥青的变温红外光谱结果

7 基于变温红外光谱技术的沥青热可逆老化机理

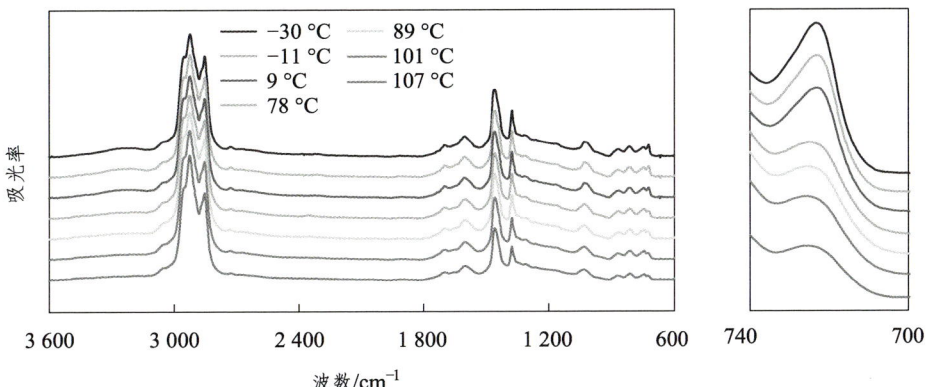

图 7-13 阿尔伯塔冷湖沥青的变温红外光谱结果

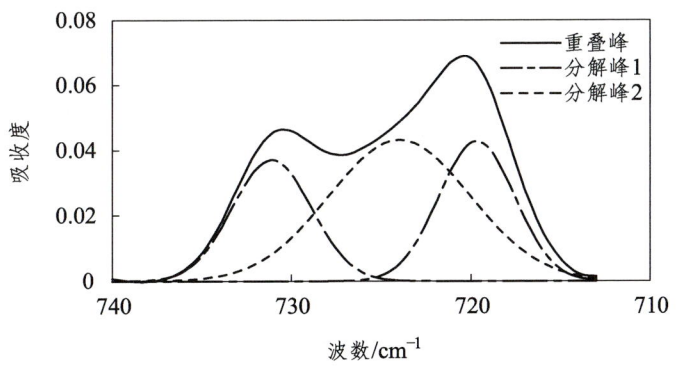

图 7-14 三组分体系中重叠峰的解卷积

图 7-15 给出了此处研究中采用的两种胶结料换算峰面积 S_2/S_1 随温度变化的更详细的分析。两种胶结料的换算峰面积随着温度的降低而线性增加。可以明显看出，在蜡析出温度（WPT）前后存在两条明显的趋势线。在低于 WPT 的温度下，沥青胶结料的趋势线斜率急剧增加。国产克拉玛依沥青和阿尔伯塔冷湖沥青相应的蜡析出温度分别为 56.1 ℃ 和 32.1 ℃。较高的蜡析出温度对沥青路面的性能不利，因为较高的蜡析出温度表明沥青胶结料更容易出现相分离和形成凝胶结构。在蜡析出温度之前，国产克

拉玛依沥青和阿尔伯塔冷湖沥青的斜率几乎相同,而在蜡析出温度以后,国产克拉玛依沥青的斜率明显高于阿尔伯塔冷湖沥青。这表明国产克拉玛依沥青在低于蜡析出温度后析出了更多的固体蜡。尽管在阿尔伯塔冷湖沥青中并没有观察到第二峰的形成,但斜率的变化明显对沥青胶结料中固体结晶蜡的形成更加敏感。

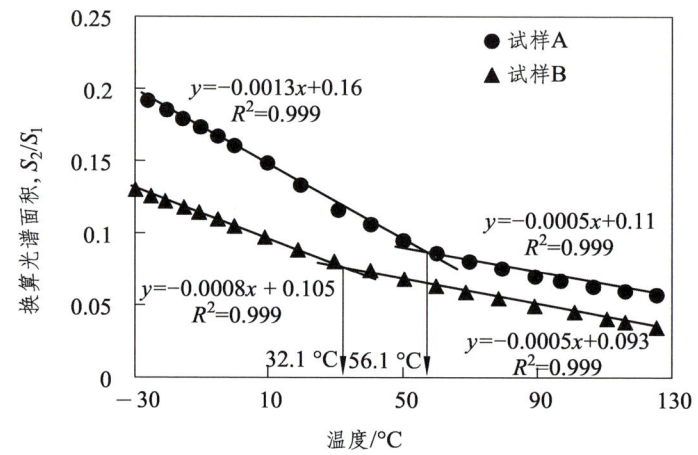

图 7-15 国产克拉玛依沥青(试样 A)和阿尔伯塔冷湖沥青(试样 B)在不同温度下的换算光谱面积

图 7-16 和图 7-17 分别给出了所选纯正构烷烃在两个代表性温度(125 ℃ 和 -25 ℃)下的红外光谱。正如预期,在高温下的吸收峰强度和面积明显低于低温下的吸收峰强度和面积。这意味着使用红外光谱方法在高温下很难检测到沥青胶结料中的蜡,因为高温下该技术对蜡的敏感性较差。此外,除了 $C_{20}H_{42}$ 外,720 cm^{-1} 处的单峰在低温下分裂成两个,第二峰的强度随碳数的增加而增加。在低温下,$C_{32}H_{66}$ 在大约 1640 cm^{-1} 处出现两个小的吸收峰,这是由长期低温期间的水蒸气凝结引起的。

7 基于变温红外光谱技术的沥青热可逆老化机理

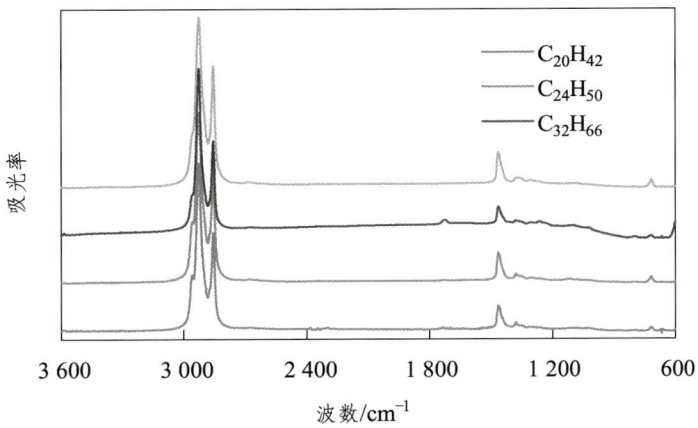

图 7-16　在 125 ℃ 时的正构烷烃红外光谱

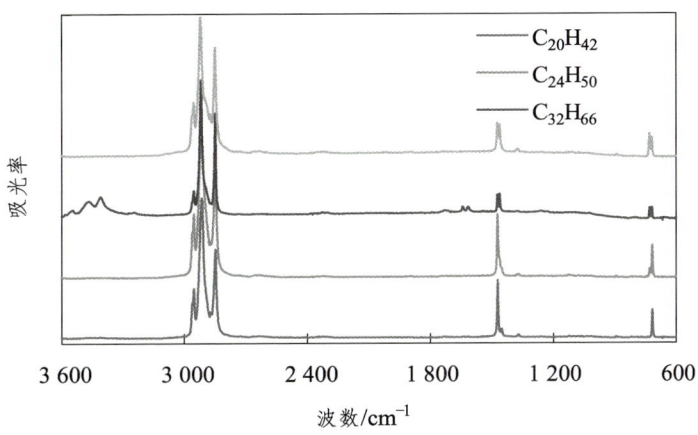

图 7-17　在 –25 ℃ 时的正构烷烃红外光谱

此处研究中使用的 4 种正构烷烃换算光谱面积与温度之间的关系如图 7-18 所示。4 种正构烷烃在高温下的换算光谱面积几乎相同。结晶后，所有正构烷烃的换算光谱面积表现出一个陡增，且在较低的温度下几乎保持恒定。$C_{20}H_{42}$、$C_{24}H_{50}$、$C_{32}H_{66}$ 和 $C_{40}H_{82}$ 的结晶温度分别为 40.5 ℃、49.9 ℃、78.9 ℃ 和 87.9 ℃。此外，$C_{32}H_{66}$ 在低温下的换算光谱面积最大，其次是 $C_{24}H_{50}$ 和 $C_{20}H_{40}$。出乎意料的是，$C_{40}H_{82}$ 在低温下的换算光谱面积最小。

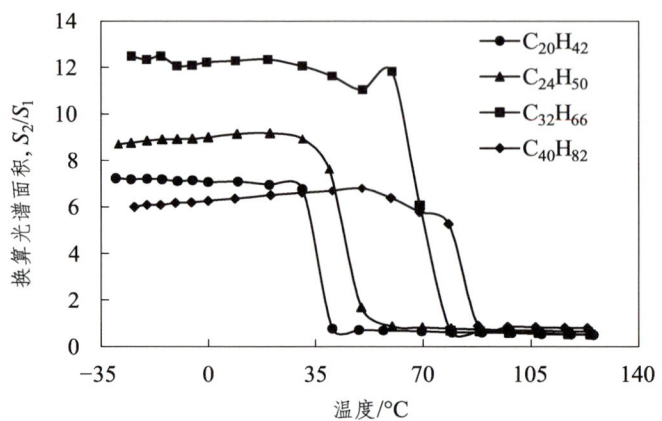

图 7-18 纯正构烷烃的变温红外光谱

含有不同比例纯正构烷烃的阿尔伯塔冷湖沥青换算光谱面积如图 7-19 所示。随着温度进一步降低，正构烷烃逐渐从基质沥青中析出，除 $C_{20}H_{42}$ 外，所有正构烷烃的换算光谱面积均存在陡增的现象，这可能是由于 $C_{20}H_{42}$ 仍然保持无定形态及溶于沥青基体。含有不同比例正构烷烃的沥青胶结料的蜡析出温度几乎相同，分别为 29.7 ℃（$C_{20}H_{42}$）、30.5 ℃（$C_{24}H_{50}$）、49.7 ℃（$C_{32}H_{66}$）和 69.8 ℃（$C_{40}H_{82}$）。这些沥青胶结料的蜡析出温度明显低于相应纯正构烷烃的结晶温度，这可能是由于正构烷烃在基质沥青中的溶解性以及动力学/扩散效应。一般来说，在低温下，随着正构烷烃的加入，沥青的换算面积明显增加。对于 $C_{20}H_{42}$，换算光谱面积与温度的关系曲线图几乎重叠，特别是添加剂的剂量超过 3%时，且并不会出现固体晶体形成导致换算光谱面积的陡增。这是由于 $C_{20}H_{42}$ 石蜡和阿尔伯塔冷湖基质沥青之间良好的相容性。其他 3 种纯正构烷烃掺杂的胶结料存在明显的过渡区，这与此处研究中使用的两种商业沥青胶结料不同。在低温范围内，所有掺正构烷烃胶结料换算光谱面积的线性增加使得可以采用 Oh 提出的关系式来量化沥青胶结料中的固体结晶蜡含量。

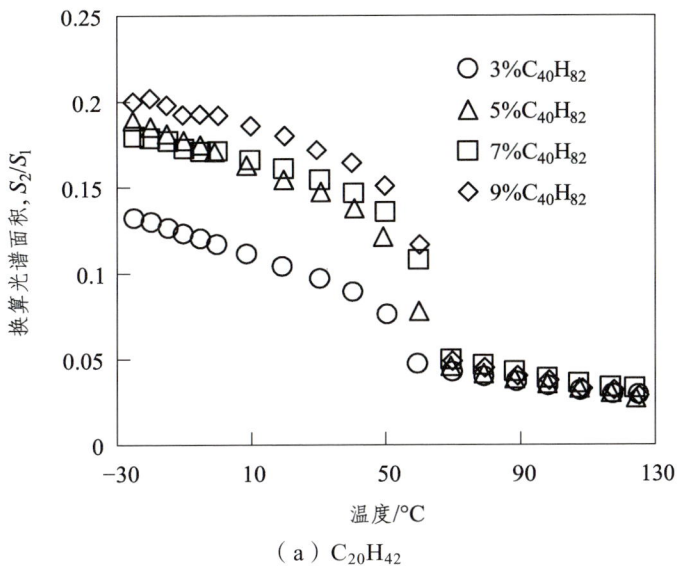

（a）$C_{20}H_{42}$

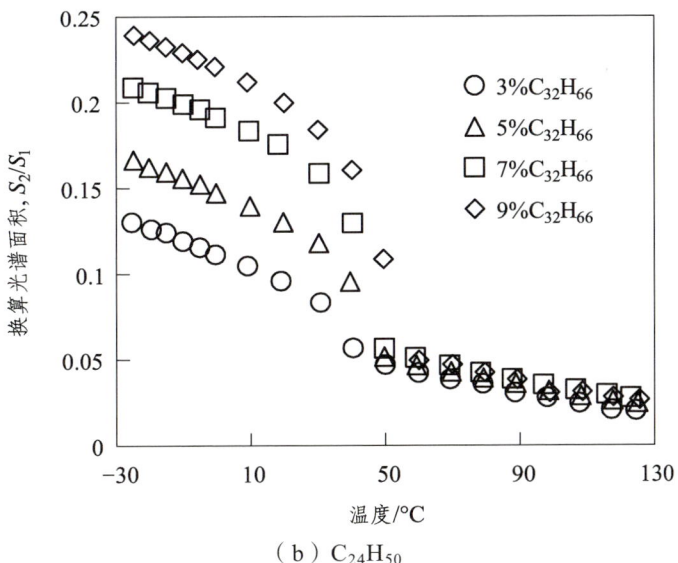

（b）$C_{24}H_{50}$

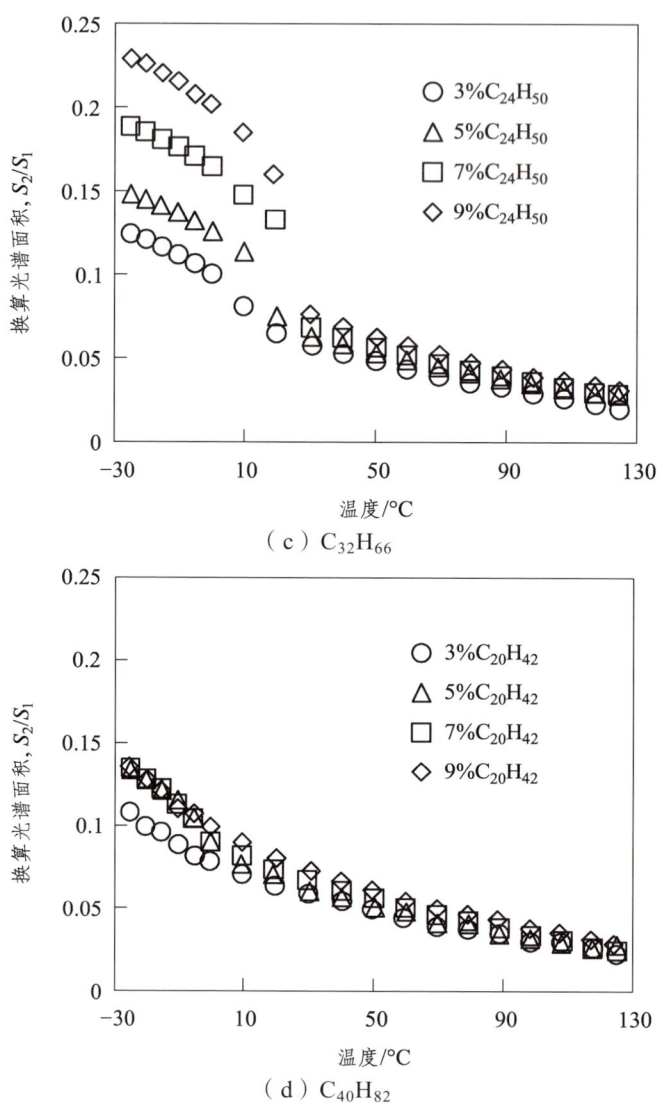

图 7-19　正构烷烃对阿尔伯塔冷湖沥青换算光谱面积的影响

为了研究热历史对纯正构烷烃熔化焓的影响，使用了两种冷却速率，升温过程的总热流曲线如图 7-20 所示。可以看出，冷却速率对 $C_{20}H_{42}$、$C_{24}H_{50}$ 和 $C_{40}H_{82}$ 的熔化峰没有显著影响。然而，对于 $C_{32}H_{66}$，较慢的冷却速率在熔化时显示出略高的热信号，这可能是由于在缓慢冷却过程中蜡晶体的重组。有趣的是，$C_{24}H_{50}$ 和 $C_{32}H_{66}$ 各有一个峰，另外两个正构烷烃显示有两个峰，其中一个峰可以归因于结晶蜡的固-固转变，而另一个峰可归因于蜡的熔解。根据 Schaeer 等[5]的研究，碳数为 C_{21} 到 C_{36} 的正构烷烃在低于其熔点的某个温度下存在明显的转变。在熔点以下稳定的 α 相转变为 β 相，并且在转变的过程中伴随着大量热量的释放。

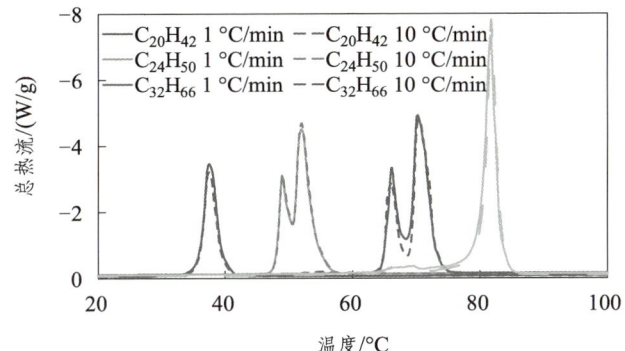

图 7-20　纯正构烷烃在以 1 °C/min 和 10 °C/min 降温速率冷却后再升温的过程（速率为 5 °C/min）

阿尔伯塔冷湖沥青及其含不同正构烷烃掺量的沥青胶结料热特性如图 7-21 所示。在基质沥青中并没有发现 DSC 可检测到的结晶组分。通常，添加正构烷烃会增加结晶蜡的熔化温度，并且增加的幅度取决于正构烷烃的碳数。碳数越低，熔化温度升高越明显。对于掺 5%正构烷烃的沥青胶结料，$C_{20}H_{42}$、$C_{24}H_{50}$、$C_{32}H_{66}$ 和 $C_{40}H_{82}$ 的熔化温度分别为 22.3 °C、36.4 °C、57.6 °C 和 73.3 °C。较高的熔化温度对沥青路面性能产生不利的影响，因为即使在炎热的夏季，固体蜡也不能在沥青胶结料中熔化。随着正构烷烃的加入，吸热峰增加，这使得量化沥青胶结料中固体结晶蜡含量成为可能。然而，与在纯 $C_{20}H_{42}$ 中观察到的单个吸热峰（图 7-20）不同，当 $C_{20}H_{42}$ 在沥青中含量超过 3%时会出现两个重叠峰。此外，纯直链石蜡 $C_{24}H_{50}$ 和 $C_{32}H_{66}$ 中可以观察到两个峰，而在相应的沥青胶结料中却并没有观察到。如前所述，固-固转变和形成更完美的晶体可以解释沥青胶结料中出现的这些现象。

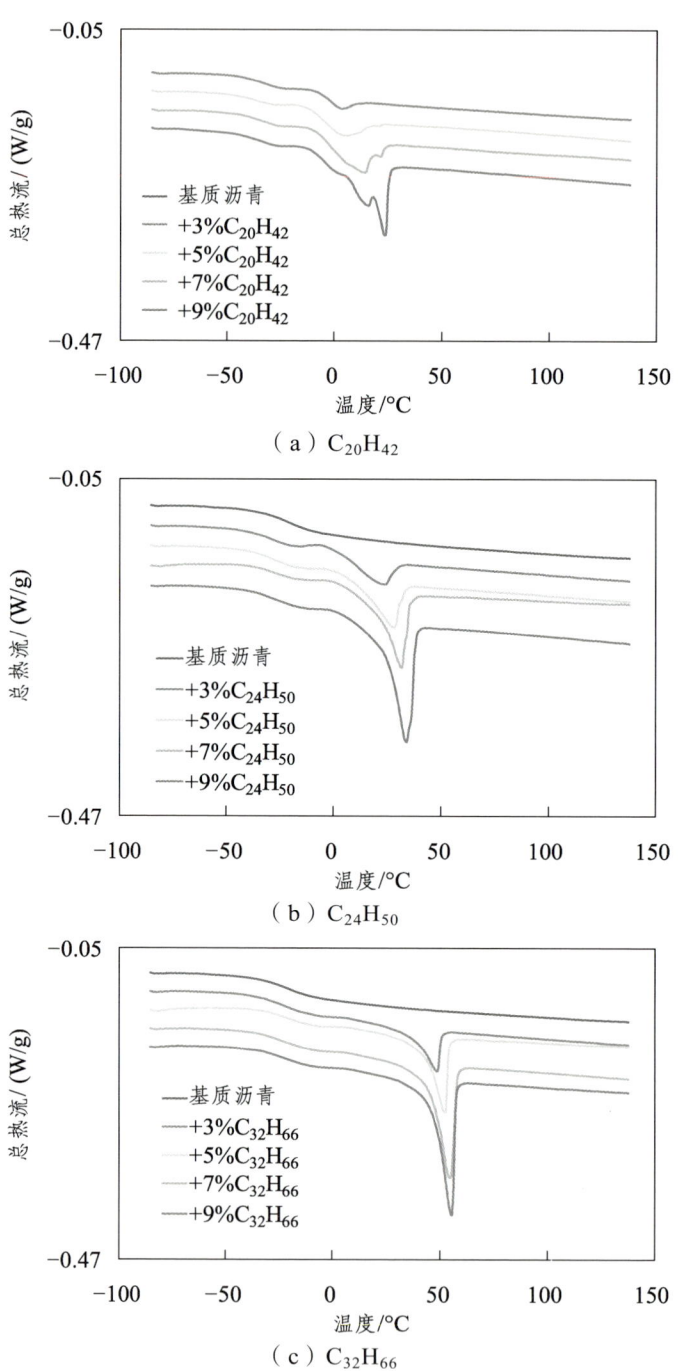

(a) $C_{20}H_{42}$

(b) $C_{24}H_{50}$

(c) $C_{32}H_{66}$

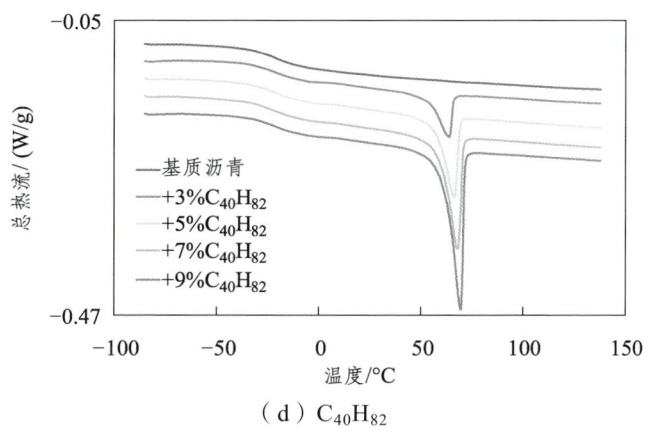

(d) $C_{40}H_{82}$

图 7-21　含不同掺量正构烷烃的阿尔伯塔冷湖沥青的热信号

为了探索通过显微成像技术来定量分析沥青胶结料中固体结晶蜡的可行性，作为研究的初步阶段，本研究仅测试了含有 0%、3%和 7%$C_{40}H_{82}$的基质沥青，试验结果如图 7-22 所示。与 DSC 结果一致，阿尔伯塔冷湖沥青中并没有清晰可见的结构。然而，当将 3%的 $C_{40}H_{82}$ 添加到基质沥青中时，可以明显观察到大量孤立的颗粒状物质，并均匀分散在整个沥青胶结料中。当在阿尔伯塔冷湖沥青中添加 7%的 $C_{40}H_{82}$ 后，可以明显观察到更大的凝聚物及针状结构均匀地分散在胶结料中。尽管晶体结构随着纯正构烷烃的加入而增加，但没有合适的参数来量化固体蜡的量。特别是，很难将晶体结构与沥青胶结料中存在的沥青质相区分开来。因此，后续应进一步采用 CSLM 成像技术来定量研究沥青胶结料中的固体蜡含量。

(a) 阿尔伯塔冷湖沥青

(b)阿尔伯塔冷湖沥青＋3%$C_{40}H_{82}$

(c)阿尔伯塔冷湖沥青＋7%$C_{40}H_{82}$

图 7-22　蜡对沥青胶结料显微图像的影响

计算得到的固体蜡含量和换算光谱面积与温度关系的结果如图 7-23 所示。通过 VT-FTIR 计算得到的固体蜡含量及换算光谱面积均随着温度的降低而增加。这表明，当温度降低时，更多的固体蜡从沥青胶结料基体中析出。与未能捕获这一重要趋势的 DSC 方法相比，这是 VT-FTIR 方法的一个明显优势。从趋势线的斜率可以看出，含低碳数正构烷烃沥青胶结料的固体结晶蜡含量对温度变化更为敏感。

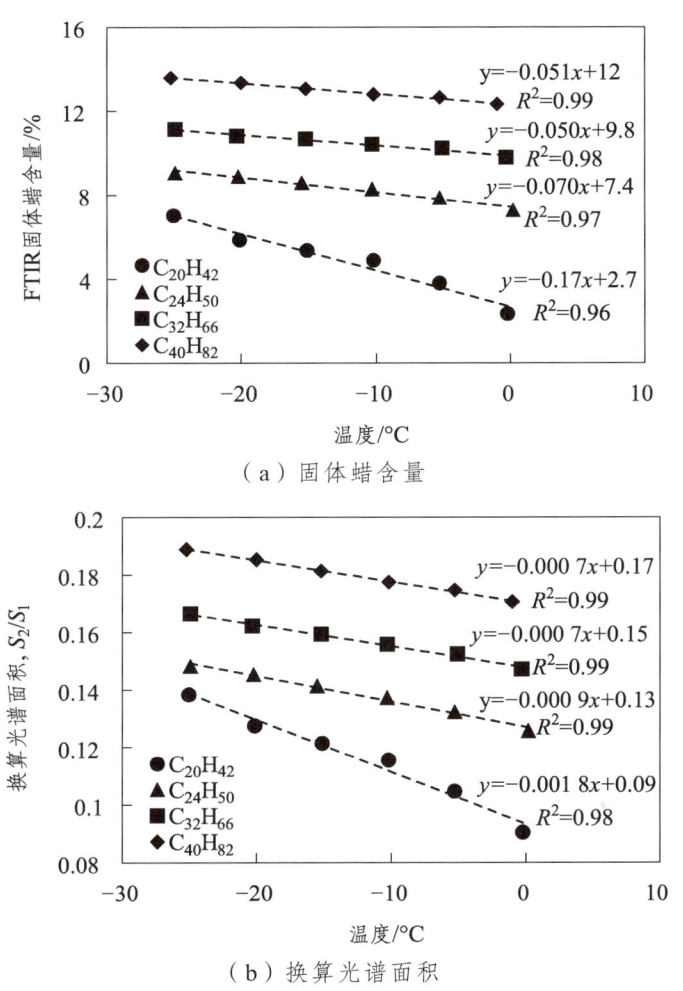

(a) 固体蜡含量

(b) 换算光谱面积

图 7-23 含 5%不同正构烷烃阿尔伯塔冷湖沥青的 FTIR 结果

考虑到不同温度下计算得到的 VT-FTIR 固体蜡含量与换算光谱面积具有很高的相关性，此处仅采用 0 ℃ 下得到的 VT-FTIR 结果进行比较。图 7-24 给出了根据 VT-FTIR 结果计算得到的 0 ℃ 蜡含量与实际添加蜡含量之间的关系。从该图中可以得出两个主要结论。首先，VT-FTIR 固体结晶蜡含量和换算光谱面积都与沥青胶结料中添加蜡的百分比成正比。其次，随着正构烷烃碳数的增加，可以获得更高的固体蜡含量和换算光谱面积，这意味着 VT-FTIR 方法对具有不同碳数正构烷烃的溶解性差异敏感。值得注意的是，随着添加 7%和 9%的 $C_{40}H_{82}$，VT-FTIR 固体蜡含量和换算光谱面积存在突然降低或减小的趋势，并且该结果是可重复的。这可能部分是由于纯 $C_{40}H_{82}$ 的换算光谱面积较低。随着沥青胶结料生产技术的改进，目前使用的大部分胶结料蜡含量都在 7%以下，因此这种异常并不会影响 VT-FTIR 对固体蜡含量定量的实用性。

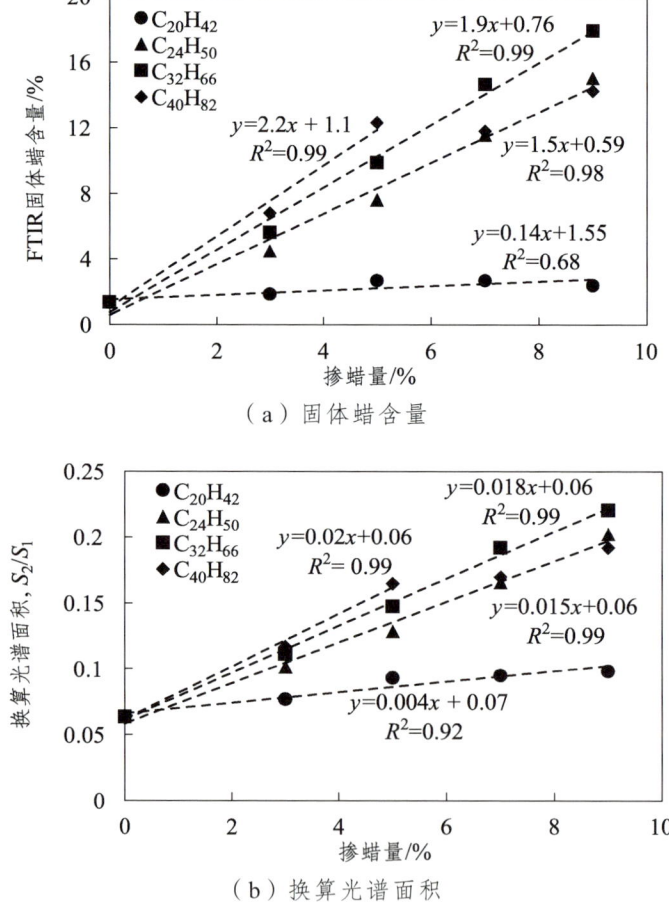

图 7-24　VT-FTIR 方法得到的 0 ℃下的蜡含量与实际添加蜡掺量之间的关系

为了进一步研究 VT-FTIR 方法的有效性，比较了采用三种不同方法获得的 SHRP 沥青胶结料蜡含量，结果如图 7-25 所示。从比较中可以明显看出，VT-FTIR 固体蜡含量与通过低温溶剂沉淀和 DSC 方法获得的蜡含量具有很高的相关性，这也与预期的结果一致。AAG-2 是一个异常数据点，与溶剂沉淀法和 DSC 方法相比，AAG-2 通过 VT-FTIR 获得的固体蜡含量极高。对于这个异常值，VT-FTIR 结果似乎很好地解释了 AAG-2 制备的沥青混合料较差的低温抗裂性[6]，这是一个值得进一步研究的问题。沉淀法蜡含量来自 SHRP 研究报告[7]，而 DSC 数据来自 Robertson 等[8]的出版物。除了 DSC 法常用的 200J/g 熔化焓计算蜡含量外，此处也采用了 139J/g 的熔化焓[9]来重新计算蜡含量。可以看出，VT-FTIR 固体蜡含量更接近使用较低熔化焓计算得到的沥青蜡含量。为了在 DSC 中获得更强的热信号，通常采用更快的降温/升温速率，但这些会降低 DSC 热信号的分辨率。相比之下，VT-FTIR 方法不受较慢冷却速率的影响，使其更适合未来的沥青胶结料动力学研究。

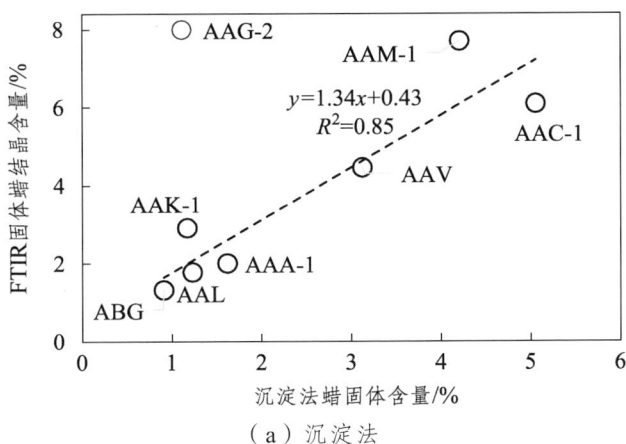

（a）沉淀法

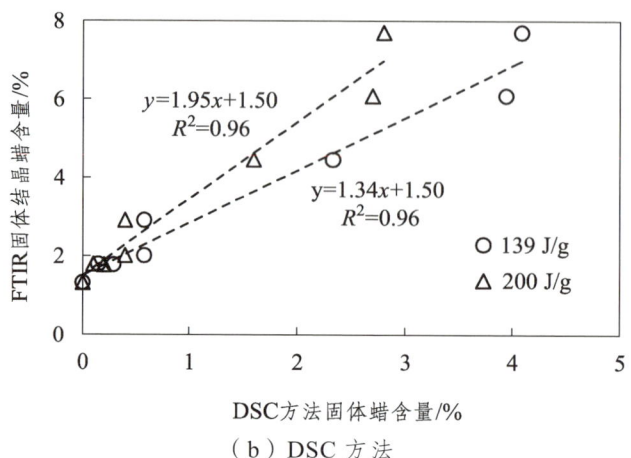

（b）DSC 方法

图 7-25　VT-FTIR 方法与其他方法获得的固体结晶蜡含量比较

注：图 7-25（b）中使用的胶结料与图 7-25（a）中的胶结料相同。为了更好地观察趋势，将图 7-25（b）中的标签省略。

7.4　热历史对蜡析出与熔解温度的影响

图 7-26 中显示了未经过低温养护时，某未知来源沥青（针入度为 124 mm，性能分级为 PG64-34）温度从 −30 ℃ 增加到 +80 ℃ 的换算光谱面积随温度的变化。简言之，将胶结料试样在烘箱中加热至 140 ℃ 并恒温养护 10 min 以熔化所有的结晶结构。随后将试样置于变温红外光谱样品架上，并迅速冷却至 −30 ℃，恒温 10 min 后进行光谱采集。通过每隔一定温度范围采集光谱数据，将样品逐步加热至 +80 ℃。可以明显看出，换算光谱面积与温度之间的关系在蜡熔化前后均遵循线性关系。蜡熔解温度（WMT）前的斜率高于蜡消失后的斜率。换算光谱面积与温度关系图中的斜率显著变化可以部分归因于长链亚甲基固相中的碳摇摆振动比液体中的强 50%[10]。测得的换算光谱面积与液态蜡换算光谱面积线性外推之差也与固体蜡有关。Roehner 和 Hansen[10] 从他们对文献的回顾中得出结论：观察到的长链亚甲基碳摇摆振动模式强度随温度降低而增强，主要原因是增加的固体结晶物、液态中构象有序性增加和长链亚甲基固相（非晶相和结晶

相)固有强度变化之间复杂的相互作用。固体蜡含量随温度升高呈线性降低的趋势。当温度达到 40 ℃ 后,固体结晶蜡全部消失。

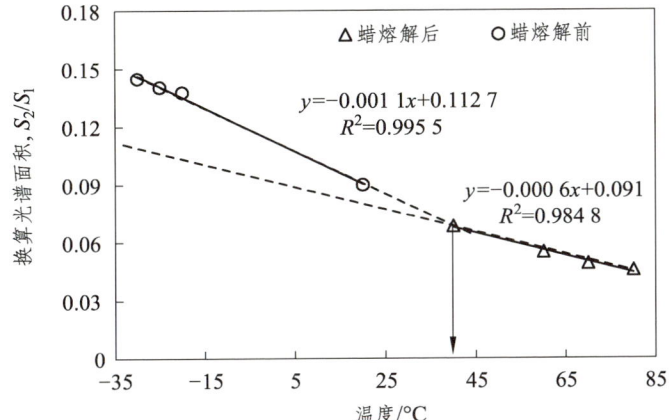

图 7-26　未知来源沥青老化残留物从 -30 ℃ 加热到 +80 ℃(未经长期恒温养护)时的蜡熔化过程 (WMT 为 43.4 ℃)

有趣的是,从图 7-27 中可以看出,当在 -10 ℃ 下恒温养护 10 h 后,未知来源沥青试样的固体蜡即使在 +80 ℃ 温度下也不会完全熔化。一种合理的解释是,经过沥青胶结料 -10 ℃ 下的持续低温养护,其中的蜡晶体的尺寸增加,结晶蜡结构从不完美状态转为更完美的状态。

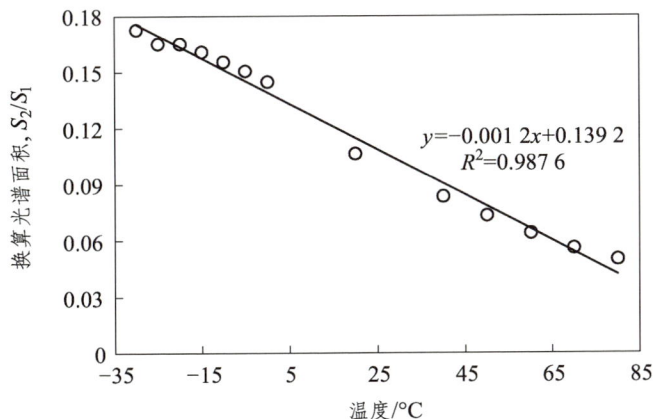

图 7-27　未知来源沥青老化残留物从 -30 ℃ 加热到 +80 ℃
　　　　(-10 ℃ 下养护 10 h)时的蜡熔化过程

在 –18 ℃ 下养护 72 h 后，阿尔伯塔冷湖沥青（针入度 130 mm，性能分级为 PG58-28，蜡含量为 1.23%，熔点温度为 43.9 ℃）的 PAV 老化残留物从 –30 ℃ 升温到 +80 ℃ 的蜡熔化过程如图 7-28 所示。即使在 –18 ℃ 下低温储存 72 h 后，阿尔伯塔冷湖沥青中也看不到固体蜡峰。这再次体现了阿尔伯塔冷湖沥青胶结料的优越性能。

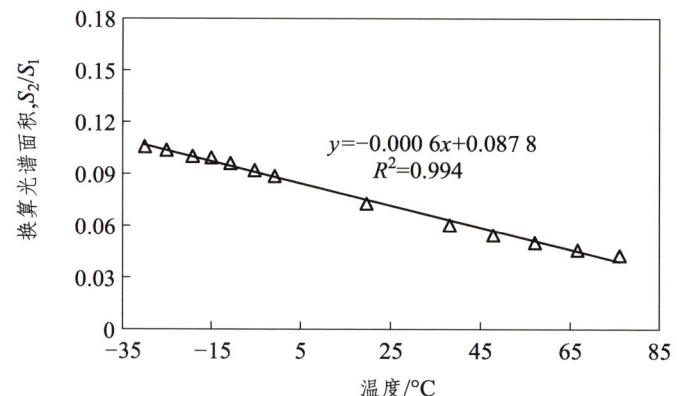

图 7-28　阿尔伯塔冷湖沥青 PAV 老化残留物在 –18 ℃ 的冰箱中储存 72 h 后接着从 –30 ℃ 升温到 +80 ℃ 的变温红外光谱结果

为了比较两种具有完全不同可逆老化程度的沥青胶结料之间的差异，在 –10 ℃ 的储存温度下，在不同的时间长度下间歇性地记录了优质委内瑞拉泻湖沥青和劣质未知来源沥青的红外光谱。图 7-29 和图 7-30 分别显示了计算得到的换算光谱面积与养护时间之间的关系。图 7-29 中的结果表明，优质委内瑞拉泻湖沥青的光谱特性随养护时间的延长几乎不发生变化。然而，对于图 7-30 中的未知来源沥青试样，S_2/S_1 在最初的 100 min 随养护时间的延长急剧增加，之后保持相对稳定。

7 基于变温红外光谱技术的沥青热可逆老化机理

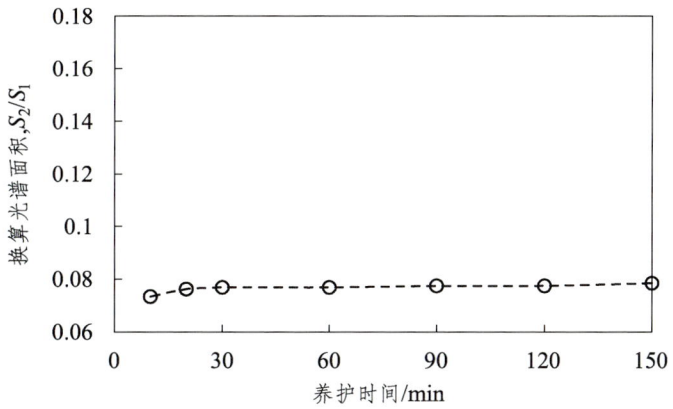

图 7-29　委内瑞拉泻湖沥青的换算光谱面积与 −10 ℃ 下养护时间的关系

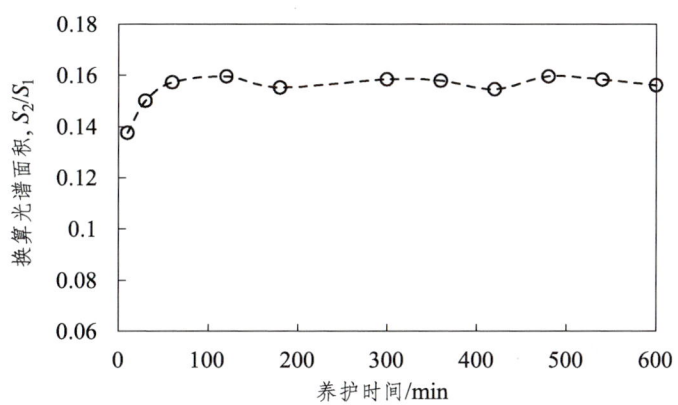

图 7-30　未知来源沥青的换算光谱面积与 −10 ℃ 下养护时间的关系

7.5　氧化对蜡析出温度和蜡含量的影响

通过变温傅立叶变换红外光谱测定的 SHRP 沥青胶结料蜡析出温度（WPT）和固体蜡含量分别如图 7-31 和图 7-32 所示。对于未老化的样品，沥青胶结料 AAC-1 的蜡析出温度（WPT）值最高，而 ABG 的蜡析出温度（WPT）值最低，两个样品之间的差异高达 9.27 ℃。压力老化箱（PAV）氧化老化 20 h 后的沥青残留物，其蜡析出温度（WPT）普遍呈现下降趋势。随着沥青胶结料在压力老化箱中氧化老化的时间进一步延长至 60 h，沥青结合料的蜡析出温度（WPT）增加。较高的蜡析出温度（WPT）不利于沥青结合料的质量，因为在使用温度下，它通常伴随着更多的蜡含量。

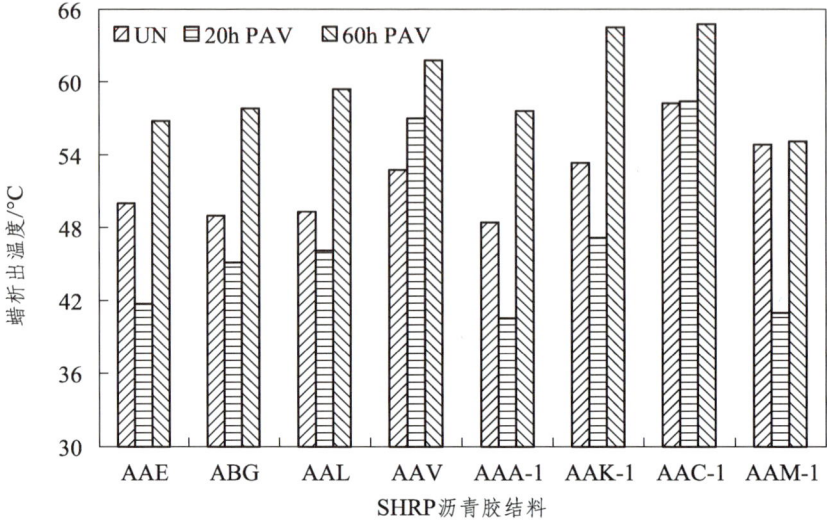

图 7-31　不同氧化老化条件下的 SHRP 沥青胶结料蜡析出温度

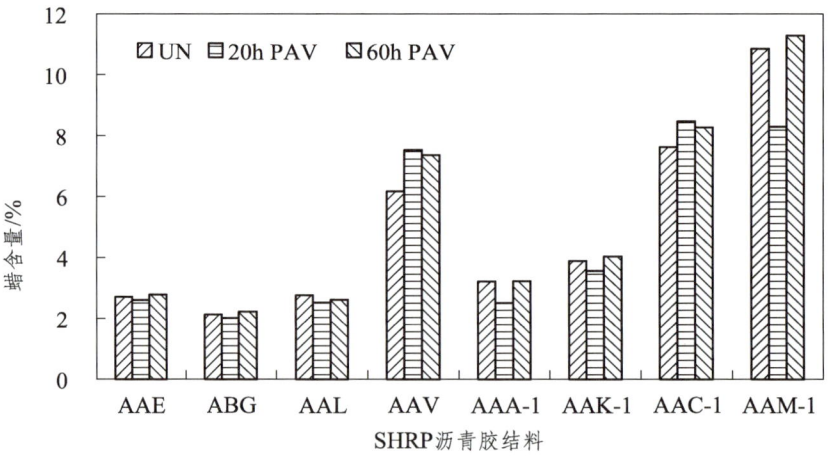

图 7-32　不同氧化老化条件下的 SHRP 沥青胶结料蜡含量

变温傅立叶变换红外光谱法测定的 SHRP 沥青胶结料蜡含量结果如图 7-32 所示。氧化老化对 SHRP 沥青胶结料蜡含量的影响并没有发现明确的规律，且氧化老化引起的沥青胶结料蜡含量变化一般很小。在经过 20 h 的压力老化箱（PAV）氧化老化后，这里使用的大多数沥青胶结料蜡含量随着氧化老化的程度增加而下降。这种现象可以通过以下事实来解释：析出的沥青质可以捕获蜡（共析出），并阻碍了胶结料的流动性，从而抑制了沥青基体中蜡的结晶。然而，将氧化老化时间延长至 60 h 后，沥青胶结料中的蜡含量再次增加。当沥青胶结料的氧化程度增加，且具有较高的沥青质含量时，沥青基体相中的蜡在更高的温度下分离。这使得饱和分能够更有效地结晶，而不会受到与沥青质共析出的抑制。另一种可能的解释是沥青的化学结构随着氧化老化发生了变化，且某些组分已经演变成蜡状物质。换而言之，芳烃组分的长侧链可能已经分裂并形成能够部分结晶的低分子量化合物。沥青胶结料中的芳烃可能受到氧化作用后开环演变成饱和烃、单环芳烃、多环芳烃和硫化物以及其他蜡组分。但是，应该注意的是，与沥青胶结料来源导致的蜡含量差异相比，经过不同压力老化箱（PAV）氧化老化时间后的蜡含量差异相对很小。

参考文献

[1] BONCHEVA M, DAMIEN F, NORMAND V. Molecular organization of the lipid matrix in intact stratum corneum using ATR-FTIR spectroscopy[J]. Biochimica et Biophysica Acta (BBA), 2008, 1778: 1344-1355.

[2] SNYDER R G, LIANG G L, STRAUSS H L, et al. IR spectroscopic study of the structure and phase behavior of long-chain diacylphosphatidylcholines in the gel state[J]. Biophys J, 1996, 71: 3186-3198.

[3] NIVITHA M R, PRASAD E, KRISHNAN J M. Transitions in unmodified and modified bitumen using FTIR spectroscopy[J]. Mater Struct, 2019, 52(1): 7.

[4] OH K. Prediction of wax appearance temperature and solid wax amount by

reduced spectral analysis using FTIR spectroscopy: US8326548 B2[P]. Google Patents, 2012.

[5] SCHAERER A A, BAYLÉ G G, MAZEE W M. The phase behaviour of n-alkanes[J]. Recl Trav Chim Pays-Bas, 1956, 75(5): 513-528.

[6] JUNG D H, VINSON T S. Low-temperature cracking: test selection[R]. Washington DC: National research council, 1994.

[7] JONES D R. SHRP materials reference library: Asphalt cements: A concise data compilation[M]. Washington DC: Strategic Highway Research Program, National Research Council, 1993.

[8] ROBERTSON R E, BRANTHAVER J F, Harnsberger P M, et al. Fundamental properties of asphalts and modified asphalts, volume I: Interpretive report[R]. 2001.

[9] KRIZ P, STASTNA J, ZANZOTTO L. Effect of low-temperature isothermal conditioning on glass transition in asphalt binders[C]// Proceedings of the 52nd Annual Conference of the Canadian Asphalt Technical Association. 2007.

[10] ROEHNER R M, HANSON F V. Determination of wax precipitation temperature and amount of precipitated solid wax versus temperature for crude oils using FT-IR spectroscopy[J]. Energy Fuels, 2001, 15(3): 756-763.

8

沥青的化学组分与热可逆
老化现象之间的关系

8.1 沥青的化学组分分类与方法

沥青在其物理特性和化学成分的体积百分比方面因原油而异[1]。沥青组分中 90%~95%（按质量计）为碳氢化合物，主要由烷烃（碳原子以单链 C_nH_{2n+2}）、环烷烃、缩合的芳香烃组成。C/H 值很大程度上反映沥青的化学成分。其值越大，表明沥青的环状结构越多，尤其是芳香环结构越多。石蜡基 C/H 值最小，环烷基 C/H 值最大。其余部分分为杂原子和金属原子，杂原子主要是氮、硫和氧形成的主要官能团，金属原子为镍、铁和钒等原子。其中：碳含量在 82.9%~86.8%，氢含量在 9.9%~10.9%，氮、硫和氧的含量分别为 0.2%~1.1%、1.0%~5.4%和 0.2%~0.8%，金属原子的含量均小于沥青质量的 1%，这些少量出现的原子决定了沥青的老化状态[2-3]。

沥青是一种有机化合物、无机化合物及其配合物组成的复杂混合物，由相对低分子量（<5000 Dal）的成分组成，对于每种类型的有机官能团，取代基有多种变化。即使在给定沥青等级范围内，成分也可能因原油来源和精炼过程而发生变化。由于沥青是一种极其复杂的材料，将沥青经过各种分馏程序分解为不同组分，可更好地了解其结构并将其与物理特性进行联系[4]。目前，常用的石油沥青四组分分析方法有 Corbett 法和 SARA 法，通常按沥青对溶剂的极性分为几种组分。美国 ASTM D4124 采用 Corbett 法。Corbett 方法使用不同的吸收和解吸技术来分离沥青。它将沥青分为沥青质（Asphaltenes）、饱和分（Saturates）、环烷芳香分（Naphthene aromatics）和极性芳香分（Polar aromatics）。SARA 法所指的四组分为饱和分（Saturates）、芳香分（Aromatics）、胶质（Resin）和沥青质（Asphaltene），取四个词的词头简写成 SARA。SARA 法在我国、日本等国家均已标准化。其他沥青组分分离方法有：高性能凝胶渗透色谱法（HPGPC），又称体积排除色谱法（SEC），是根据混合溶液中各组分的相对分子尺寸不同因而在具有微孔结构的固定相内的停留时间不同进行的馏分分离，最先析出的是大分子物质，最小的分子进入凝胶颗粒的所有孔径并且不能相互分离；离

8 沥青的化学组分与热可逆老化现象之间的关系

子交换色谱法（IEC）将沥青分为酸性、碱性和中性组分，原理是不同物质在溶剂中解离后，对离子交换中心具有不同的亲和力，亲和力最弱的组分离子会最先从柱子上洗脱下来，而亲和力最强的组分离子最后被洗脱；超临界萃取法也用于分馏沥青，尽管通过分离获得的馏分显示出某些不同的特性，例如黏度等，但是作为混合物，对于精确分子结构仍然没有定义。

由于沥青胶结料是各种碳氢化合物及其非金属（氧、硫、氮）衍生物组成的混合物，因此很难将其分为几种单一的化合物。为便于分析，通常按沥青对溶剂的极性分为几种组分。柱色谱法是一种常用的有机或无机物质纯化和分离的方法。通常将待分离物质均匀加入装有固定相的玻璃柱中，然后加入适当的洗脱液进行洗脱。由于各组分在色谱柱中随流动相移动的速度不同，因此通过分段定量收集洗脱液来分离组分。最后，通过旋转蒸发器除去洗脱溶剂，从而得到沥青组分。图 8-1 显示了对沥青胶结料进行柱层析试验的示意图。具体而言，根据 ASTM D4124 方法将沥青胶结料分成四种组分。这四种组分为不溶于异辛烷沥青质、环烷芳烃、极性芳烃和饱和烃。为了表征所选沥青胶结料组成分子极性的分散性，使用了 Gaestel 指数：

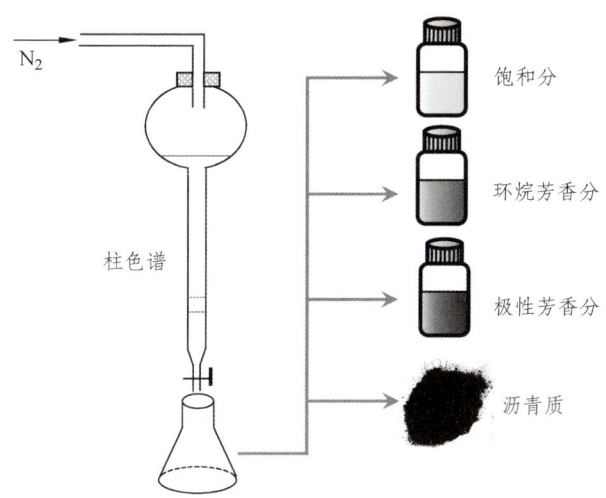

图 8-1　用于将沥青胶结料分离成四组分的柱层析装置

$$GI = (A + SAT)/(PA + NA) \tag{8-1}$$

其中：Gaestel 指数（GI）是表征沥青胶结料极性分散程度的经验参数；A 是沥青质含量；SAT 是内容饱和分含量；PA 是极性芳烃含量；NA 为环烷芳烃含量。

8.2 沥青四组分的物理化学特性

石油沥青中油分主要是饱和分和芳香分，通常石油沥青中的油分含量在 40%～50%或更多。高软化点的沥青中油分含量较少。脱蜡后的油分绝大部分都是混合烃类及非烃类化合物组成的混合物。油分在沥青中主要起柔软和润滑的作用，是优质沥青不可缺少的组分。但是饱和分对温度敏感，不是沥青中的理想组分。饱和分含量通常占沥青质量的 5%～15%，具有较低的玻璃化转变温度，约为 -70 ℃。饱和分是无色液体，由烷烃组成，包括正构烷烃（正链烷烃）、支链烷烃（异链烷烃）和环状烷烃（环烷烃），主要为脂肪链，极少有极性原子或芳香环存在。溶解度在 15～17 $MPa^{0.5}$ 之间，20 ℃ 的密度约为 0.9 g/cm^3[5]。

芳香分也称为环烷芳烃，在室温下以黄色至红色液体存在。芳香分由非芳环和至少一种类似于苯的芳环结构组成。与胶质一样，芳香分在沥青中也很丰富。芳烃馏分由低分子量和极低极性的烃组成。它们是石蜡的有用溶剂，是沥青中的软化部分。与饱和分相比，芳香分在相同温度下更黏稠，其玻璃化转变温度约为 -20 ℃，与沥青相似。芳烃的碳结构略带脂肪族并包含适度稠合的芳环。在 20 ℃ 时，沥青中芳香成分的密度为 1.0 g/cm^3[6]。

胶质也称为极性芳烃，在沥青的稳定性方面发挥着重要作用，可以通过物理和化学方法分离成不同的化学基团，主要由碳、氢和少量的氧、硫、氮和金属原子（如镍和钒）组成。胶质在室温下以黑色固体形式存在，它们在沥青中含量丰富，占沥青质量的 30%～45%。胶质的化学组成介于沥青质和油分之间，具有与沥青质相似的化学成分，更接近沥青质。胶质能溶于各种石油产品及大部分有机溶剂中，但是不溶于乙醇或其他醇类。胶质具有很强的着色能力，各种石油馏分之所以具有或深或浅的颜色主要就是由于胶质的存在。它的最大特点是化学稳定性差，很容易在空气或阳光的作用下氧化缩合转化为沥青质。胶质的分子结构中含有相当多的稠环芳香族和杂原子的化合物，属于沥青中的强极性组分。它们的极性会影响沥青的内聚性，从而影响其物理性能。在主要起黏结作用的道路沥青中必须含有适当的胶质才能使沥青具有足够的黏附力。胶质对沥青的黏弹性、形成较好的胶体溶液等方面都具有重要的作用。胶质溶解度参数介于 $18.5 \sim 20$ $MPa^{0.5}$ 之间，20 °C 的密度为 1.07 g/cm^3，主要由多环分子组成，含有饱和、芳环和杂芳环以及各种官能团中的杂原子，分子量范围为 300~2 000。胶质对于沥青的塑性、黏附性、延展性有很大作用[5]。

沥青质是黑褐色到深褐色易碎的粉末状固体，是导致沥青颜色变深的原因。沥青质具有比胶质更强的着色能力。沥青质没有固定的熔点，加热后通常首先膨胀，然后到达 300 °C 时分解成气体和焦炭。其相对分子量一般都在 1000 以上。沥青质存放时在苯中的溶解度会慢慢降低或在阳光下存放时溶解度下降得会更快。沥青质的这种老化过程与道路沥青在使用过程中的老化裂缝有密切关系。沥青质的存在对沥青的感温性有较好的影响，它可使沥青在高温时仍具有较大的黏度。由于沥青质是沥青中最大的极性成分，这些成分对沥青黏度的影响更大，而与沥青质相比，软沥青质的极性相对较小[7]。沥青质由缩合芳烃和环烷分子组成，含有氧、硫、氮以及一部分来自重油的金属原子（如镍和钒），沥青质的溶解度在 $17.6 \sim 21.7$ $MPa^{0.5}$，密度约为 1.15 g/cm^3。核磁共振（NMR）、紫外光谱、红外光谱、X 射线拉曼光谱的结果表明，与其他沥青成分相比，沥青质含有更多个稠合芳环和极性基团[8-9]。沥青四组分的化学组成与物理特性汇总如表 8-1。

表 8-1　沥青四组分的化学组成与物理特性

组分	外观特征	平均相对密度	平均分子量	主要化学结构
饱和分	无色液体	0.89	625	烷烃、环烷烃
芳香分	黄色至红色液体	0.99	730	芳香烃、含 S 衍生物
胶质	棕色黏稠液体	1.09	970	多环结构、含 S、O、N 衍生物
沥青质	深棕色至黑色固态	1.15	3400	缩合环结构、含 S、O、N 衍生物

在沥青的组成成分中，蜡作为一种组成和性质都不固定的物质，无论在石油还是沥青中，均会对材料性质产生明显影响。沥青中的蜡被称为石油蜡，分为微晶蜡、结晶蜡和无定形蜡[10]。结晶蜡又称石蜡，是具有线性碳链和低分子量（<C_{45}）的正烷烃[11]，通常熔点为 50~70 ℃，冷却时具有典型的纵向大晶体结构。微晶蜡定义为具有支链的脂族烃化合物，其结晶为针状，并且通常存在碳主链长度>C_{45} 的高分子化合物[12]。当支链碳链在内部结构中占主导地位时被定义为无定形蜡。与大晶体石蜡相比，微晶石蜡的特征在于较不明显的熔融区和较高的黏度，这是由于其较高的平均分子量。由于蜡的分子性质和沥青组分的复杂性，沥青中蜡的结晶和形态及其对沥青质量的影响可能会有很大的不同。蜡的效果取决于沥青的化学成分和流变性质、成分、类型、结晶度、温度范围和蜡含量，及其对沥青混合料的影响[13-14]。在路面工程中，蜡通常被认为是有害的，因为蜡会影响与其结晶和熔化性质相关的沥青物理性质。蜡具体对沥青性能的影响如下：

（1）流变性：蜡主要溶解于油分中，当它以溶解状态存在时，会降低分散相的黏度；当它以结晶状态存在时，会使沥青屈服应力降低。如果蜡以松散粒子存在，则使沥青常温下黏度增大；当接近石蜡融化温度（50 ℃）

时，蜡含量增加，反而使沥青的黏度降低。因此蜡含量高的沥青温度敏感性强。

（2）低温性能：低温下高蜡含量沥青的结晶结构网增加了沥青的刚性，表现出了较高的弹性和黏性，随蜡含量的增加，沥青脆性也增大。蜡使得沥青具有较高的温度敏感性。低温下，蜡结晶使沥青的脆性增大，从而导致沥青的低温性和黏性降低，使沥青变硬变脆，导致路面低温抗裂性能降低，出现裂缝；高温下，蜡的熔融会使沥青的黏度降低，使沥青发软，导致路面的高温性能降低，出现车辙等病害。

（3）界面性质：蜡会降低沥青对石料的黏附，同时，蜡集中在沥青表面使其失去光泽，并影响路面的摩阻性能。

（4）胶体结构：蜡的结晶网格促使沥青向凝胶型胶体方向发展，但胶体系统结构不稳且具有明显的触变性。

8.3 沥青结构参数与热可逆老化

研究表明，很难在沥青的组分与其性能之间建立直接关系。沥青组分的合理分布是保证沥青胶结料中形成稳定胶体结构的关键。11 种 SHRP 沥青胶结料的四组分测试结果如图 8-2 所示。可以看出，不同沥青胶结料各组分之间的比例存在较大差异。有趣的是，试样 ABG 的饱和分含量最高，而蜡含量最低。相比之下，试样 AAM-1 的饱和分含量最低，而蜡含量相对较高。一般来说，沥青胶结料中的蜡主要由饱和线性长链分子组成。饱和分含量越高，蜡含量越高。试样 AAM-1 中极低的饱和分含量可能是由于溶剂无法提取所有饱和分。为了量化沥青胶结料的胶体分散结构，根据式（8-1）利用四组分结果计算 GI 指数，建立沥青分散结构与热可逆老化的关系。GI 与给定沥青胶结料组成分子的极性分散近似成正比。GI 值越高表明极性官能团的分布范围更广。

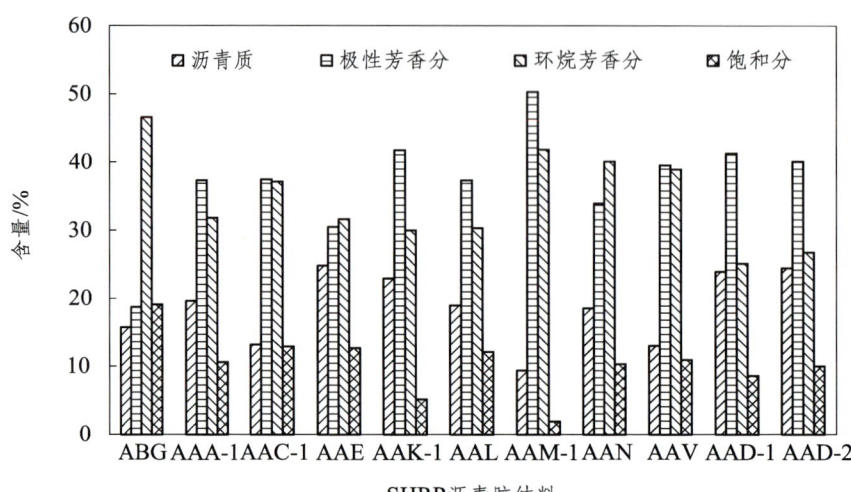

图 8-2　SHRP 沥青胶结料各组分的比例

热可逆老化与沥青组分相关指标的关系如图 8-3 所示。此处的数据表明，分级损失与沥青中蜡含量有较高的相关性，但与沥青质含量没有明显相关性。这些结果与 Bahia 等先前的结论不同。他们认为低温热可逆老化与沥青胶结料蜡含量无关，且热可逆老化会持续很长时间，而蜡的结晶持续这么长时间并继续以如此显著的方式影响蠕变柔量的可能性很小。我们的试验证明了 Bahia 等的错误假设，并提供了直接证据。当然，蜡含量和热可逆老化之间的相关性也受蜡分子量分布的影响，因为它影响存在于沥青基体中蜡状分子的百分比。通常，较低的 GI 值表明沥青胶体结构接近溶胶沥青的胶体结构，并且溶胶沥青受恒温养护时间的影响很小。与预期相反的是，随着 Gaestel 指数的增加，分级损失下降，需要更多的研究来解释这种异常趋势。我们进一步计算了针入度指数以深入探索沥青胶体结构与热可逆老化之间的关系（图 8-4）。从针入度指数来看，本研究中使用的沥青胶结料均为溶胶-凝胶或溶胶型结构。与 Gaestel 指数类似，以针入度指数为特征的胶体结构与沥青的热可逆老化趋势之间并没有明显的相关性。

8 沥青的化学组分与热可逆老化现象之间的关系

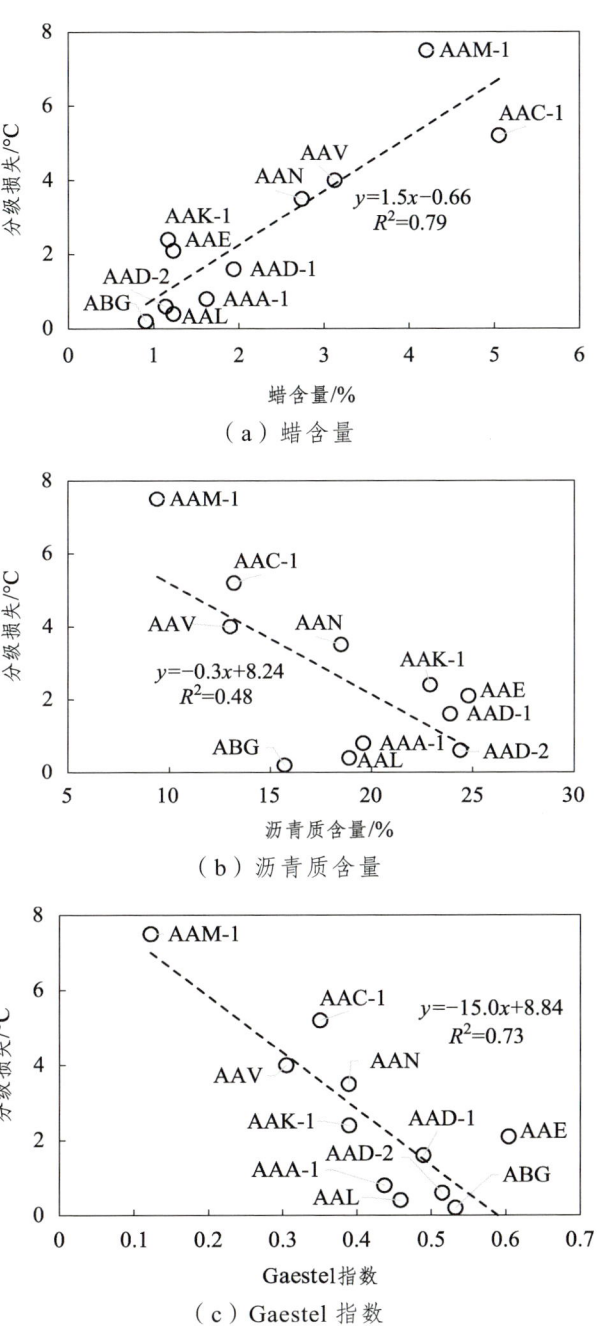

图 8-3 热可逆老化与沥青组分相关指标之间的关系

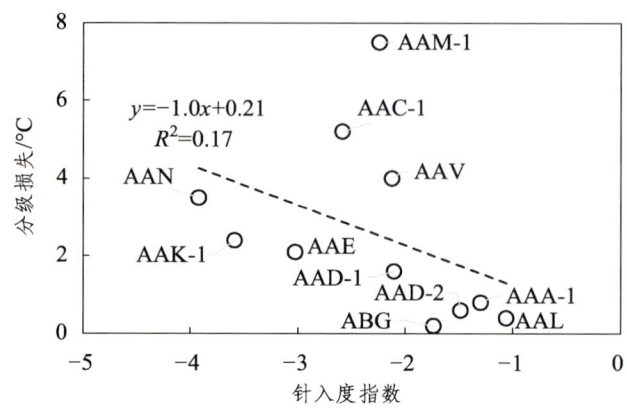

图 8-4　热可逆老化与沥青胶结料针入度指数之间的关系

8.4 蜡与沥青质对热可逆老化的影响

根据先前的研究,热可逆老化主要影响沥青胶结料的蠕变速率(m值)而不是劲度。因此,本段主要考虑不同恒温储存时间(1 h 和 72 h)对蠕变速率的影响。目前的 AASHTO 规范引入了附加的 m 值参数,以控制沥青胶结料的流变特性和防止使用重度吹制沥青。最初的假设是较高的 m 值表明冬季积聚的温度应力松弛得更快,因此有利于沥青的性能。具体来说,只有松弛模量主曲线的斜率才能反映松弛的速度,其直接与应力的消散相关。根据等式(8-2)和(8-3)计算松弛模量和劲度对时间的斜率。

通过相应拟合模型一阶导数计算得到松弛模量($E(t)$)和劲度($S(t)$)对时间(t)在双对数坐标下的斜率,计算公式如下:

$$m_E = \log E(t) / \log t \qquad (8\text{-}2)$$

$$m_S = \log S(t) / \log t \qquad (8\text{-}3)$$

以上计算通过西南交通大学公路所开发的 Excel 宏程序来完成。

为了研究不同沥青生产工艺、改性技术和来源对沥青弯曲流变试验参数的影响,本研究采用了 6 种代表性的沥青胶结料,相关特性如表 8-2 所示。6 个试样的两个斜率(m_E 和 m_S)的比较如图 8-5 所示。对于 1 h 的低温恒温养护,当 m_S 值小于 0.37 时,m_E 和 m_S 两个斜率值几乎相同,这表明当 m_S 值小于 0.37 时,可以近似地采用蠕变速率(m_S)替代应力松弛速率(m_E)。换句话说,对于更高的 m_S 值,不能用蠕变速率(m_S)代替应力松弛速率 m_E。采用 m_S 代替 m_E 通常会低估应力松弛速率,特别是对于试样 C。两个斜率之间的差异取决于沥青胶结料的类型。在低温恒温储存 72 h 后,劲度和松弛模量主曲线之间的斜率更加接近。尽管两个斜率近似相等的阈值降低了,但当 m_S 低于 0.3 时,两个斜率几乎相同。

表 8-2 代表性沥青胶结料的相关特性

试样代码	改性类别	性能分级 /°C	临界分级(-10°C) S(60s)	临界分级(-10°C) m(60s)	分级损失 /°C	ΔT_c/°C
A	直馏	64~28	-31.9	-34.5	0.4	2.6
B	SBS 改性	64~34	-39.7	-47.1	0.9	7.4
C	SBS 改性	64~40	-42.7	-42.4	4.8	-0.3
D	吹制	82~28	-28.7	-28.1	7.2	-0.6
E	现场回收	76~28	-33.4	-30.2	8.2	-3.2
F	现场回收	76~28	-30.4	-28.7	5.2	-1.7

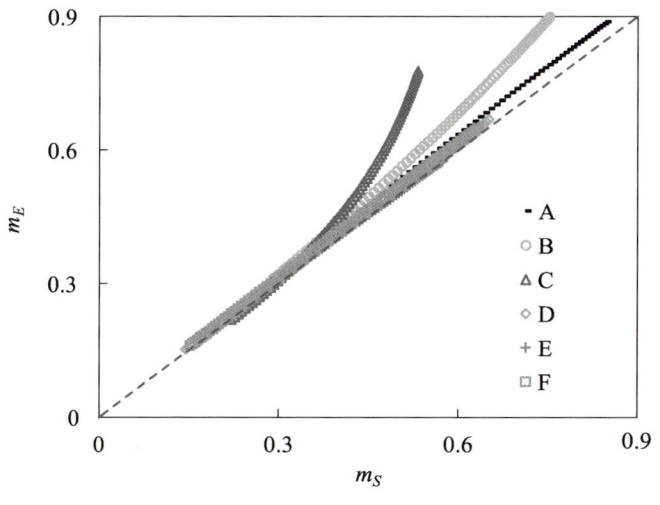

(a)1 h 恒温养护时间

道路石油沥青的低温行为与热可逆老化

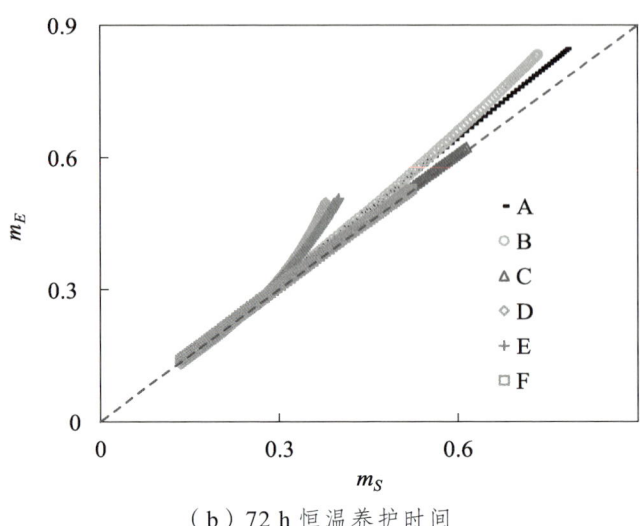

（b）72 h 恒温养护时间

图 8-5　不同低温储存时间后沥青胶结料 m_E 和 m_S 的比较

虽然热可逆老化通常会显著降低沥青胶结料的 m 值，但需要从两个方面来辩证地看待这种现象。正如 Marasteanu 和 Basu[15]所述，一方面，较低的 m 值意味着较低的松弛速率。由于沥青胶结料温度应力不能及时消散，应力会大量积累，并迅速达到对应沥青胶结料的破坏强度。另一方面，较低的 m 值也会导致较缓慢的温度应力发展，这有利于现场沥青路面性能。当发生极端寒流时，是否较高的 m 值会带来更好的沥青路面性能仍存在争议，因为温度应力可能会更快地发展，并在应力松弛发生之前导致沥青路面开裂。此外，沥青胶结料的破坏性能对于确定最终的沥青路面抗裂性也很重要。

从扩展弯曲梁流变试验测试中获得的各种胶结料配方（基质沥青为试样 A）的临界分级温度和分级损失分别如图 8-6 和图 8-7 所示。报告的临界分级温度是三个平行试验的平均值。很明显，所有胶结料的临界分级温度都随着低温储存时间的延长而升高，其幅度取决于低温储存时间和改性类型。对于传统的 1 h 低温恒温储存结果，添加 1%或 3%$C_{20}H_{42}$ 显著改善了基质沥青的低温流变性能。然而，有趣的是，含有 $C_{20}H_{42}$ 添加剂的沥青胶结料的临界分级温度随着低温恒温储存时间的延长而显著增加，特别是对于添加 3%$C_{20}H_{42}$ 改性的沥青胶结料。无论采用何种低温恒温储存时间，添加高达 3%的 $C_{32}H_{66}$ 或沥青质添加剂都不会显著改变基质沥青胶结料的临界分级温度。为了便于更好地理解和观察，图 8-7 给出了所选添加剂对基质沥青胶结料热可逆老化的影响。根据加拿大安大略省交通厅进行的统计分析，当两种胶结料的分级损失差异高于 3 ℃ 时，可以认为两种胶结料的热可逆老化水平或趋势存在显著的差异。如前所述，3% $C_{20}H_{42}$ 显著增加了基质沥青胶结料的热可逆老化程度或趋势，而 $C_{32}H_{66}$ 和沥青质添加剂没有观察到类似的影响。

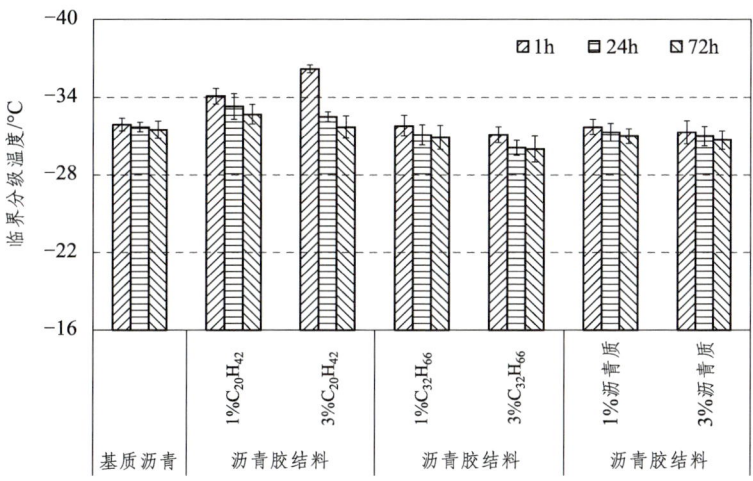

图 8-6　不同低温储存时间后沥青胶结料的临界分级温度

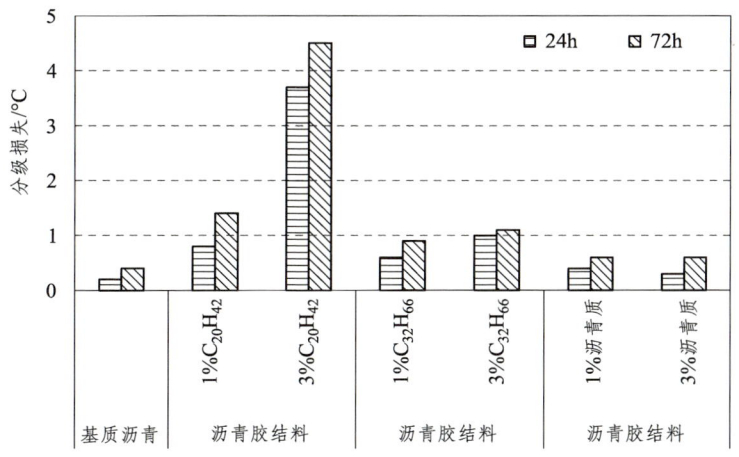

图 8-7　恒温低温储存引起的沥青胶结料分级损失

选择的添加剂对 1 h 恒温养护时间后沥青胶结料在不同降温速率下温度应力发展的影响如图 8-8 所示。如预期一样，沥青胶结料的温度应力随着降温速率的增加而提高。在基质沥青中添加 1%$C_{20}H_{42}$ 显著降低了基于常规 1 hBBR 数据计算得到的温度应力，尤其是在较低温度下。当在基质沥青中的添加剂添加量增加到 3%时，沥青胶结料的温度应力在低温下下降的幅度更大。从直观上可以看出，$C_{32}H_{66}$ 和沥青质即使在 3%的用量水平下对基质沥青的温度应力也没有显著的影响。如果忽略沥青胶结料中的热可逆老化现象，毫无疑问 $C_{20}H_{42}$ 是一种有效的添加剂，可以显著改善沥青胶结料的常规低温流变性能。

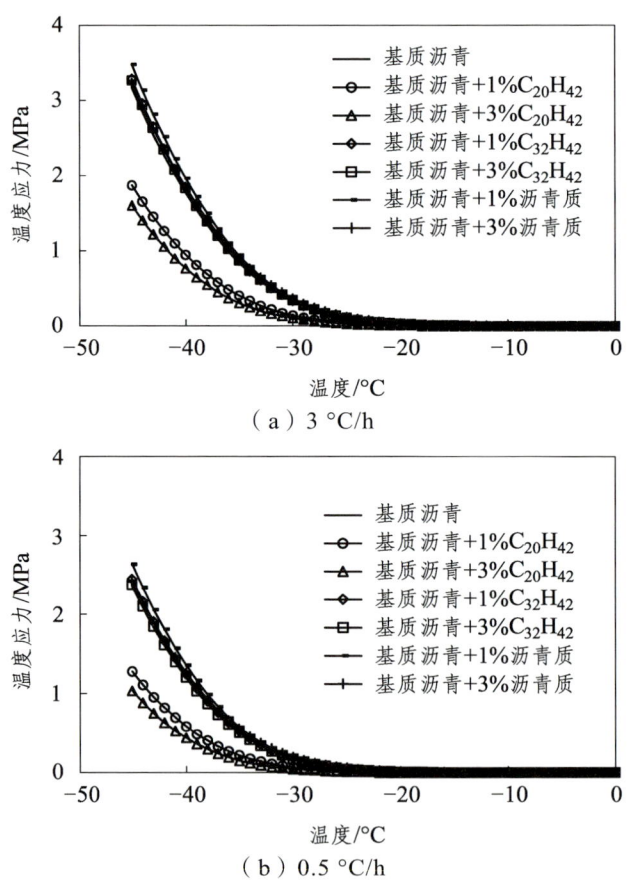

图 8-8 1 h 恒温养护的沥青胶结料经不同降温速率后的温度应力曲线

8 沥青的化学组分与热可逆老化现象之间的关系

此外,据文献报道,在沥青胶结料中添加蜡可以降低沥青黏度,进而降低了相应沥青混合料的拌合及压实温度[16]。但当沥青胶结料低温恒温储存 72 h 后,如图 8-9 所示,并没有观察到 $C_{20}H_{42}$ 添加剂对基质沥青温度应力有显著的降低作用。这可能是因为在含蜡沥青低温恒温储存 1 h 后,$C_{20}H_{42}$ 与基质沥青仍具有较好的相容性,沥青组分处于合理平衡状态[17]。然而,$C_{20}H_{42}$ 添加剂可能在 72 h 低温恒温储存后通过逐渐的扩散作用从沥青基体中析出[18]。

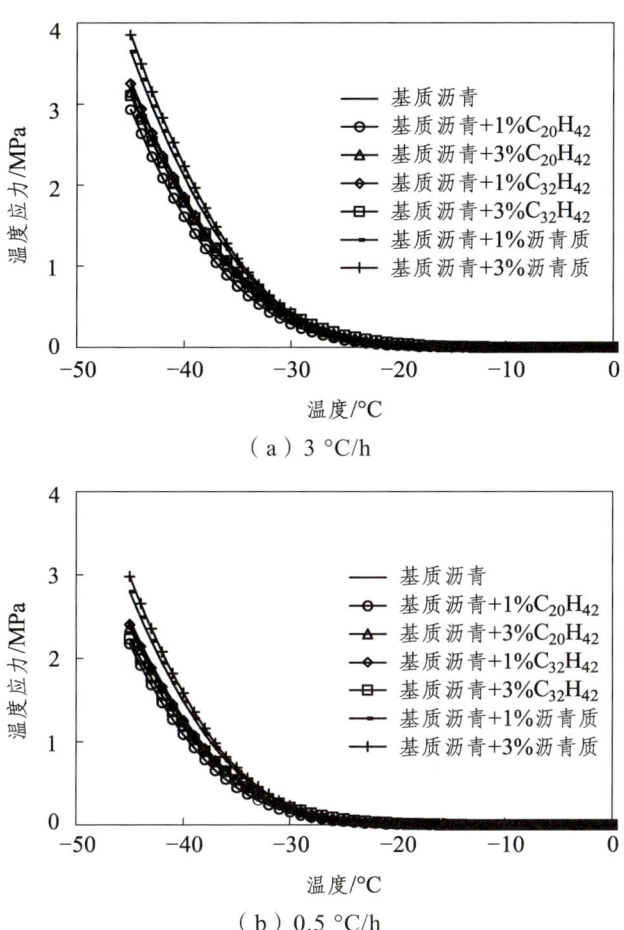

图 8-9 72 小时恒温养护的沥青胶结料经不同降温速率后的温度应力曲线

本研究进行了进一步的统计分析（即 t 检验）以验证添加剂剂量水平对沥青胶结料温度应力影响的显著性。在两个样本集的平均值之间进行 t 检验。关于温度应力的详细统计分析，读者可以参考 Falchetto 和 Moon[19] 的论文。沥青胶结料温度应力的统计分析结果如图 8-10~图 8-12 所示。当选择 5%的显著性水平（$\alpha = 0.05$）时，在基质沥青中添加 3%的 $C_{20}H_{42}$ 可以从统计学意义上显著降低基质沥青的温度应力。由于在保留两位小数后，沥青胶结料在较高温度下的温度应力即使有略微的差异，但在数值上仍显示为零。此时将无法计算 p 值，从而导致 0 到 –30 °C 之间计算的 p 值波动很大。统计分析结果与温度应力曲线图观察到的结论一致。

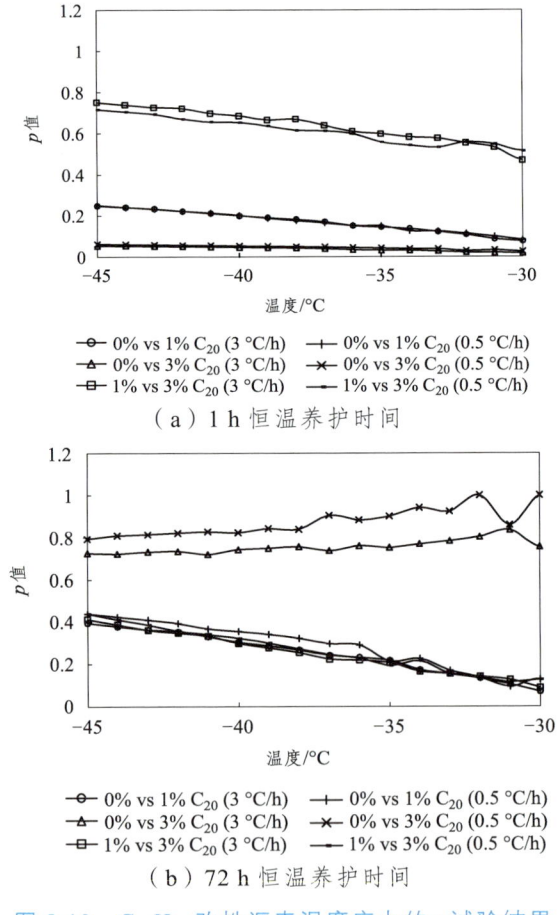

（a）1 h 恒温养护时间

（b）72 h 恒温养护时间

图 8-10　$C_{20}H_{42}$ 改性沥青温度应力的 t 试验结果

8 沥青的化学组分与热可逆老化现象之间的关系

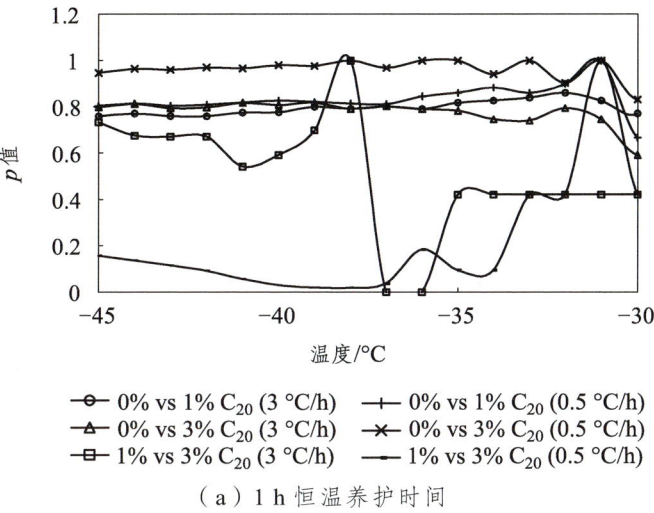

（a）1 h 恒温养护时间

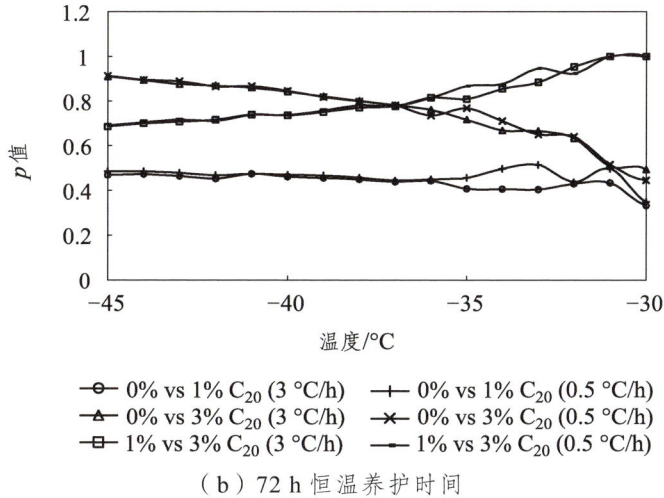

（b）72 h 恒温养护时间

图 8-11　$C_{32}H_{66}$ 改性沥青温度应力的 t 试验结果

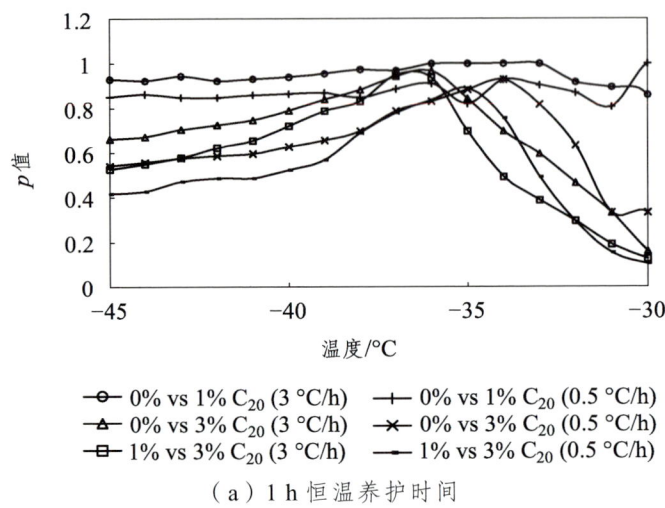

(a) 1 h 恒温养护时间

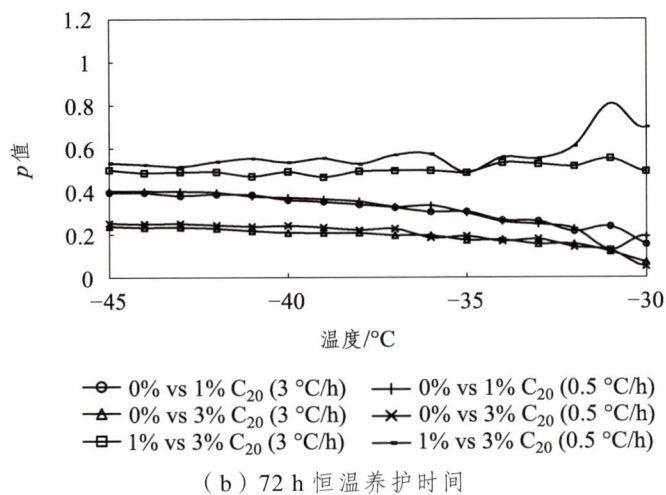

(b) 72 h 恒温养护时间

图 8-12　沥青质改性沥青温度应力的 t 试验结果

为了更明显地看出低温恒温养护时间对沥青温度应力的影响，我们比较了根据标准 BBR 测试和 ExBBR 测试的结果计算得到的温度应力曲线。将两个温度应力之间的差值作为 y 轴，养护时间增加导致的温度应力增量如图8-13所示。当低温恒温养护时间从传统的1 h延长到72 h时，含1%或3%$C_{20}H_{42}$的沥青胶结料温度应力显著增加。当$C_{20}H_{42}$的添加量从1%增加到3%时，延长低温恒温养护时间引起的温度应力增加远低于$C_{20}H_{42}$添加量从0%增加到1%时的温度应力增加。

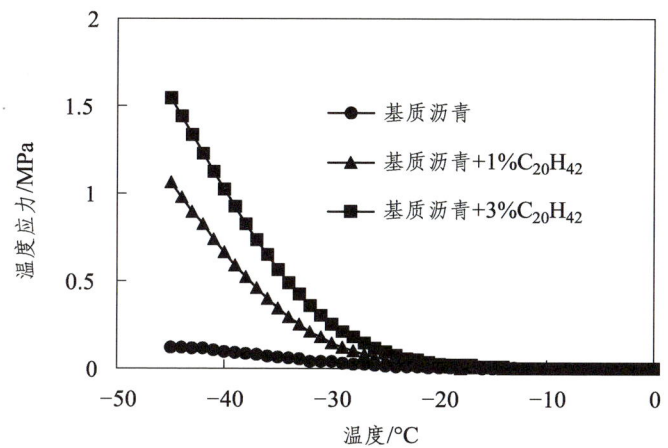

图8-13 低温恒温储存时间延长导致的沥青温度应力增量

8.5 模型沥青热可逆老化的流变分析

掺不同纯蜡的ExBBR临界低温性能分级结果如图8-14～图8-19所示。采用的两种代表性基质沥青为委内瑞拉沥青ABG和一种国产低等级公路路面使用的高蜡沥青，代号为GLA。两种基质沥青相关信息如表8-3所示。我们进行了三次重复试验以估计BBR结果的标准偏差。对于掺C_{20}试样ABG的临界低温分级，常规1 h低温性能分级会随着C_{20}添加剂含量的增加而降低，而当C_{20}添加量超过3%时，低温性能分级有增加的趋势。此外，还可以看出ΔT_c（$T_{S=300\,MPa} - T_{m=0.3}$）随$C_{20}$含量的变化。显然，所有掺$C_{20}$的沥青胶结料都受到劲度控制，$\Delta T_c$值随着$C_{20}$的加入而增加。较高的$\Delta T_c$对沥青胶结料的性能不利，因为这意味着沥青胶结料的胶体体系不稳定，在低温下容易发生温缩开裂。如果仅看上述常规 1 h BBR 结果，很容易得出在试样 ABG 中加入 3%的 C_{20} 是提高试样 A 低温性能（几乎降低一个完整分级）的理想方案，这也是国内大多数工程师的典型做法。但如果考虑掺 C_{20} 沥青胶结料低温储存 72 h 后的真实低温性能等级，则可以得出在基质沥青中加入 C_{20} 对提高试样 ABG 的低温性能并没有好处的结论。随着 C_{20} 含量的添加，劲度临界温度几乎保持不变，而 m 值临界温度显著增加。这是一个很好的例子，它表明需要采用 ExBBR 代替传统的 BBR 测试。

表 8-3 研究中使用的两种代表性基质沥青

原油来源	委内瑞拉（ABG）	国产（GLA）
未老化		
$G^*/\sin\delta$ @ 58 °C/kPa	1.41	2.08
$G^*/\sin\delta$ @ 64 °C/kPa	0.64	1.01
RTFOT 老化		
$G^*/\sin\delta$ @ 58 °C/kPa	2.70	3.17
$G^*/\sin\delta$ @ 64 °C/kPa	1.21	1.52
PAV 老化		
蠕变劲度 (S) @ -24 °C	441.0	465.5
蠕变速率 (m) @ -24 °C	0.311	0.257
蠕变劲度 (S) @ -18 °C	147.3	219.5
蠕变速率 (m) @ -18 °C	0.436	0.340
连续分级	59.5～31.9	61.0～30.5
蜡含量[①]/%	0.52	2.51

注：① 采用 DSC 热分析方法确定的蜡含量。

8 沥青的化学组分与热可逆老化现象之间的关系

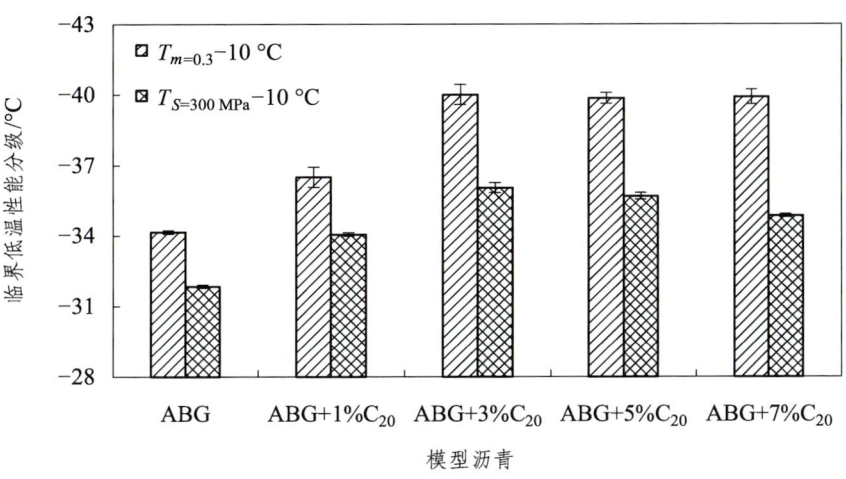

(a) 1 h 恒温养护时间

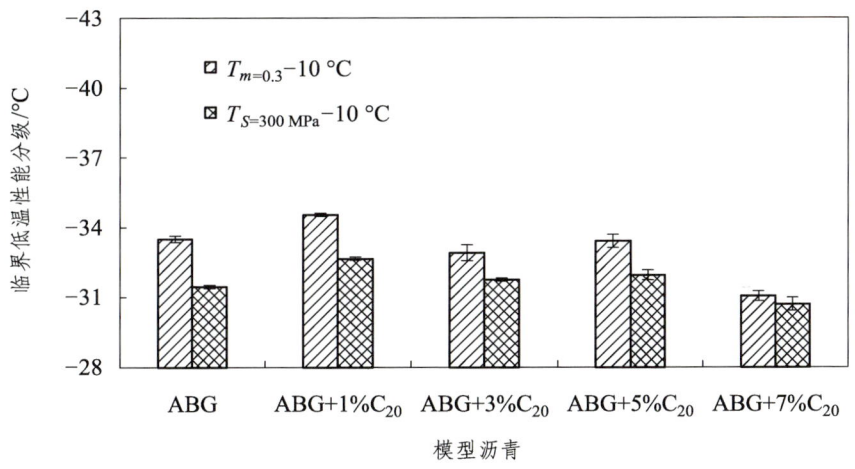

(b) 72 h 恒温养护时间

图 8-14 掺 C_{20} 试样 ABG 的临界低温性能分级

对于试样 GLA，即使对于常规的 1 h BBR 结果，C_{20} 添加剂对其沥青的低温性能改善也没有益处。有趣的是发现，加入 C_{20} 会同时劣化劲度临界等级和 m 值临界等级，对后者的影响更为显著。更多的 C_{20} 使模型沥青的胶体不稳定，这从 ΔT_c 的趋势可以看出。还可以观察到几乎所有掺 C_{20} 试样 B 的模型沥青都是由 m 值控制的，这使得胶结料更脆，对温度开裂更敏感。C_{20}

- 221 -

对试样 ABG 和试样 GLA 的不同影响可归因于两种基质沥青胶结料中的不同蜡含量。试样 ABG 的蜡含量极低，因此在饱和前可以容纳更多的 C_{20}。

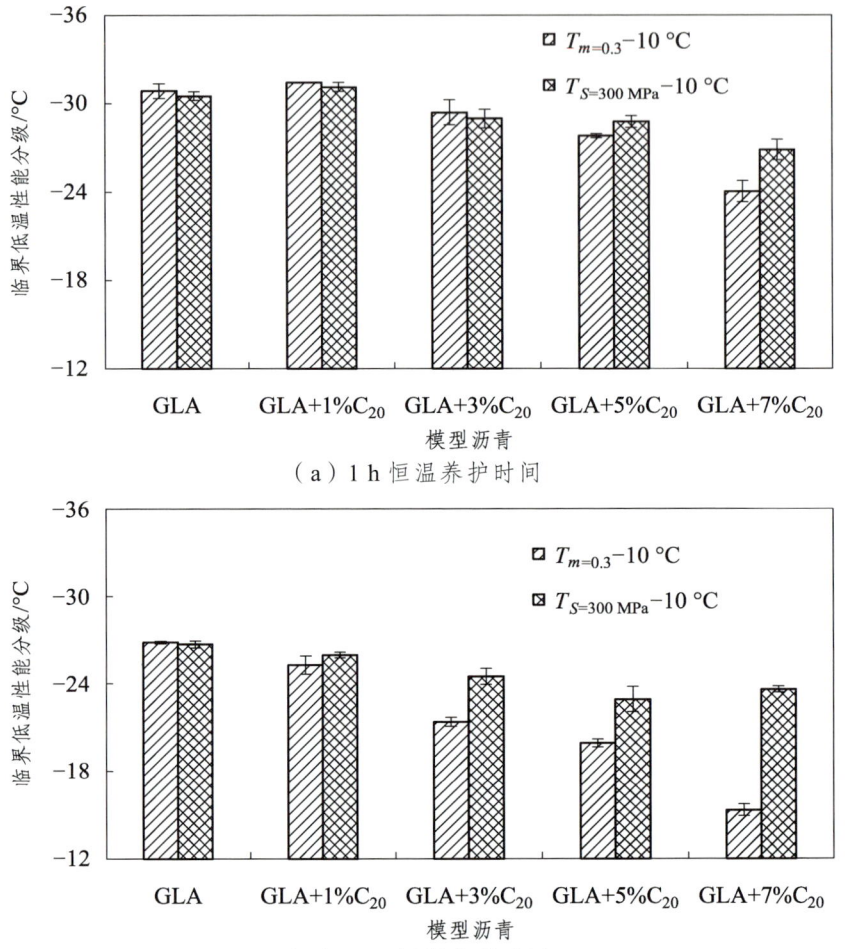

(a) 1 h 恒温养护时间

(b) 72 h 恒温养护时间

图 8-15　掺 C_{20} 试样 GLA 的临界低温性能分级

对于掺 C_{30} 的试样 ABG，模型沥青的常规 1 h 和 72 h 的临界低温性能分级均随着 C_{30} 添加剂的加入而劣化，尤其是当其含量超过 1%时。这与我们普遍认为含蜡量高的沥青胶结料的低温性能较差是一致的。对于试样 GLA 也观察到了类似的趋势。与蠕变劲度相比，高分子量蜡添加剂（C_{30}）

的加入对模型沥青松弛性能（m 值）的不利影响更为明显。对于直链烃（C_{20} 和 C_{30}），相应模型沥青胶结料的劲度随碳数的增加而显著增加。同时，m 值随着烷烃大小的增加而降低。这些行为与 MDSC 观察到的沥青热特性随热历史演化的特点具有很好的相关性。较长的烷烃在远高于玻璃化转变区域结晶，它们相应的熔化吸热在低温恒温后几乎很少增加或没有增加。然而，C_{20} 在快速冷却过程中不会完全结晶，也不会增加太多劲度。

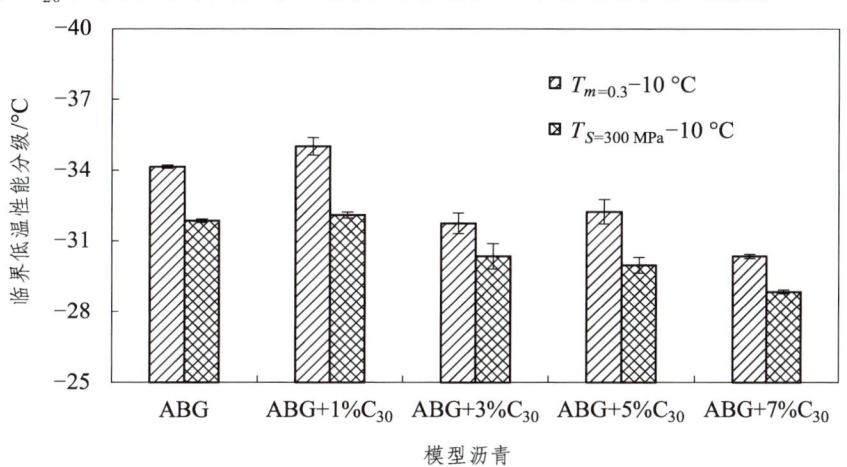

（a）1 h 恒温养护时间

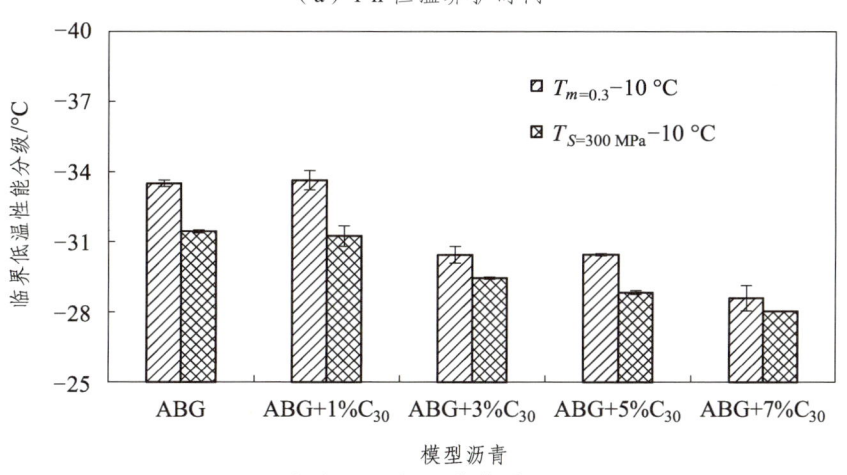

（b）72 h 恒温养护时间

图 8-16　掺 C_{30} 试样 ABG 的临界低温性能分级

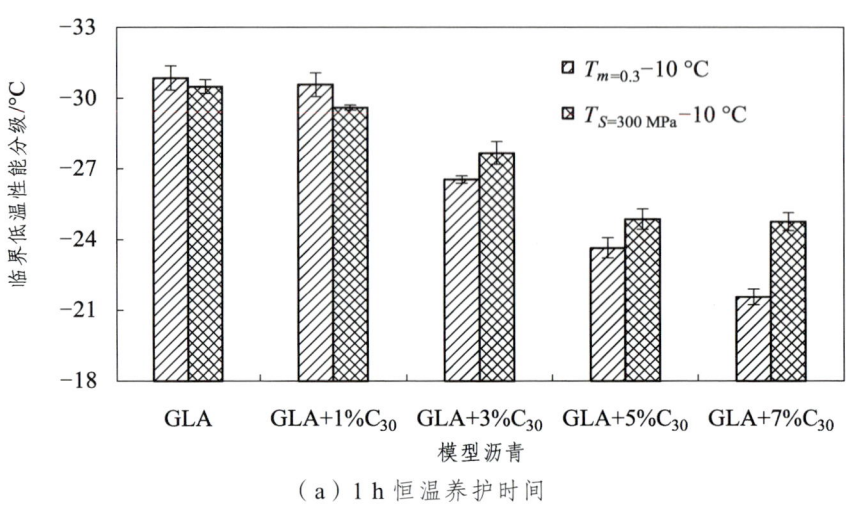

（a）1 h 恒温养护时间

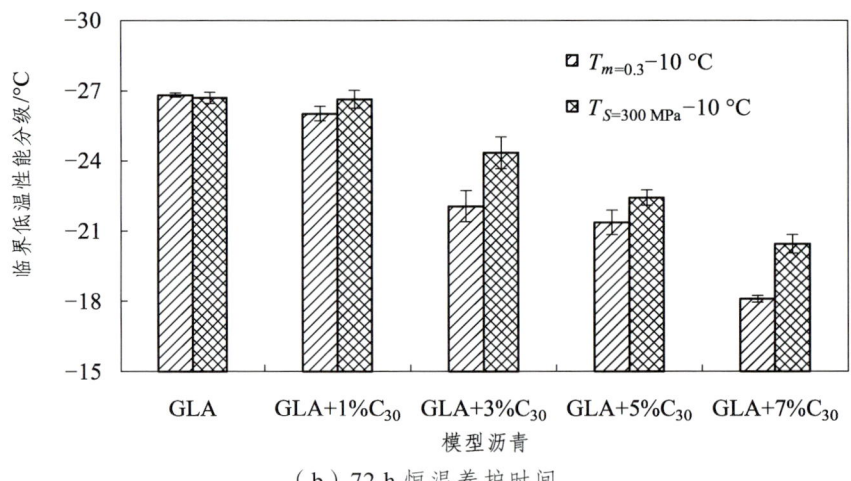

（b）72 h 恒温养护时间

图 8-17 掺 C_{30} 试样 GLA 的临界低温性能分级

有趣的是，即使经过 72 h 的恒温养护，两种基质沥青胶结料的临界低温性能分级都随着角鲨烷（SQ）的加入而改善。根据 Edwards 等[20]对沥青中蜡的分类，角鲨烷是一种异构烷烃，属于异链烷烃蜡。因此，沥青胶结料中的结晶蜡含量而不是总蜡含量是导致其劲度增加及 m 值降低的原因。这在角鲨烷的数据中尤为明显，角鲨烷是一种不结晶的具有 30 个碳原子的支链烷烃。与掺 2% C_{30} 的沥青胶结料相比，相应的角鲨烷掺杂材料具有显著更低的劲度和更高的 m 值。

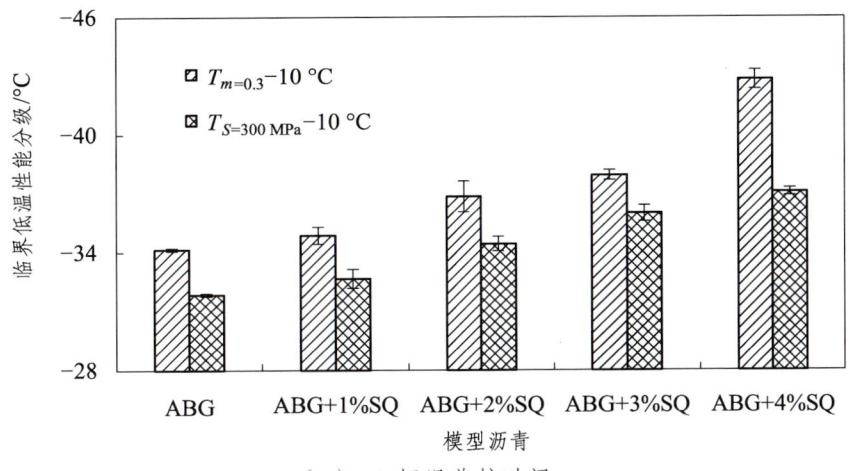

（a）1 h 恒温养护时间

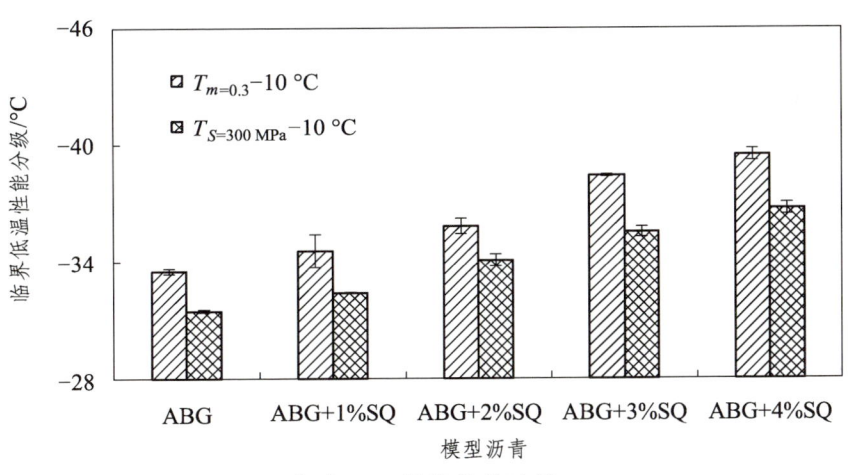

（b）72 h 恒温养护时间

图 8-18 掺角鲨烷试样 ABG 的临界低温性能分级

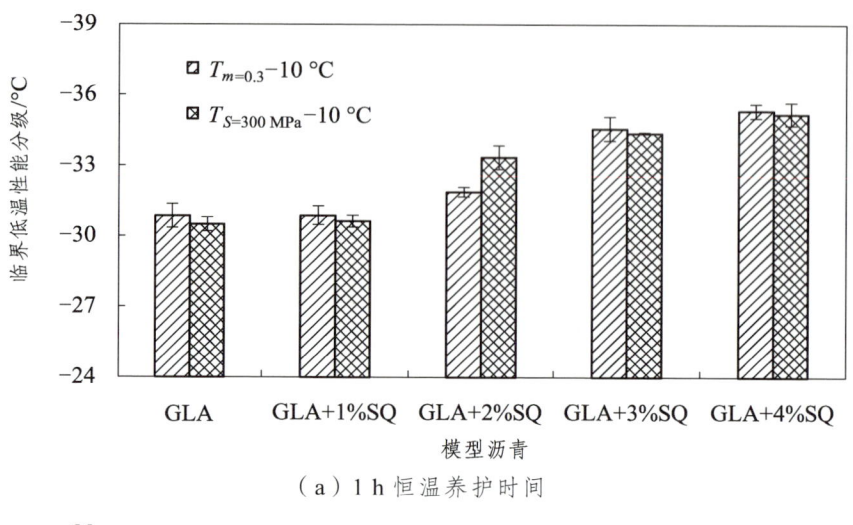

(a) 1 h 恒温养护时间

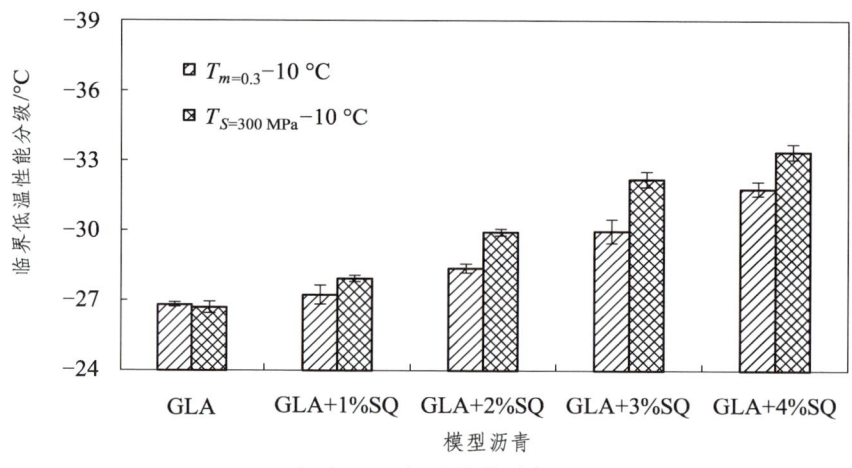

(b) 72 h 恒温养护时间

图 8-19 掺角鲨烷试样 GLA 的临界低温性能分级

烷烃添加剂对模型沥青胶结料低温热可逆老化的影响可以从分级损失的变化中看出（图 8-20）。与 Kovinich 等[17]对掺蜡沥青的 MDSC 结果一致，在沥青胶结料中加入 C_{20} 可以显著提高相应沥青热可逆老化的程度，而这一趋势受所采用的基质沥青性质影响。正如预期的那样，随着 C_{20} 的添加存在一个分级损失临界值。这是因为纯 C_{20} 的特性不会受到恒温低温储存的影响。此外，C_{30} 添加剂不会加剧本研究中使用的基质沥青胶结料的热可逆老化程度。就角鲨烷而言，它似乎对基质沥青胶结料的分级损失没有显著影响，这与 Harnsberger 和 F.Turner[21]的早期研究结果并不一致。他们认为支链和短链烷烃会促进松弛，因此相应的胶结料将更容易受到长期低温储存的影响，而较长链和更完全的结晶会抑制松弛。造成不同结论的原因可能是烷烃的支化程度影响。未来需要进一步研究来解释这一现象。

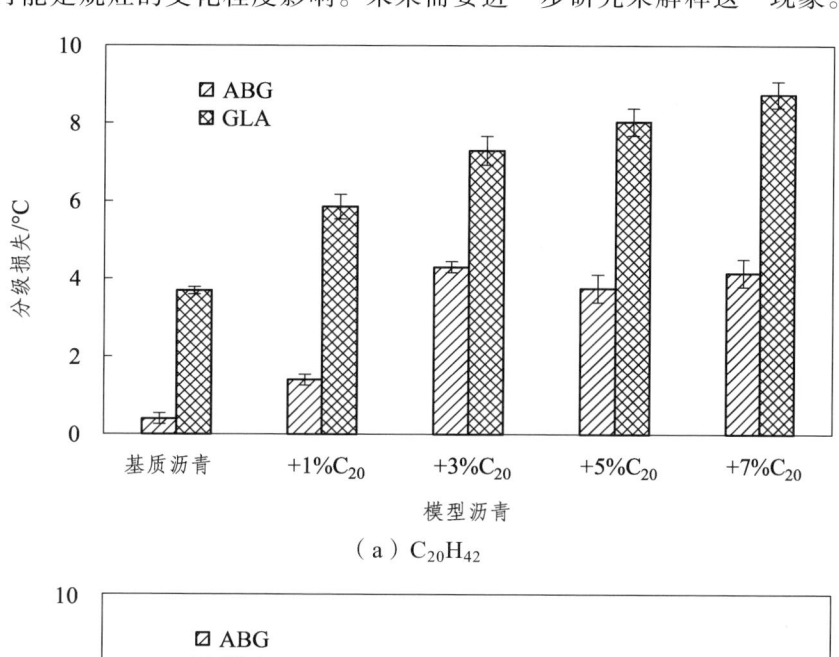

（a）$C_{20}H_{42}$

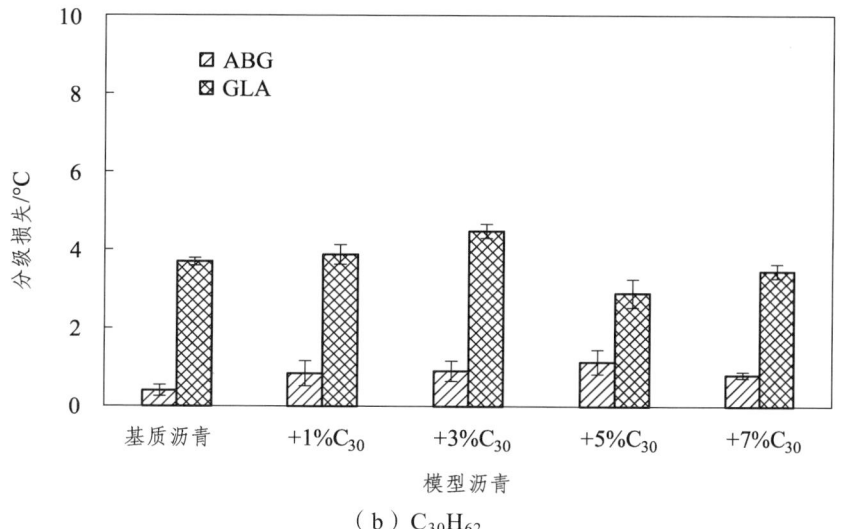

（b）$C_{30}H_{62}$

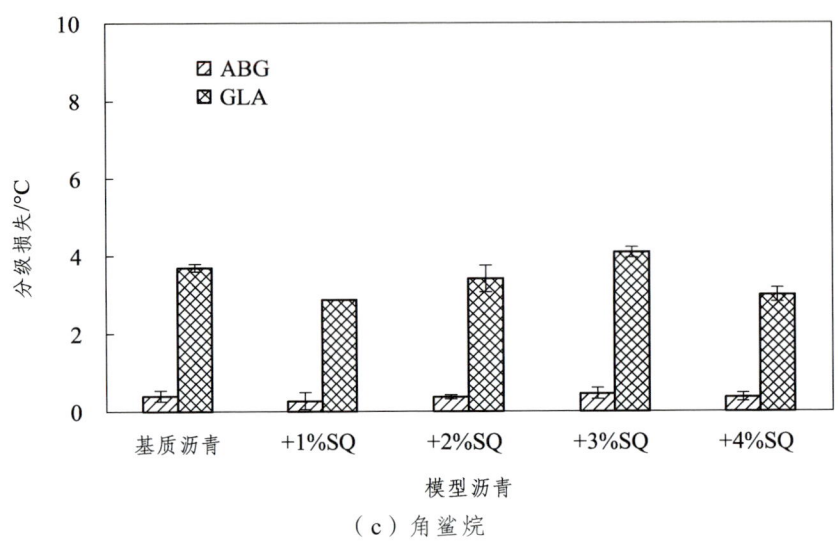

（c）角鲨烷

图 8-20　模型沥青的分级损失

掺蜡沥青胶结料的临界相位角温度与扩展弯曲梁试验的临界低温性能分级关系如图 8-21～图 8-23 所示。对于掺 $C_{30}H_{62}$ 和角鲨烷的沥青胶结料，临界相角温度与常规 1 h 和 72 h ExBBR 临界低温性能分级具有很高的相关性。然而，与从 BBR 获得的临界低温性能分级相比，临界相位角温度参数有几个优点。首先，它是由 DSR 用少量材料和仅 10 min 恒温确定的。其次，与 ExBBR 临界低温性能分级相比，掺 $C_{30}H_{62}$ 和角鲨烷掺杂沥青胶结料的临界相位角温度分布在更宽的温度范围内。换句话说，临界相角温度对 $C_{30}H_{62}$ 和角鲨烷添加剂的用量更敏感。但掺 $C_{20}H_{42}$ 沥青胶结料的相关性较差，尤其是 72 h ExBBR 临界低温性能分级。这可能是由于 ExBBR 是在酒精浴中完成的，在酒精浴中可能会使 BBR 梁中轻油组分去除，而 DSR 并不会。当然，需要更多的测试来验证该假设。

8 沥青的化学组分与热可逆老化现象之间的关系

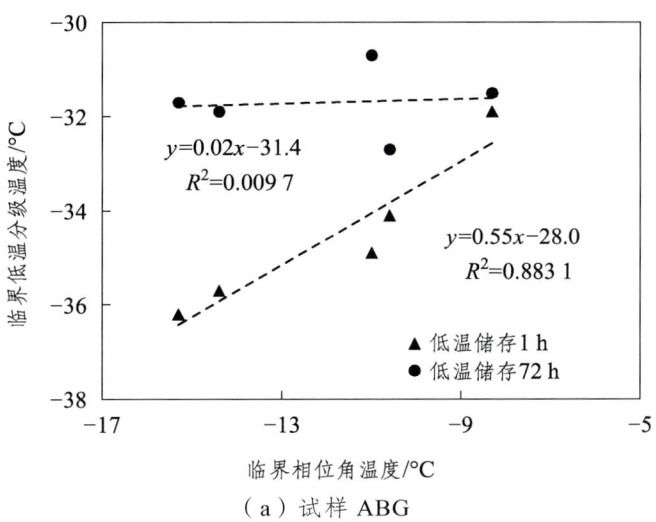

（a）试样 ABG

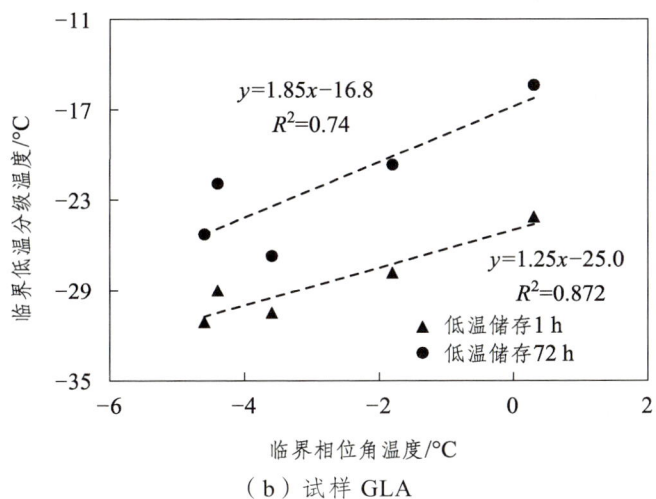

（b）试样 GLA

图 8-21 掺 C_{20} 沥青的临界相位角温度与临界低温性能分级之间的关系

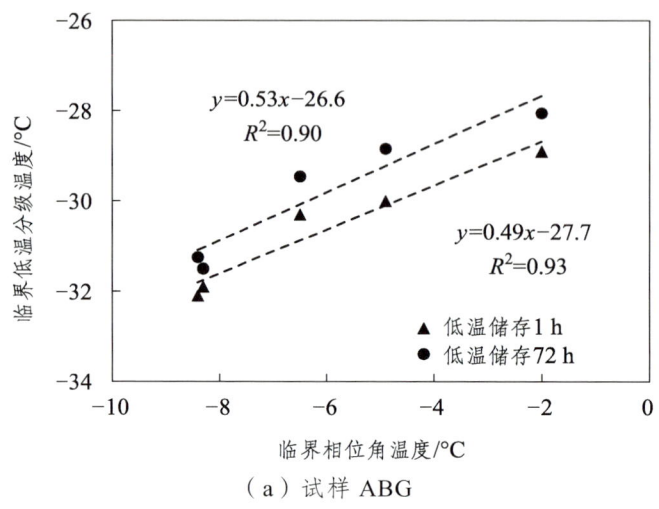

（a）试样 ABG

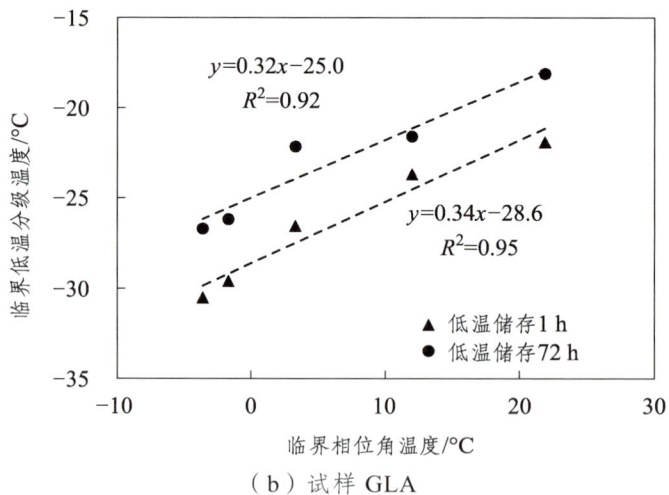

（b）试样 GLA

图 8-22　掺角 C_{30} 沥青的临界相位角温度与临界低温性能分级之间的关系

8 沥青的化学组分与热可逆老化现象之间的关系

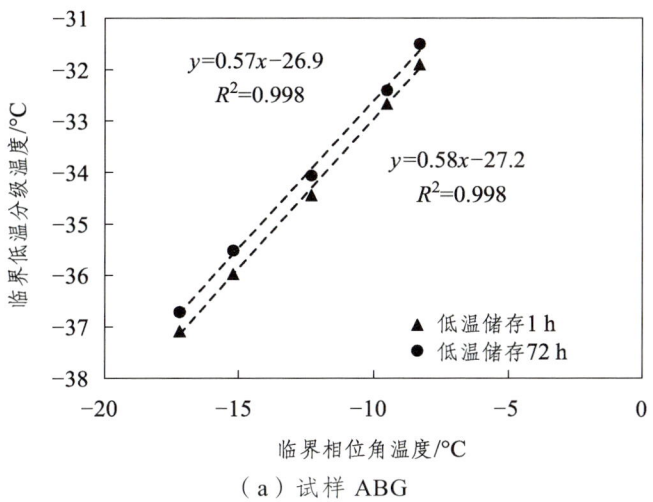

（a）试样 ABG

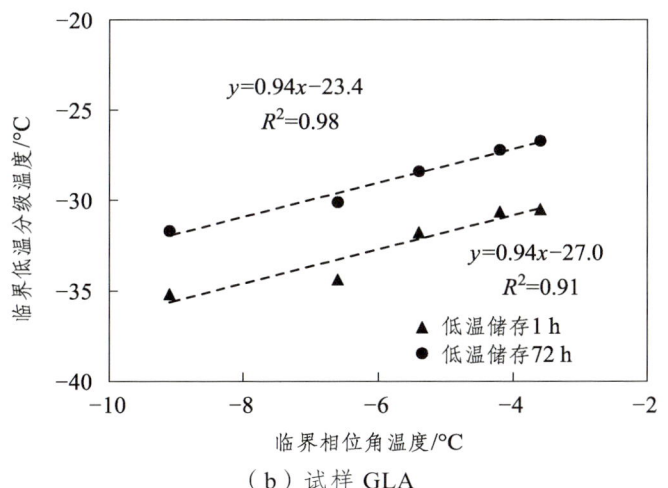

（b）试样 GLA

图 8-23 掺角鲨烷沥青的临界相位角温度与临界低温性能分级之间的关系

参考文献

[1] LI D D, GREENFIELD M L. Chemical compositions of improved model asphalt systems for molecular simulations[J]. Fuel, 2014, 115: 347-356.

[2] LESUEUR D. The colloidal structure of bitumen: Consequences on the rheology and on the mechanisms of bitumen modification[J]. Advances in colloid and interface science, 2009, 145(1/2): 42-82.

[3] ANDERSON D A, CHRISTENSEN D W, BAHIA H U, et al. Binder characterization and evaluation, volume 3: Physical characterization[R]. Strategic Highway Research Program, National Research Council, Washington DC, 1994.

[4] ANDERSON D A, KENNEDY T W. Development of SHRP binder specification (with discussion)[J]. Journal of the Association of Asphalt Paving Technologists, 1993, 62: 481-507.

[5] 柳永行, 范耀华, 张昌祥. 石油沥青[M]. 北京: 石油工业出版社, 1984.

[6] JIMÉNEZ-MATEOS J M, QUINTERO L C, RIAL C. Characterization of petroleum bitumens and their fractions by thermogravimetric analysis and differential scanning calorimetry[J]. Fuel, 1996, 75(15): 1691-1700.

[7] FERNANDES P R, PINHEIRO L S, CAVALCANTE R M, et al. Looking at the emission of polycyclic aromatic hydrocarbons from asphalt binders[C]// Proceedings of the 4th Eurasphalt and Eurobitume Congress Held May 2008, Copenhagen, Denmark. 2008.

[8] HUNTER R N, SELF A, READ J, et al. The shell bitumen handbook[M]. London: ICE Virtual Library, 2015.

[9] ABDUL-JALEEL T, SALEM J W, NAJRES A M. A New Separation, Fractionation and Improving of Abu-Aljeer Asphalt[J]. Anbar Journal of Engineering Science, 2016, 7(1): 31-41.

[10] EDWARDS Y. Influence of Waxes on Bitumen and Asphalt Concrete

Mixture Performance[J]. Road Materials and Pavement Design, 2009, 10(2): 313-335.

[11] LU X, LANGTON M, OLOFSSON P, et al. Wax morphology in bitumen[J]. Journal of Materials Science, 2005, 40(8): 1893-1900.

[12] THANH N X, HSIEH M, PHILP R P. Waxes and asphaltenes in crude oils[J]. Organic Geochemistry, 1999, 30(2-3): 119-132.

[13] DAS P K, KRINGOS N, WALLQVIST V, et al. Micromechanical investigation of phase separation in bitumen by combining atomic force microscopy with differential scanning calorimetry results[J]. Road Materials and Pavement Design, 2013, 14(sup1): 25-37.

[14] MUSSER B J, KILPATRICK P K. Molecular Characterization of Wax Isolated from a Variety of Crude Oils[J]. Energy & Fuels, 1998, 12(4): 715-725.

[15] MARASTEANU M, BASU A. Stiffness m-value and the low temperature relaxation properties of asphalt binders[J]. Road Materials & Pavement Design, 2004, 5(1): 121-131.

[16] CHERAGHIAN G, CANNONE Falchetto A, You Z, et al. Warm mix asphalt technology: An up to date review[J/OL]. Journal of Cleaner Production, 2020: 268. https://doi.org/10.1016/j.jclepro. 2020. 122128.

[17] KOVINICH J, HESP S, DING H. Modulated differential scanning calorimetry study of wax-doped asphalt binders[J]. Thermochim Acta, 2021, 699: 178894.

[18] DING H, HESP S. Variable-temperature Fourier-transform infrared spectroscopy study of wax precipitation and melting in Canadian and Venezuelan asphalt binders[J]. Constr Build Mater, 2020, 264: 120212.

[19] FALCHETTO A C, MOON K H. Comparison of thermal stress calculation: Hopkins and Hamming's algorithm and Laplace transformation approach[J]. J Mater Civ Eng, 2016, 28(9): 04016076.

[20] EDWARDS Y, ISACSSON U. Wax in bitumen: part 1—classifications and general aspects[J]. Road Mater Pavement Des, 2005, 6(3): 281-309.

[21] HARNSBERGER P M, TURNER F. Comparison of bending-beam and DSC measurements on alkane-doped asphalts[C]//Proceedings of the Twenty-fifth North American Thermal Analysis Society Conference. 1997: 774-781.